_____ 님의 소중한 미래를 위해
이 책을 드립니다.

이승조의 4등분 주식 매매법

4등분 법칙, 이것만 알면 노후 걱정 필요없다

이승조의 4등분 주식 매매법

이승조 지음

메이트북스

우리는 책이 독자를 위한 것임을 잊지 않는다.
우리는 독자의 꿈을 사랑하고,
그 꿈이 실현될 수 있는 도구를 세상에 내놓는다.

이승조의 4등분 주식 매매법

초판 1쇄 발행 2025년 9월 5일 | **초판 3쇄 발행** 2025년 9월 20일 | **지은이** 이승조
펴낸곳 (주)원앤원콘텐츠그룹 | **펴낸이** 강현규·정영훈
등록번호 제301-2006-001호 | **등록일자** 2013년 5월 24일
주소 04607 서울시 중구 다산로 139 랜더스빌딩 5층 | **전화** (02)2234-7117
팩스 (02)2234-1086 | **홈페이지** matebooks.co.kr | **이메일** khg0109@hanmail.net
값 32,000원 | **ISBN** 9979-11-6002-960-4 (03320)

잘못 만들어진 책은 구입하신 서점에서 교환해 드립니다.
이 책을 무단 복사·복제·전재하는 것은 저작권법에 저촉됩니다.

"시장은 결코 틀리지 않는다.
틀리는 것은 언제나 인간이다."

• 제시 리버모어(미국의 전설적인 투자자) •

지은이의 말

누구나 쉽게 쓰는 강력한 매매기법, 4등분법칙

주식투자에는 수많은 기법과 전략이 존재한다. 크게는 가치분석과 기술적분석으로 구분할 수 있으나, 그 어느 것도 절대법칙은 아니다. 중요한 것은 자신에게 맞는 기법을 스스로 만들어가는 일이다.

1985년 대우증권 투자분석부에서 시작해 40년간 시장에서 살아오며 깨달은 점은, 시장에 맞추려 하지 말고 시장에 적응하는 법을 찾아야 한다는 것이다. 물 흐르듯 투자하는 방법을 찾는 것이 본질이며, 이러한 고민에서 나온 것이 바로 '4등분법칙'이다.

'주가 수치에 모든 정보가 담겨 있다'는 화두는 단순하지만, 문제는 인간의 탐욕과 공포가 그 수치를 왜곡한다는 데 있다. 사람들은 숫자를 그대로 받아들이지 않고 자의적으로 해석해 대응하면서 오류를 범한다. 혹자는 "주가 그래프는 보지 말고 기업 분석에 집중해야 한다"고 주장하지만, 이는 크나큰 오판이다. 인간의 탐욕은 기업 수치마저 왜곡하며, 심지어 분식회계까지 존재한다. 그런 왜곡된 수치만으로 투자 결정을 내리다 보면 치명적인 오류를 범할 수 있다.

이를 막아주는 것이 바로 '주가 그래프의 흐름'이다. 그래프 속에는 수치를 토대로 매수·매도하는 투자자들의 정보가 이미 내포되어 있다. 따라서 주가가 만들어내는 평균과 중심 개념을 활용해 투자 판단의 기준을 세우고, 이를 매매에 적용하는 것이 4등분법칙의 철학이다.

이 책의 핵심은 '대충의 철학'이다. 귀신같이 고점과 저점을 맞추려 애쓸 필요가 없다. 어느 구간을 '대충' 설정해 그 범위 안에서 매도·매수를 판단하는 것이 중요하다. 여기서 말하는 '대충'에는 평균과 중심의 개념이 들어 있다.

즉 고점과 저점을 기간별로 나눈 뒤 4등분해 75%능선가격, 50%중심가격, 25%능선가격의 위치를 계산한다. 상승추세에서는 '상승삼각형 4등분법칙'을 통해, 하락추세에서는 '하락삼각형 4등분법칙'을 통해 매수·매도 지점을 설정한다.

또한 4등분법칙은 지극히 단순하다. 고도의 경제지식이 필요 없다. 초등학교 수준의 산술만으로도 투자 결정을 내릴 수 있는 방법이다.

대한민국은 고령화 시대로 접어들었고, 은퇴자들은 스스로 노후를 준비해야 한다. 많은 이들이 주식투자를 위험하다고 생각하지만, 실은 시장 변동성을 다 이해하지 못해 두려워하는 경우가 대부분이다. 이 책은 그 두려움을 덜어줄 실전 투자 지침서다. 여기서 제시하는 방법만 익히면, 누구나 종목의 매수·매도 자리를 쉽게 판단하고 실행할 수 있다. 수많은 불확실성 속에서도 '이 경우에는 매수, 저 경우에는 매도'라는 단순한 기준을 마련할 수 있다.

4등분법칙은 나의 40년 투자 경험에서 나온 단순화된 기법이다. 이 책을 통해 자신의 미래 지도를 그려나갈 투자자가 많이 나오기를 기원한다.

여의도 서재에서, 무극선생 이승조

차례

지은이의 말 _ 누구나 쉽게 쓰는 강력한 매매기법, 4등분법칙　　　　　• 6

1장 4등분법칙: 강력한 실전 매매도구

4등분법칙의 개념과 기본 로직　　　　　• 13
상승삼각형의 패턴 분석　　　　　• 16
4등분법칙 사용 시 보조지표 : 이동평균선　　　　　• 25
SK하이닉스와 삼성전자의 파동 흐름이 달랐던 이유　　　　　• 34
하락삼각형의 패턴 분석　　　　　• 45
P-MAX/P-MIN파동　　　　　• 64

2장 모노파동법칙: 4등분법칙의 한계를 보완

모노파동법칙의 개념과 기본 로직	•73
포스코퓨처엠 모노파동 분석	•88
에코프로비엠·에코프로 모노파동 분석	•107
POSCO홀딩스·삼성SDI 모노파동 분석	•118
신성에스티·한중엔시에스·서진시스템 모노파동 분석	•124
한미반도체·이오테크닉스·HPSP·한화비전 모노파동 분석	•143
조선주 모노파동	•170

3장 4등분법칙을 통한 대표기업 사례분석

삼성전자 사례분석	•201
SK하이닉스 사례분석	•241
LG그룹 사례분석	•266
미국주식 매그니피션트 7종목 사례분석	•286
텐배거를 노려볼 수 있는 미국 드론주 사례분석	•324

1장

4등분법칙:
강력한 실전 매매도구

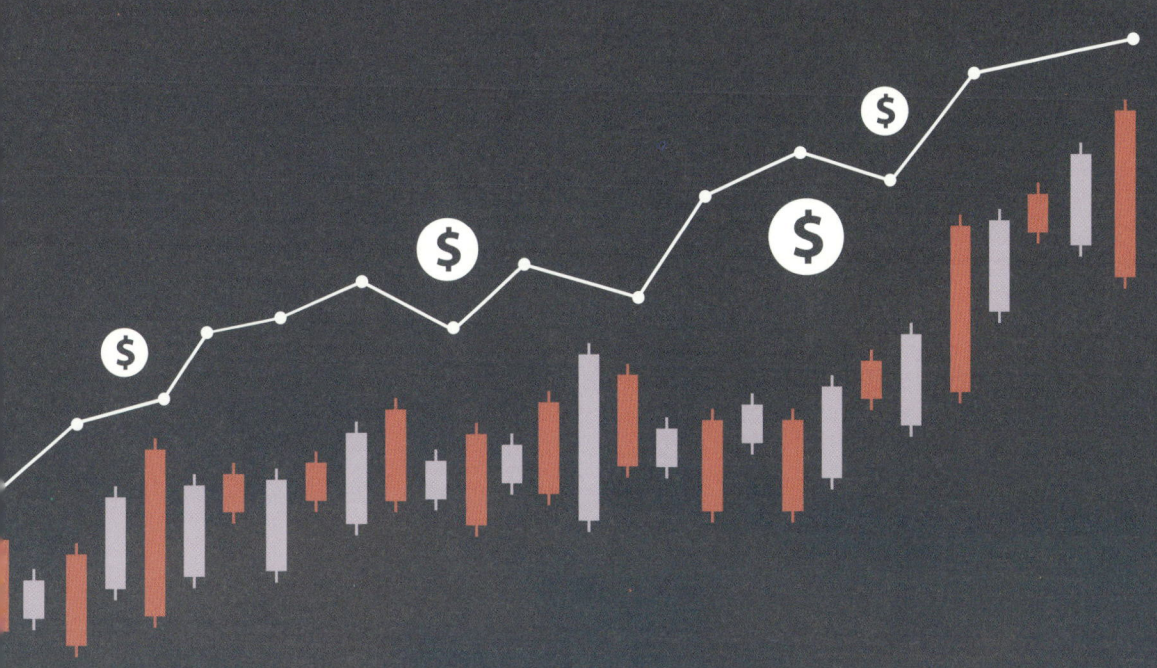

4등분법칙은 시장을 구조로 이해하는 시작점이다. 주가는 오르내리는 것처럼 보이지만, 실제로는 구조 속에서 움직인다. 그 구조를 이해하면 시장을 단순한 '변동'이 아닌 '패턴'으로 볼 수 있게 된다. 1장은 그 구조적 이해를 가능하게 해주는 '4등분법칙'과 '중심가격' 개념을 다룬다.

4등분법칙은 어떤 종목이 급등하거나 급락했을 때, 그 흐름이 어디까지 밀리고 어디서 지지를 받을지를 판단하는 기준선을 제공한다. 또한 시간의 흐름과 가격의 위치를 함께 고려해 막연한 대응이 아닌 '구간별 판단'이 가능해지도록 도와준다.

여기에 더해 주가의 분기별 고점(P-MAX)과 저점(P-MIN)의 흐름을 분석함으로써 추세 전환의 초기 신호를 감지하는 방법도 1장에서 소개한다. 이 파동의 방향과 실적 흐름(매출액·영업이익)을 함께 추적하면, 기술적 분석과 펀더멘털 분석이 결합된 전략적 사고가 가능해진다.

1장은 결코 이론 중심의 분석이 아니다. 한국 시장의 실제 종목과 흐름을 기반으로, 어떻게 지지선과 저항선, 중심가격을 매매의 기준으로 삼을 수 있는지를 실전 투자자의 관점에서 풀어내는 데 집중했다. 1장을 통해 "어디서 사고 어디서 팔 것인가"라는 질문에 구조적 근거를 갖고 답할 수 있게 될 것이다.

4등분법칙의 개념과 기본 로직

이 칼럼은 '4등분법칙'의 핵심 개념과 그것이 실전 투자에서 어떻게 활용되는지를 정리한 출발점이다. 단순한 지지선·저항선 분석을 넘어, 가격의 중심과 흐름의 구조를 함께 파악하는 기술적 사고의 틀을 제공한다.

실전에서 가장 중요한 것이 단순한 원칙과 방법을 바탕으로 자신의 투자 호흡에 맞는 것을 찾아내는 것이다. 나는 40년 넘게 주식시장과 싸우며 단 하나 추천하고 싶은 방법으로 '4등분법칙'을 꼽는다.

4등분법칙의 기본 철학은 '봄·여름·가을·겨울'로 이어지는 자연의 주기 순환과, 주역에서 말하는 '중심'과 '균형'의 원리에 바탕을 두고 있다.

주식시장에서 실제로 전개되는 파동의 고점과 저점의 흐름을 단순화한 뒤, 이를 계절 주기론과 접목했다. 고점은 여름의 극단, 저점은 겨울의 극단으로 보고, 종목마다 제각기 다른 주기를 중심가격의 위치와 변화로 단순화해 실전 매매에 적용해본 것이다.

여기에는 가격의 개념뿐 아니라 시간의 개념도 함께 작용한다. 연봉·월봉·주봉·일봉·분봉의 시간 프레임을 기준으로, '저점 – 25%능선가격 – 50%중심가격 – 75%능선가격 – 고점'으로 가격과 시간을 4등분해, 그 전개 양상이 실제로 어떻게 나타나는지 체크하고 실전 매매에 응용하는 것이다.

자료 1-1 파동의 기본: 상승삼각형과 하락삼각형

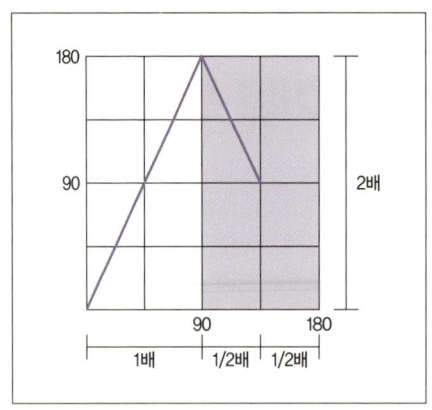 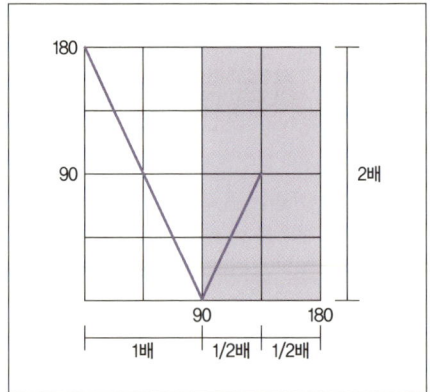

여기에 시간의 흐름을 반영한 5일·10일·20일·60일·120일·240일 이동평균선의 궤적도 함께 참고한다. 이를 통해 자신이 매매하는 종목의 방향성과 위치를 파악하고, 매수·매도 시점을 설정하는 기준으로 삼을 수 있다.

4등분법칙의 기본 로직은 너무나도 간단하다. 시간과 가격을 4등분한 후에, 각 종목의 50%중심가격 변화와 시간 흐름을 함께 체크하기만 하면 된다. 특히 가격의 중간 지점과 시간의 중간 지점이 겹치는 시점이 어디인가를 분석하는 것이 4등분법칙의 핵심이다.

- 상승 종목은 '상승삼각형' 형태로 전개
- 하락 종목은 '하락삼각형' 형태로 전개

여기서 상승삼각형의 기준은 30분·60분·120분 등과 같은 분봉 단위로 설정할 수도 있고, 3일·5일·10일·20일·60일·120일과 같은 이동평균선 주기를 기준으로 삼아도 무방하다. 투자자의 매매 호흡(단기, 중기, 장기)에 따라 4등분법칙의 주기를 유연하게 설정하면 된다.

개인적으로 추천하는 주기는 20일·60일·120일이다. 이 기준으로 매매 대상 종목을 분석하고, 그 종목의 시가총액, 현재 가격대, 매출과 영업이익 수준까지 함께 확인하면서 실전 매매에 임하는 것이 바람직하다.

상승삼각형의 패턴 분석

이 칼럼은 4등분법칙을 기반으로 한 상승삼각형 패턴의 구조를 분석한다. 고점은 점차 높아지고 저점은 일정 수준을 지키는 이 패턴은, 에너지가 수렴되다 어느 순간 폭발적으로 방향성을 드러내는 흐름의 전조다.

이제부터 4등분법칙의 기본 로직을 본격적으로 살펴보자.

먼저, '상승삼각형'의 패턴을 분석해보겠다.

자료 2-1 상승삼각형 기본 패턴

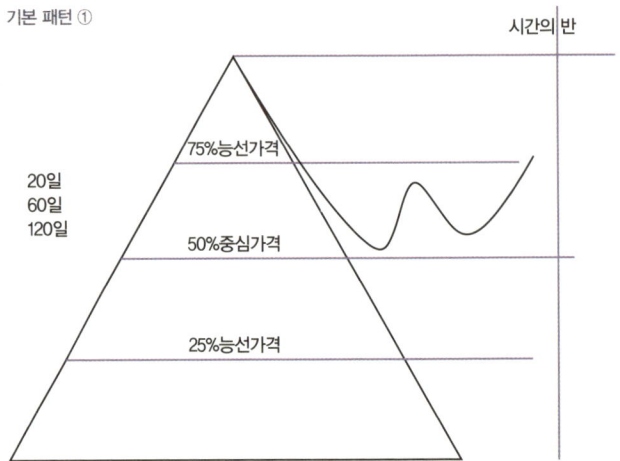

시간 주기는 초보 투자자라면 20일·60일 기준부터 훈련을 시작하는 것이 좋다.

개인적으로 가장 선호하는 주기는 60일 기준이다. 20일은 너무 짧아 매매 회전율만 높이는 경향이 있고, 120일은 초보 투자자가 감당하기 어려운 '시간의 고통'과 비교 심리를 유발할 수 있어 부담이 크기 때문이다.

물론 종목의 특성과 시가총액 규모에 따라 기준은 달라질 수 있다. 중형주와 소형주는 대형주보다 변동성이 크므로, 20일 기준으로 접근하는 것이 더 적절할 수도 있다. 그러나 처음에는 60일 기준으로 훈련하면서, 종목별로 적절한 주기를 스스로 찾아내는 감각을 기르는 것이 중요하다.

여기서 중요한 포인트는, 상승 진폭 이후 조정이 나올 때 '다음 파동'을 판단하는 기준을 세우는 감각이다.

- 상승폭의 75%능선가격에서 지지하는 경우
- 상승폭의 50%중심가격에서 지지하는 경우
- 상승폭의 25%능선가격에서 지지하는 경우

가장 강한 상승파동은 주가가 상승폭의 75%능선에서 지지하는 경우에 나타나는데, 이 경우에 이전 고점을 돌파하고 상승세가 지속될 확률이 높다. 반면 50%중심가격까지 조정한 후 지지하더라도, 75%능선구간보다 '기간조정'이 더 길어지는 경우가 많고, 지지 후에도 새로운 저점을 만들며 하락파동으로 전환되는 경우도 발생한다.

그래서 중요한 개념이 바로 '시간의 반, 가격의 반'이라는 감각이다. 상승파동을 1파로 설정한 뒤 그 상승폭(진폭)을 4등분해 50%중심가격을 계산하고, 또한 상승하는 데 걸린 시간도 함께 계산한다. 그렇게 계산해본 후 만약 '시간의 반, 가격의 반' 이내에서 조정이 완성된다면 새로운 고점을 돌파할 확률이 높아진다.

그런데 시간의 반을 지나 조정이 길어지면 '늘어진다'는 표현을 사용한다. 이 경우 상승에너지보다 하락에너지가 강해지면서, 상승파동보다 하락파동으로 전환될 확률이 높아진다. 그러므로 시간이 길어지면 50%중심가격 지지 실패 시 일단 매도해놓고 보는 전략을 선택해야 한다.

25%능선가격까지 조정하는 경우는, 이미 상승에너지보다 하락에너지가 더 크다는 신호다. 이런 파동에서는 되반등이 나와도 50%중심가격 혹은 75%능선가격이 저항으로 작동할 확률이 높아지고, 결국 새로운 저점을 만드는 경우가 많다.

따라서 상승파동이 1파동으로 결정된 후 다음 파동에너지를 예측할 때는, 가격과 시간을 각각 4등분해서 '시간의 반, 가격의 반'을 체크하고 그 안에서 지지하면 상승추세를 유지하면서 매매하는 감각을 키우고, 반대로 '시간의 반, 가격의 반'을 만족하지 못하면 리스크 관리 전략을 즉시 가동해야 한다.

위 내용을 그림으로 표현하면 다음과 같다.

자료 2-2 **상승삼각형 기본 패턴**

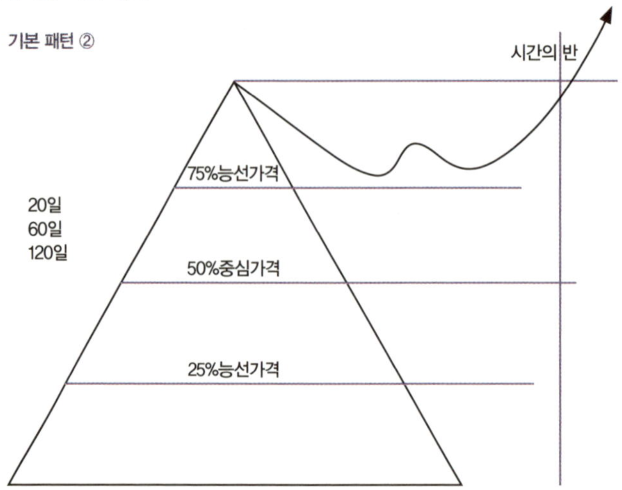

기본 패턴 ②

20일
60일
120일

75%능선가격

50%중심가격

25%능선가격

시간의 반

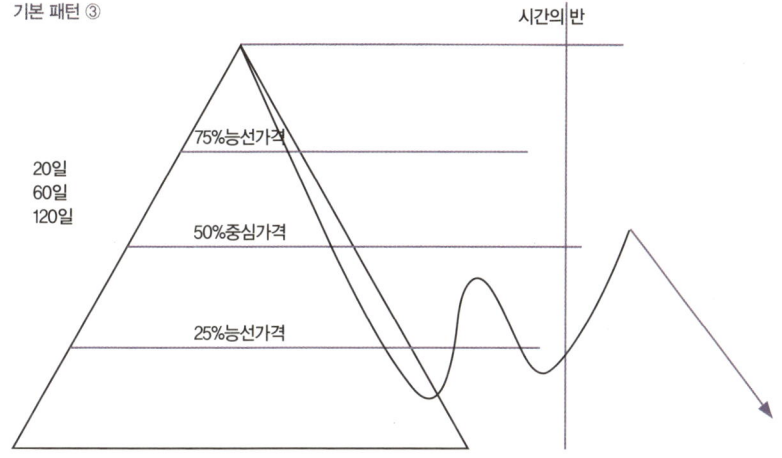

이러한 기준을 실전 매매에 적용해 SK하이닉스를 분석해보자.

자료 2-3 SK하이닉스 파동 흐름 (일봉)

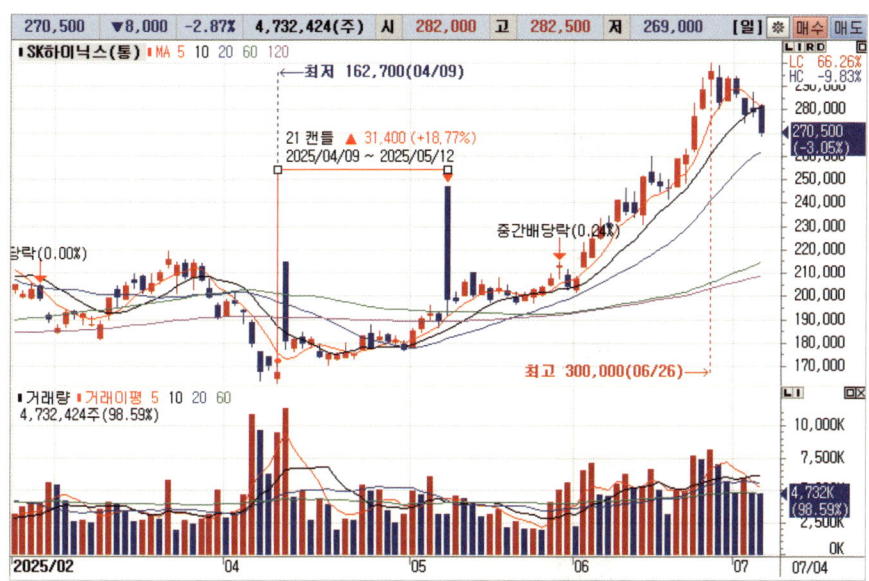

1장 4등분법칙: 강력한 실전 매매도구 | 19

먼저 20일 기준으로 4등분법칙을 적용해보자.

자료 2-4 SK하이닉스 파동 흐름을 단순화

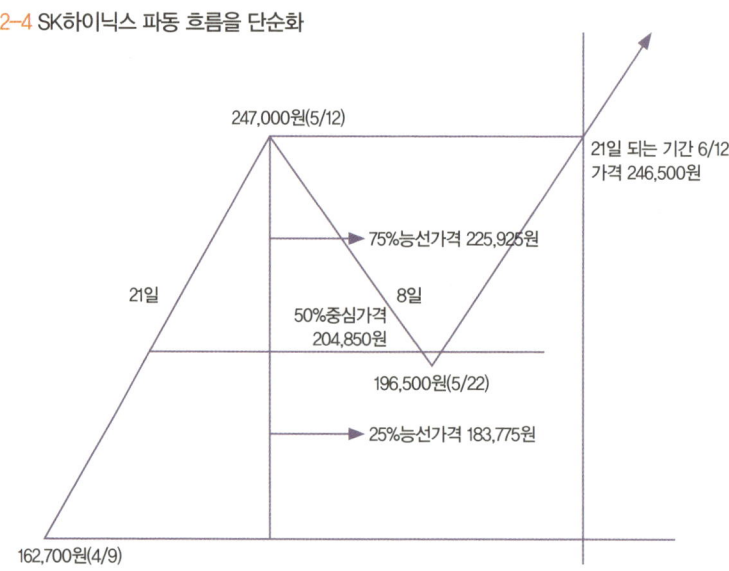

자료 2-5 SK하이닉스 4등분법칙

SK하이닉스		상승률	하락률		
247,000	최고	52%	0%		
		49%	-2%	241,731	75%
		45%	-4%	236,463	50%
		42%	-6%	231,194	25%
225,925	75%	39%	-9%		
		36%	-11%	220,656	75%
		32%	-13%	215,388	50%
		29%	-15%	210,119	25%
204,850	50%	26%	-17%		
		23%	-19%	199,581	75%
		19%	-21%	194,313	50%
		16%	-23%	189,044	25%
183,775	25%	13%	-26%		
		10%	-28%	178,506	75%
		6%	-30%	173,238	50%
		3%	-32%	167,969	25%
162,700	최저	0%	-34%		

4월 9일 저점 162,700원부터 5월 12일 고점 247,000원까지 21일간의 상승 구간을 기준으로, 4등분법칙을 적용해 상승파동을 1로 설정하고, 이를 75%능선가격, 50%중심가격, 25%능선가격으로 나눈다. 이후 실제 조정파동이 전개되는 흐름을 추적하며, '가격의 반·시간의 반' 시점을 전후해 SK하이닉스가 지지세를 보이는지 혹은 추가 하락에너지가 발생하는지를 점검한다.

실제 파동에서는 거래일 기준 8일이 지난 5월 22일, 196,500원에서 저점을 형성하며 반등에 성공했고, 이후 다시 상승추세로 전환되었다.

여기서의 실전 전략은, 20만 원대에 매도했던 투자자가 다시 진입하려면 50%중심가격이 지지되는 '기준일'에 재매수하는 것이다.

물론 이 전략이 실패하는 경우도 많기 때문에, 50%중심가격을 돌파하며 매수에 진입할 경우에는 청산 기준선인 '데드라인'을 5월 22일 저점인 196,500원으로 설정하고 대응해야 한다. 여기서 말하는 '데드라인'이란, 매수 진입 시 해당 가격이 붕괴되면 일단 매도하고, 다시 그 가격을 돌파하면 재매수하는 '투자 결정 기준선'을 의미한다.

실제 파동에서 SK하이닉스는 시간 1:1 대등수치인 6월 12일까지 상승추세를 이어가면서 직전 고점 부근인 246,500원에 진입한 것을 확인할 수 있다. 여기서 직전 고점 쌍봉패턴이 나타날 수도 있고, 바로 돌파해서 추가 상승 랠리를 보일 수도 있다.

여기서의 실전 매매 전략은 다음과 같다. 직전 고점 부근에서 보유 물량의 30~50%를 비율 매도한 뒤, 만약 쌍봉 패턴이 형성된다면 상승폭을 다시 1로 설정해 상승삼각형 패턴을 재구성하고, 재매수 위치를 탐색한다. 반대로 고점을 돌파하고 새로운 파동이 전개된다면, 잔여 물량을 보유한 채 다음 고점까지 끌고 가며 다시 매도 타이밍을 찾는다.

이때 사용하는 기준은, 시간의 프레임을 기존 20일 기준에서 60일 기준으로 늘리는 것이다. 그 사이 새로운 고점을 기준으로 '3%, 5%, 7%' 하락 폭에 따라 데드라인을 설정하고 이에 맞춰 대응 전략을 짠다.

새로운 고점이 형성된 후에는, 7%가격조정이 나타나지 않는 한 지속적으로 보유전략을 유지한다. 하지만 7% 이상 가격조정이 발생하면 보유 물량을 비율 매도한 후 재매수전략 기준을 다시 설정한다.

실제 SK하이닉스의 파동은 6월 26일 300,000원에 도달할 때까지 중간에 7% 이상의 가격조정 없이 지속적으로 추세 상승을 이어갔고, 6월 26일 300,000원 고점 형성 이후에 7%가격조정이 나왔다. 여기서 기준일을 20일에서 60일 기준으로 확장하고, 고점 형성 이후 7%가격조정이 발생한 날을 기준으로 상승삼각형의 4등분법칙을 다시 설정해볼 수 있다.

자료 2-6 SK하이닉스 파동 흐름 (일봉)

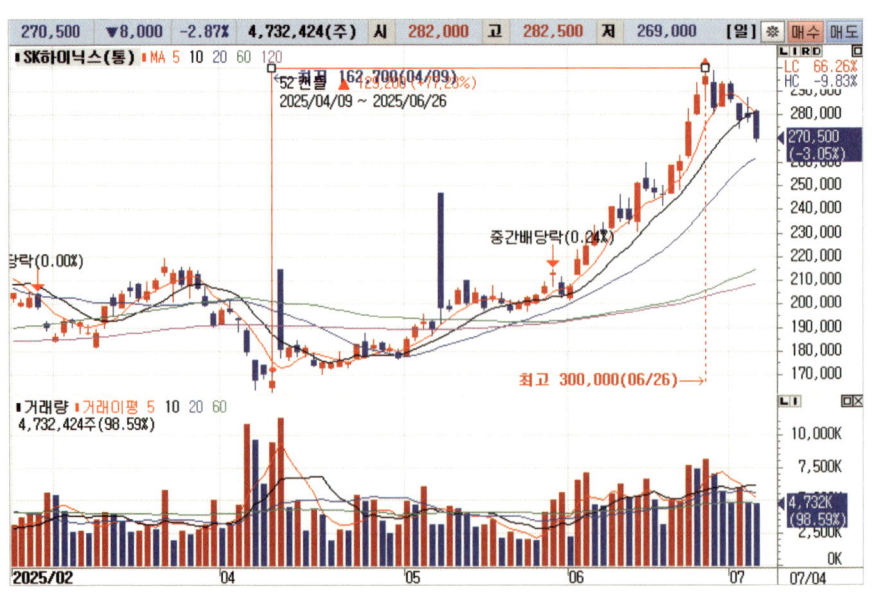

자료 2-7 SK하이닉스 파동 흐름을 단순화

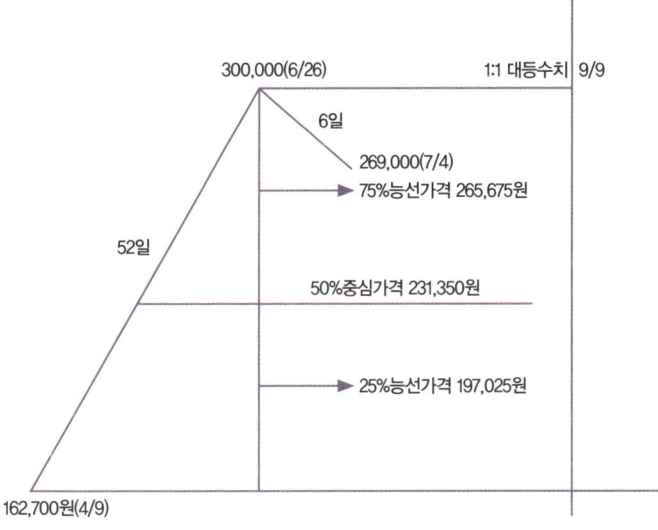

자료 2-8 SK하이닉스 4등분법칙

SK하이닉스		상승률	하락률		
300,000	최고	84%	0%		
		79%	-3%	291,419	75%
		74%	-6%	282,838	50%
		69%	-9%	274,256	25%
265,675	75%	63%	-11%		
		58%	-14%	257,094	75%
		53%	-17%	248,513	50%
		47%	-20%	239,931	25%
231,350	50%	42%	-23%		
		37%	-26%	222,769	75%
		32%	-29%	214,188	50%
		26%	-31%	205,606	25%
197,025	25%	21%	-34%		
		16%	-37%	188,444	75%
		11%	-40%	179,863	50%
		5%	-43%	171,281	25%
162,700	최저	0%	-46%		

4월 9일 저점인 162,700원을 기준으로 6월 26일 300,000원까지 52일간 급등한 진폭을 4등분해보면, 75%능선가격은 약 265,675원 수준이다. 현재 이 가격대를 불과 거래일 기준 6일 만에 빠르게 공격중이다.

하방 압력이 생각보다 큰데, 그 이유는 외국인들의 매도압력이 작동하고 있기 때문이다. 매매주체별 동향을 보면 알 수가 있다. 그동안 지속적이고 추세적으로 매수해왔던 외국인이 무슨 이유인지 몰라도 6월 26일을 기점으로 매도세로 전환한 것을 알 수 있다.

여기서 가장 중요한 요소는 바로 '상승률 에너지'다. 20일 기준 잣대로 분석 시, 4월 9일 저점 162,700원에서 5월 12일 247,000원까지 상승률은 약 52%였는데, 52일 기준 상승률이 무려 84%에 달하는 것을 알 수 있다. 코스피200 시가총액 상위 종목 중 2등인 SK하이닉스가 단기간에 84%의 상승률을 보였다는 것이다.

2025년 7월 24일에는 SK하이닉스의 2분기 실적 발표가 예정되어 있다. 설령 실적 서프라이즈가 나오더라도 '이미 시세에 선반영되어 있다'는 인식이 시장에 퍼지면 오히려 변동성이 확대될 수 있다.

따라서 SK하이닉스가 이전 고점을 돌파하며 새로운 상승파동을 만들어내기 위해서는 몇 가지 조건이 필요하다. 첫째, 엔비디아의 새로운 추세상승파동이 나와야 한다. 둘째, SK하이닉스도 2분기 실적 발표 후 차익매물이 출회되더라도 상승진폭의 50%중심가격인 23만 원대를 절대 붕괴해서는 안 된다.

2025년 7월 초 현재의 시장은 바로 이런 조건들을 하나하나 확인해가는 과정이라고 판단된다. 이 책이 출간되는 시점에서는 일정 부분 확인이 되겠지만, 2분기 실적과 3분기 실적컨센서스의 경우 지속적으로 우상향 에너지가 나와야 하고, 외국인의 수급도 매도에서 매수로 전환되어야 한다.

4등분법칙 사용 시 보조지표 : 이동평균선

이 칼럼은 4등분법칙을 실전에서 활용할 때 보조지표로 사용되는 이동평균선의 의미와 역할을 정리한 것이다. 이동평균선이 형성하는 흐름을 바탕으로, 매수·매도 타이밍의 신뢰도를 높이는 보조 기준을 제시한다.

여기서 함께 참고해야 할 보조지표가 있는데, 그것은 바로 이동평균선이다. 각 기간별 이동평균선의 배열 상태를 점검하며, 주가의 흐름과 함께 기술적 지지·저항 구간을 병행해 확인해야 한다. 현재 시점에서 '5일 이동평균선-10일 이동평균선-20일 이동평균선-60일 이동평균선-120일 이동평균선'의 위치를 체크해서 정배열 상태가 유지되는지 추적해야 하고, 주가 조정 시 '25%능선가격-50%중심가격-75%능선가격'과 어느 이동평균선이 비슷하게 위치해 있는지 체크해야 하는 것이다.

2025년 7월 5일 기준, SK하이닉스의 주가와 주요 이동평균선의 위치는 다음과 같다.

- 7월 5일 종가: 270,000원
- 5일 이동평균선: 281,500원
- 10일 이동평균선: 281,350원

- 20일 이동평균선: 262,000원
- 60일 이동평균선: 214,600원
- 120일 이동평균선: 208,000원

단기적 하락으로 주가는 5일-10일 이동평균선을 모두 붕괴했고, 이제는 20일 이동평균선 262,000원을 지지하는지 체크해야 한다.

특히 20일 이동평균선의 위치와 75%능선가격(약 265,675원)의 위치가 비슷하다. 이는 기술적 지지선이 겹쳐지는 중요한 변곡 구간이 이 가격대임을 의미한다.

한편 50%중심가격(231,350원)의 위치는 20일 이동평균선 262,000원과 60일 이동평균선 214,600원의 중간정도 위치에 자리 잡고 있다.

일반적으로 5일-10일-20일 이동평균선을 단기 이동평균선이라 해서 단기적인 시장의 에너지를 측정하는 기준으로 삼고, 60일-120일 이동평균선은 중기 이동평균선이라 해서 분기별 시장에너지를 측정하는 기준으로 삼는다.

국내 주식시장은 분기 단위로 실적을 발표하는데 이때의 3개월 기준이 이동평균선으로는 60일 이동평균선과 비슷하고, 반기(6개월) 실적 발표는 120일 이동평균선과 비슷하다. 매달 거래일수는 주말과 휴일을 빼면 20일 정도 수준이기 때문에 3개월은 60일 정도로, 6개월은 120일 정도로 체크할 수 있다. 즉 60일·120일 이동평균선은 실적 시즌별 시장 에너지의 흐름을 체크하는 데 있어 실질적인 기준선 역할을 하게 된다.

이때 투자 판단의 기준으로 삼아야 할 것이 바로 '정배열'과 '역배열'의 개념이다. 여기에 '골든크로스'와 '데드크로스' 개념까지 함께 숙지하면, 4등분법칙을 해석할 때 유용한 보조지표로 활용할 수 있으며, 실전 매매에서도 판단력과 타이밍을 높이는 데 큰 도움이 된다.

자료 3-1 5-20일 골든크로스와 데드크로스

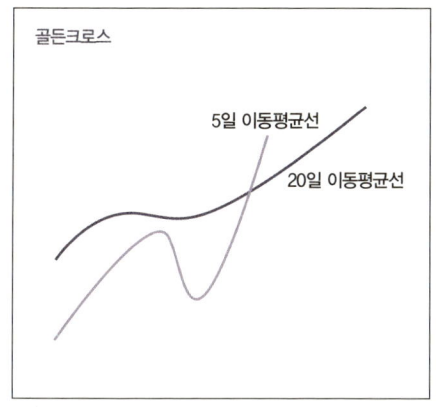
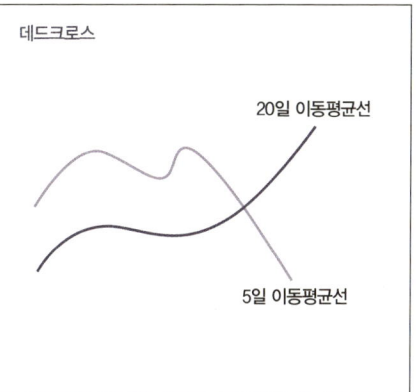

'골든크로스'란 단기 이동평균선(예: 5일선, 20일선)이 장기 이동평균선(예: 60일선, 200일선)을 아래에서 위로 돌파하는 현상을 의미한다. 이는 일반적으로 강세 전환 신호로 해석되며, 시장 심리가 긍정적으로 반전되었음을 나타낸다.

반대로 '데드크로스'는 단기 이동평균선이 장기 이동평균선을 위에서 아래로 하향 돌파하는 현상을 의미한다. 이는 일반적으로 약세 전환의 신호로 해석되며, 매도 타이밍 또는 추가 하락 경고로 받아들여진다.

단기적 투자호흡으로는 5일-20일 이동평균선의 배열 간격, 그리고 골든크로스나 데드크로스가 발생한 가격 구간을 면밀히 추적하면서 매수·매도 타이밍을 설정하는 것이 중요하다.

중장기적 투자호흡으로는 20일-120일 이동평균선의 배열 간격과 해당 구간에서 발생한 골든크로스·데드크로스의 위치를 함께 분석하며, 보다 긴 호흡의 매매 전략을 수립해나가야 한다.

자료 3-2 SK하이닉스 파동 흐름 (일봉)

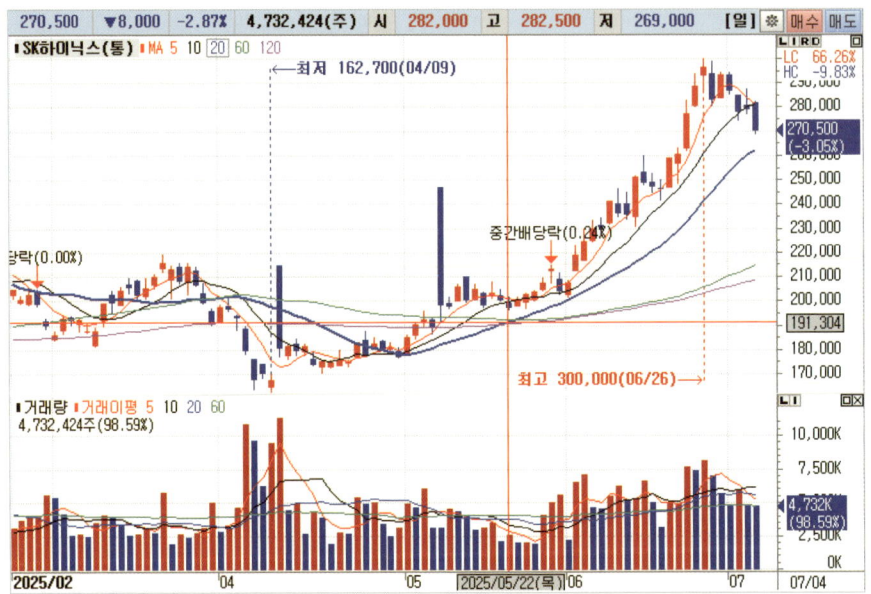

    SK하이닉스는 2025년 5월 22일 20일 이동평균선이 120일 이동평균선을 상향 돌파하는 골든크로스가 나타났고, 그 이후 정배열 상태를 유지하다가 7월 5일 기준으로 5일 이동평균선이 10일 이동평균선을 하향 돌파하는 데드크로스가 발생하기 시작했으며, 단기 이동평균선(5일-10일-20일 이동평균선)에서부터 균열이 생기기 시작하고 있다.

    다만 가장 중요한 기준인 5일 이동평균선과 20일 이동평균선 간의 데드크로스는 아직 나타나지 않고 있다. 이 지점은 단기 흐름의 본격적인 약세 전환 여부를 가늠하는 핵심 포인트이므로 지속적인 추적이 필요하다.

    그리고 20일 이동평균선은 262,000원, 120일 이동평균선은 208,000원으로, 약 54,000원의 이격이 유지되며 아직 강한 상승에너지를 보이고 있다. 하지만 20일-120일 이동평균선 간의 이격이 점차 축소되는 상황이 나타나면, 이는 매수에너지보다 매도에너지가 강화되는 것이므로 20-120일선 이격 축소와 데드크로스 발생 여부를 함께 추적해야 한다. 또한 주가의 단기 추세를 가늠하기 위해서는 5일 이동평균선과 20일 이동평균선 간의 이격 변화도 함께 추적해야 하며, 4등분법칙 기준으로는 75%능선가격(265,675원)과 50%중심가격(231,350원)의 지지력을 확인해야 한다.

여기서 시간의 감각도 함께 체크해야 한다. 4월 9일부터 6월 26일까지의 상승 구간은 거래일 기준으로 총 52일인데, 이를 4등분하면 시간상 주요 기준점은 다음과 같다.

- 시간의 25% 시점: 13일 후
- 시간의 50% 시점: 26일 후
- 시간의 75% 시점: 39일 후

이러한 각 기점에서의 SK하이닉스 종가 위치를 체크해야 할 것이고, 1:1 대등수치가 나오는 9월 9일 시점에서 SK하이닉스의 주가 위치와 각 이동평균선의 배열 위치를 체크해야 할 것이다.

따라서 SK하이닉스의 의미 있는 지지력 테스트 구간은 다음과 같이 정리된다.

- 20일 이동평균선(262,000원)과 75%능선가격(265,675원): 1차 지지력 테스트 위치
- 직전 고점(5월 12일의 247,000원)과 50%중심가격(231,350원): 2차 지지력 테스트 위치
- 25%능선가격(197,025원)과 60일 이동평균선(214,600원) 수준: 3차 지지력 테스트 위치

이와 같은 복합적 관점에서 '가격 지지력 + 이동평균선 배열 + 시간적 기준점'을 종합 분석하면, SK하이닉스의 조정이 단순한 눌림인지 아니면 추세 전환의 전조인지 보다 정밀하게 판단할 수 있다.

이동평균선에 대해 확실히 짚고 넘어가자. 이동평균선이란 일정 기간 동안의 주가 평균값을 연결한 선으로, 시장의 흐름을 시각적으로 보여주는 대표적인 보조지표다.

주가가 하락세에서 상승세로 전환할 때 가장 먼저 반응하는 이동평균선은 5일선이다. 최근 5거래일간의 주가 평균을 반영하는 5일선은, 주가가 서서히 상승하기 시작할 때 가장 먼저 위로 움직인다. 그 다음으로 10일선, 20일선, 60일선, 120일선 순으로 차례로 반응하며 올라간다.

이처럼 상승세로 전환된 주가는 다음과 같은 순서로 이동평균선 위에 위치하게 된다. '현재 주가 → 단기 이동평균선(5일선, 20일선) → 중기 이동평균선(60일선) → 장기 이동평균선(120일선)', 이러한 배열을 '정배열'이라 부른다.

반대로, 주가가 하락세일 때는 다음과 같은 순서로 이동평균선이 배치된다. '장기 이동평균선 → 중기 이동평균선 → 단기 이동평균선 → 현재 주가', 이러한 배열을 '역배열'이라 하며 일반적으로 약세장 또는 하락추세로 해석된다.

모든 이동평균선이 한 지점에 모여 있는 구간이 길수록, 주가가 상승 전환할 때 더 강한 폭발력을 가질 가능성이 높다. 특히 단기 이동평균선이 장기 이동평균선을 아래에서 위로 돌파하는 '골든크로스'가 발생하면, 단기 매수세가 급격히 유입되며 강한 상승세가 나타날 가능성이 크다.

주가가 바닥권에 있을 때 골든크로스가 발생하면, 강한 매수 신호로 해석되기도 한다. 이때 정배열로 전환되는 흐름이 점차 뚜렷해지면, 저점에서 매수한 투자자들은 추가 매수에 나서거나, 단기 차익을 노린 투자자들의 매도 물량을 받아내는

자료 3-3 **이동평균선의 원리**

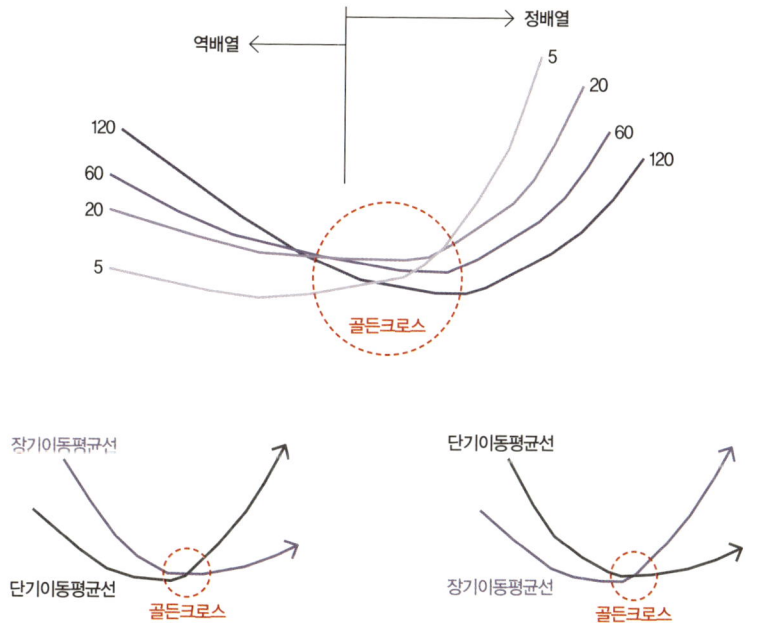

 손바뀜 현상이 활발해진다. 이로 인해 거래량이 증가하며, 시장의 에너지가 더욱 축적된다. 이러한 과정이 반복되면 저가에서 매도하려는 투자자 수가 줄어들고, 결과적으로 작은 호재에도 급등이 가능한 구조가 만들어진다.

 시간이 흐르고 주가가 충분히 오른 뒤에는, 장기 투자자들이 이익 실현에 나서기 시작하고, 이때 거래량이 다시 증가한다. 만약 이 시점에서 단기 차익매물이나 단타 세력의 물량까지 동시 출회되면, 주가는 단기 급락할 수 있다.

 정배열이 역배열로, 혹은 역배열이 정배열로 완전히 전환되기까지는 6개월에서 1년가량이 소요된다. '중기·장기 이동평균선은 역배열인데 단기 이동평균선만 정배열'인 경우처럼 각 이동평균선이 서로 다른 방향을 보일 때는 현재 조정이 추세 강화를 위한 눌림인지, 추세 전환의 신호인지를 꼼꼼히 판단해야 한다.

자료 3-4 이동평균선 매매법의 기본

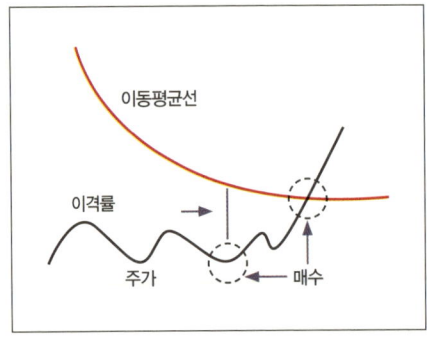
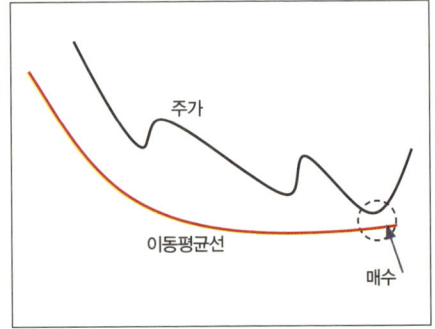
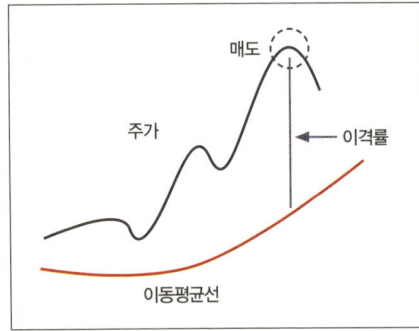
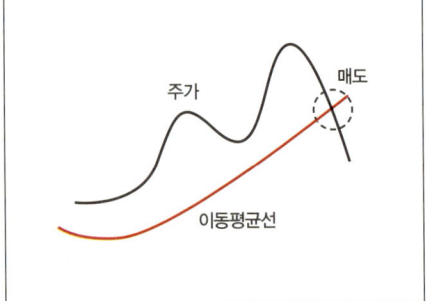

 이동평균선은 일정한 주기를 두고 '수렴과 확장'을 반복한다. 따라서 주가의 흐름과 이동평균선의 흐름을 잘 분석한다면 기업의 사업구조나 경쟁력, 시장점유율 등 기업에 대한 기본 분석 없이도 기술적으로 매수 시기와 매도 시기를 파악할 수 있다.

 예컨대 주가가 이동평균선 아래에 머무르면서 이동평균선의 하락 기울기가 점차 완만해지고, 수평에 가까워지는 구간에서 주가가 이동평균선을 상향 돌파하면 매수할 기회다.

 또한 주가와 이동평균선 간의 거리(이격률)가 과도하게 벌어졌을 때도 기술적 반등이 나올 가능성이 크므로 매수할 기회이다. 주가가 과도하게 하락하면 '매수를 통해 평균단가를 낮추고자 하는 투자자들'과 '가격이 싸다고 인식한 투자자들'의 반발 매수세가 나오게 되기 때문이다. 이때 단기적으로 주가가 상승하는 경우가 많다. 이 시점을 잘 공략한다면 하루이틀 사이에도 단기적으로 5% 이상의 수익을 달성할 수 있다.

또한 이동평균선 근처로 주가가 근접했다가 일시적으로 이탈한 뒤 다시 돌파하는 경우나, 이탈하지 않고 이동평균선 부근에서 지지를 받은 뒤 재상승하는 경우 역시 매수 타이밍으로 해석할 수 있다. 이처럼 이동평균선이 '지지선' 역할을 할 때의 흐름을 포착하면, 단기적 반등을 노린 전략적 진입이 가능해진다.

자, 그렇다면 매도 시점은 언제일까? 주가가 급등하면서 이동평균선과의 이격률이 과도하게 벌어진 경우, 차익 매물이 쏟아질 가능성이 높다. 이때는 5일·10일·20일·60일·120일 이동평균선을 기준으로 이격률 한계를 설정해두고, 이 기준선을 초과하면 일부 이익을 실현하거나 매도 시점을 고민하는 것이 좋다.

또한 단기 이동평균선이 장기 이동평균선을 하향 돌파하는 경우, 추세 자체가 무너지는 경우가 많다. 예를 들어 20일선이 120일선을 붕괴할 경우 이는 장기 상승추세의 종료 신호로 해석된다. 하지만 그보다 먼저, 5일선이 10일선을 하향 돌파하는 구간에서는 단기 투자자들의 경우 선제적으로 매도 전략을 세우는 것이 바람직하다.

이처럼 이동평균선의 배열 상태와 주가의 위치가 '정배열'인지 '역배열'인지 지속적으로 점검하는 것이 핵심이다. 주가가 차례로 5일→10일→20일 이동평균선을 이탈하며 역배열로 전환되기 시작하면, 설령 중장기적으로는 긍정적인 흐름이 더라도, 보유 물량을 비율별로 축소하는 전략이 필요하다.

SK하이닉스와 삼성전자의 파동 흐름이 달랐던 이유

이 칼럼은 SK하이닉스와 삼성전자의 파동 구조가 어떻게 달랐는지를 비교 분석한 것이다. 동일한 방식으로 4등분법칙을 적용하더라도, 종목별 파동 구조에 따라 해석과 전략이 달라질 수 있음을 보여준다.

이제 삼성전자도 같은 기준으로 분석해보자. 앞서 살펴본 SK하이닉스와 마찬가지로, 이동평균선의 배열 상태, 이격률, 그리고 주요 골든크로스·데드크로스 발생 지점을 기준으로 주가 흐름과 추세의 전환 가능성을 점검해볼 수 있다.

삼성전자의 4등분법칙 기준 변동 흐름을 살펴보자. 2024년 11월 14일 이른바 '5만전자'가 붕괴되면서 49,900원을 저점으로 기록한 뒤, 2025년 3월 24일에는 62,100원까지 상승했다. 총 상승기간은 84거래일이고, 상승률은 약 24%로 비교적 완만한 상승에너지를 보였다.

같은 구간에 SK하이닉스는 11월 8일 203,000원 고점 이후 11월 14일 173,000원까지 하락했으나, 삼성전자가 11월 14일 52주 최저점을 기록한 것과 비교하면 상대적으로 강한 모습을 보였다. 이미 '9월 19일 144,000원 저점 - 10월 25일 206,000원 고점 - 11월 29일 159,000원 저점' 파동을 형성하며 삼성전자보다 앞서 9월 19일 52주 최저가를 기록했고, 이후 20만 원대 저항을 확인한 뒤 삼성전자와 함께 조정 구간에 진입했지만 상대적으로 더 강한 모습을 보인 것이다.

자료 4-1 상승삼각형 기본 패턴

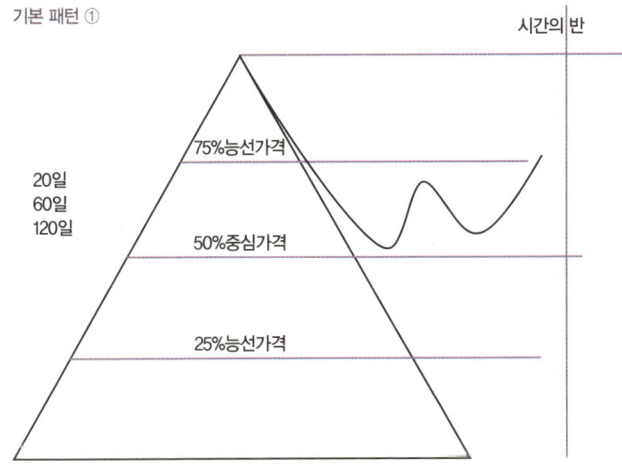

자료 4-2 삼성전자 파동 흐름 (일봉)

자료 4-3 삼성전자 파동 흐름을 단순화

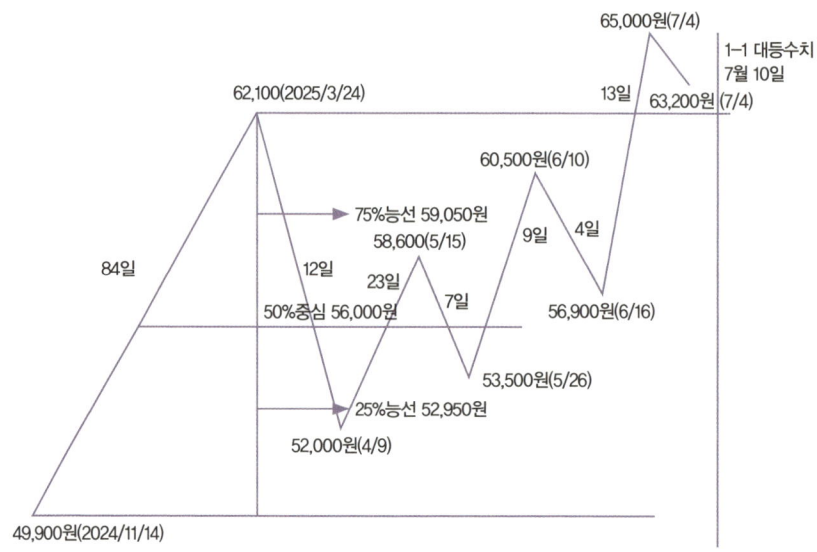

자료 4-4 삼성전자 4등분법칙

삼성전자		상승률	하락률		
62,100	최고	24%	0%		
		23%	-1%	61,338	75%
		21%	-2%	60,575	50%
		20%	-4%	59,813	25%
59,050	75%	18%	-5%		
		17%	-6%	58,288	75%
		15%	-7%	57,525	50%
		14%	-9%	56,763	25%
56,000	50%	12%	-10%		
		11%	-11%	55,238	75%
		9%	-12%	54,475	50%
		8%	-14%	53,713	25%
52,950	25%	6%	-15%		
		5%	-16%	52,188	75%
		3%	-17%	51,425	50%
		2%	-18%	50,663	25%
49,900	최저	0%	-20%		

같은 구간에 SK하이닉스도 비슷한 조정파동을 보였는데, SK하이닉스는 2025년 4월 9일 기록한 저점부터 삼성전자와 달리 급등파동을 보인 것을 체크할 수가 있다. 즉 삼성전자는 이 구간에서 '완만한 회복', SK하이닉스는 '폭발적 상승 전환'이라는 서로 다른 추세 전환 패턴을 보였다.

이 구간의 SK하이닉스 파동을 보면 다음과 같다.

자료 4-5 SK하이닉스 파동 흐름 (일봉)

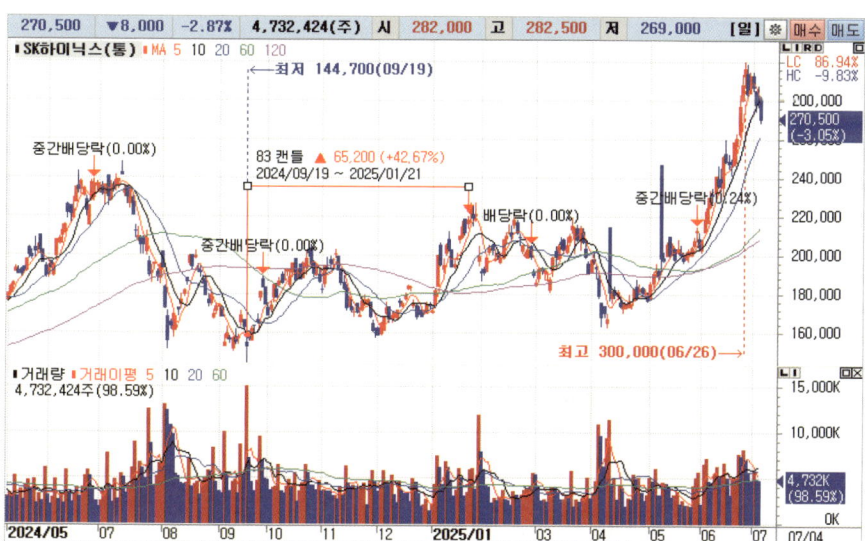

이 차트를 보면 알 수 있듯, SK하이닉스는 2024년 9월 19일 144,700원에서 시작해 2025년 1월 24일 227,000원까지 상승한 뒤, 다시 4월 9일 162,700원까지 하락하면서 직전 저점 부근까지 되돌림파동을 보였다. 하지만 바로 그 4월 9일부터는 45도 각도의 강한 상승세로 전환되며 삼성전자와는 뚜렷이 구분되는 상승에너지를 보여주었다.

자료 4-6 SK하이닉스 4등분법칙

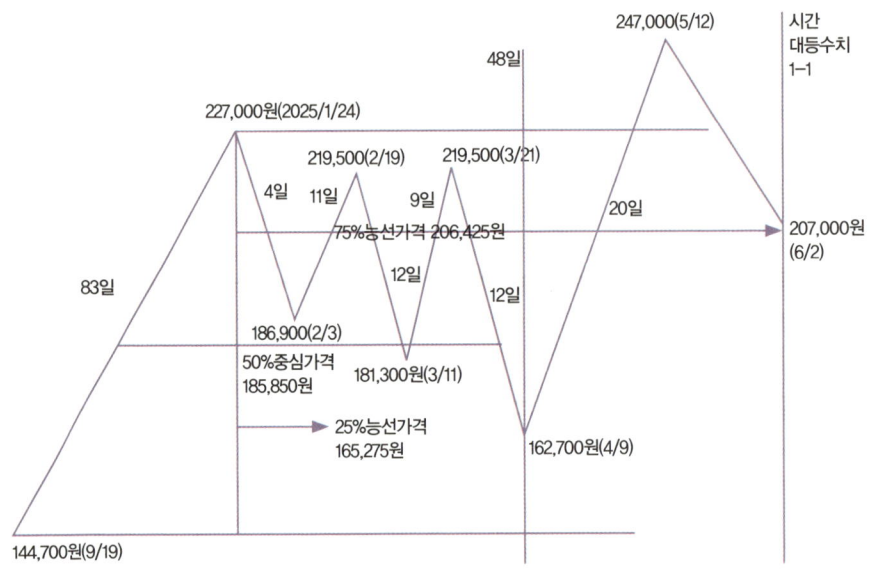

자료 4-7 SK하이닉스 4등분법칙

SK하이닉스		상승률	하락률		
227,000	최고	57%	0%		
		53%	-2%	221,856	75%
		50%	-5%	216,713	50%
		46%	-7%	211,569	25%
206,425	75%	43%	-9%		
		39%	-11%	201,281	75%
		36%	-14%	196,138	50%
		32%	-16%	190,994	25%
185,850	50%	28%	-18%		
		25%	-20%	180,706	75%
		21%	-23%	175,563	50%
		18%	-25%	170,419	25%
165,275	25%	14%	-27%		
		11%	-29%	160,131	75%
		7%	-32%	154,988	50%
		4%	-34%	149,844	25%
144,700	최저	0%	-36%		

이와 같은 차별화의 배경에는 강력한 외국인 매수세와 함께, 엔비디아의 폭발적인 주가 상승이 있었다. '엔비디아 효과'는 SK하이닉스의 상승을 직접 견인하는 촉매제 역할을 했다. 반면 삼성전자는 엔비디아에 HBM(고대역폭메모리)을 납품하지 못하면서 SK하이닉스와 같은 상승 동력을 확보하지 못했고, 이로 인해 상대적으로 미약한 상승 흐름을 보인 것이다.

SK하이닉스는 2024년 9월 19일 144,700원에서 2025년 1월 24일 227,000원까지 상승하며, 약 57%의 상승률을 기록했다. 이는 동일 기간 삼성전자의 상승률에 비해 2배 이상 강한 상승에너지를 보여준 것이다.

이후 조정 구간인 4월 9일 162,700원까지 하락하기 전에도, 다음과 같이 4등분 기준 75%능선가격을 두 차례 돌파하며 강한 반등에너지를 확인할 수 있었다.

- 2025년 2월 20일: 212,000원
- 2025년 3월 20일: 210,000원

하지만 2025년 4월 초에 트럼프의 관세 이슈로 촉발된 급락장에서, SK하이닉스는 4등분 기준 25%능선가격까지 하락하며, 4월 9일 162,700원을 저점으로 기록했다. 이는 강한 상승 이후의 급격한 되돌림이자, 시장 전체의 외부 변수에 따른 단기 변동성 구간이었다.

그러나 이 저점 이후의 흐름은 매우 인상적이다. 4월 9일 162,700원 저점에서 시작해, 5월 12일에는 직전 고점(1월 24일 227,000원)을 돌파하며 247,000원까지 상승했다. 그리고 조정 국면에서도 6월 2일 207,000원에서 안정적으로 눌림을 거치며, 4등분 기준 75%능선가격대가 강력한 지지선으로 작용하고 있음을 보여주었다.

이후 6월 26일에는 300,000원까지 급등하며, 삼성전자와 완전히 차별화된 상승 랠리를 완성하게 된다. 이처럼 SK하이닉스의 지속적인 고점 경신과 지지선 확보가 가능했던 이유는, 바로 엔비디아의 상승파동이 직접적으로 SK하이닉스를 견인했기 때문이다.

엔비디아의 상승-하락주기는 다음과 같다.

- 2024년 6월 20일 140.7달러에서 8월 5일 90달러까지의 하락파동
- 8월 5일 90달러에서 2025년 1월 7일 153달러까지의 상승파동
- 1월 7일 153달러에서 4월 7일 86달러까지의 하락파동
- 4월 7일 86달러에서 2025년 7월 3일 160달러까지의 상승파동 진행중

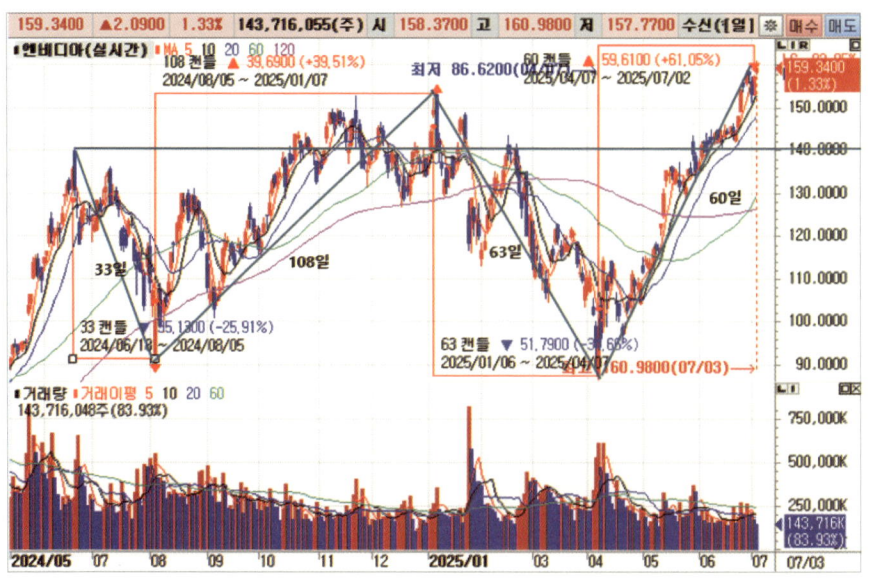

자료 4-8 엔비디아 파동 흐름 (일봉)

SK하이닉스는 엔비디아가 추가적인 상승 흐름을 이어가는 와중에도, 6월 26일 300,000원을 고점으로 조정 국면에 진입했다. 이는 외국인 수급이 매수에서 매도로 전환된 데 따른 영향이 크며, 기술적 조정보다 수급 구조 변화에 따른 움직임으로 해석할 수 있다.

그 사이 상대적으로 부진했던 삼성전자는, 같은 날인 6월 26일 62,100원으로 직전 고점(3월 24일 62,100원)과 유사한 쌍봉 패턴을 형성하는 듯한 흐름을 보였다. 하지만 이후 7월 2일 59,800원을 저점으로 강한 반등 흐름에 진입했고, 7월 3일에는 65,000원까지 급등한 뒤, 7월 4일 현재는 63,200원선에서 등락중이다.

결국 2025년 7월 8일로 예정된 삼성전자의 2분기 실적 발표가, SK하이닉스의 조정 흐름과 삼성전자의 반등 흐름이 엇갈리는 가운데 양 종목의 방향성을 가를 핵심 분기점이 될 것으로 판단된다.

SK하이닉스로 시간차 분석을 해보자. 2025년 7월 4일에 SK하이닉스를 분석한 뒤, 거래일 기준 10일이 지난 7월 18일 데이터를 가지고 그동안의 진행 과정을 체크해보는 것이다.

SK하이닉스의 파동을 살펴보면, 7월 11일 306,500원까지 상승하며 6월 26일 고점을 장중에 돌파했으나, 결국 음봉으로 마감되며 다시 하락파동이 전개되었다.

7월 17일, SK하이닉스는 외국인이 하루 동안 218만 주를 순매도하면서 주가가 -9.29% 급락했다. 이는 골드만삭스가 SK하이닉스의 투자등급을 '중립'으로 하향 조정한 영향으로, 불과 2주 만에 SK하이닉스를 둘러싼 시장 분위기가 급격히 바뀌고 있는 상황이다.

반대로 삼성전자는 7월 8일 발표한 2분기 잠정 실적이 매출 74조 원, 영업이익 4조 6,000억 원으로 집계되었다. 매출은 전년 동기와 비슷했지만, 영업이익은 55.9% 급락했다. 시장 컨센서스는 6조 원 초반이었으나 실제 발표는 4조 6,000억

자료 4-9 SK하이닉스 파동 흐름 (일봉)

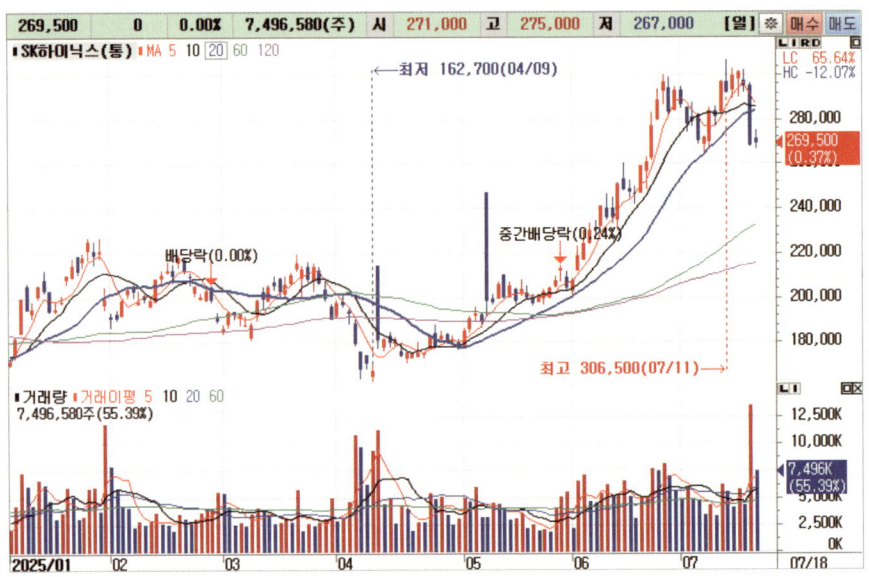

자료 4-10 SK하이닉스 투자자별 매매 동향 (2025년 6월 24일~7월 18일)

원으로, 어닝쇼크 수준이었다.

　그럼에도 불구하고, 이날 삼성전자 주가는 저가 60,100원에서 장중 고점 62,400원까지 상승했으며, 7월 4일 고점인 65,000원 대비 실적 발표일의 저점 60,100원을 지지한 뒤, 7월 17일 이재용 회장의 대법원 무죄 판결이 나오면서 직전 고점인 65,000원을 돌파했고, 7월 18일에는 67,800원까지 상승했다.

　결과적으로 SK하이닉스와 삼성전자는 서로 다른 파동 흐름과 시장 반응을 보여주었다.

　이제 7월 24일 SK하이닉스의 실적 발표 이후 시세 움직임과, 7월 20일 일본 참의원 선거 결과 및 일본 중앙은행의 금리 결정 이후 삼성전자와 SK하이닉스에 대한 외국인 매매 동향을 체크할 필요가 있다.

 자료 4-11 **삼성전자 파동 흐름 (일봉)**

자료 4-12 삼성전자 투자자별 매매 동향 (2025년 6월 24일~7월 18일)

일자	종가	기준가	대비	등락률	거래량	외국인	개인	기관계	투신	사모펀드	금융투자	보험	은행	기타금융	연기금 등	기타법인	내외국인
합계						22,397,632	-30,195,32	-981,930	79,517	-360,155	-2,424,906	17,126	20,695	-36,791	1,722,584	6,818,278	-36,654
25/07/18	66,900	66,700 ▲	200	0.30	34,616,269	5,692,123	-5,058,612	-1,532,857	152,324	94,502	-1,455,454	-26,782	-4,437	-1,351	-291,659	880,304	19,042
25/07/17	66,700	64,700 ▲	2,000	3.09	57,235,338	8,263,539	-11848995	2,316,163	622,104	67,525	905,701	100,071	-9,731	-19,181	649,674	1234129	35,164
25/07/16	64,600	63,700 ▲	900	1.41	32,496,567	5,906,615	-5,713,025	-1,210,884	-200,708	-388,951	-715,038	908	220	-6,676	98,961	1042531	-25,237
25/07/15	63,700	62,500 ▲	1,200	1.92	25,427,730	4,018,869	-4,646,434	-540,639	64,263	85,702	-842,941	-4,680	-968	-7,997	165,982	1186038	-17,834
25/07/14	62,400	62,600 ▼	200	-0.32	17,804,943	-829,833	154,002	-364,617	-31,544	-69,737	-541,769	-32,645	-153	-21,194	332,425	1040895	-367
25/07/11	62,400	61,000 ▲	1,400	2.30	27,983,240	5,231,903	-6,434,693	130,509	127,728	249,248	-212,659	43,440	37,462	-103,900	-10,810	1084790	-12,509
25/07/10	61,200	60,400 ▲	800	1.32	19,713,011	545,194	278,964	-1,814,490	-169,996	9,731	-1,626,903	-81,850	-1,393	-1,179	56,500	975,424	14,908
25/07/09	60,600	61,400 ▼	800	-1.30	24,011,672	-3,391,628	4,596,291	-2,319,717	-435,918	-276,785	-1,080,245	-118,231	-26,639	6,512	-388,411	1090355	16,699
25/07/08	61,600	61,700 ▼	100	-0.16	30,885,395	-1,969,622	3,431,706	-873,185	-456,069	-287,655	-728	-39,715	341	79,230	-168,589	-566,740	-22,159
25/07/07	62,000	63,300 ▼	1,300	-2.05	24,978,150	-3,149,721	4,713,670	-1,430,197	-336,247	-292,096	-728,408	-12,279	-7,861	16,921	-70,227	-115,014	-18,936
25/07/04	63,200	63,800 ▼	600	-0.94	38,743,103	-541,850	1,705,970	-1,390,633	20,813	238,854	-1,836,689	-89,461	-2,750	-34,280	312,880	215,723	10,790
25/07/03	64,100	60,800 ▲	3,300	5.43	51,201,397	9,826,534	-15048122	4,755,375	809,067	935,268	2,333,755	46,024	19,779	45,994	585,488	488,210	-21,997
25/07/02	60,700	60,200 ▲	500	0.83	20,048,107	-270,459	-420,554	669,330	110,221	-39,814	539,223	8,090	2,939	466	48,205	34,386	-12,703
25/07/01	60,600	59,800 ▲	800	1.34	19,977,719	78,321	-1,038,225	963,503	121,985	-149,568	999,878	26,005	5,080	-4,928	-34,949	6,385	-9,964
25/06/30	60,100	60,800 ▼	700	-1.15	23,076,194	-5,889,811	5,245,499	576,079	-154,281	-399,666	1,058,943	-34,877	18,435	-4,921	92,446	35,999	32,234
25/06/27	60,800	60,200 ▲	600	1.00	25,590,423	989,200	-3,842,339	2,723,385	72,360	377,891	1,583,568	128,935	-9,881	13,471	557,041	145,986	-16,232
25/06/26	60,200	61,300 ▼	1,000	-1.63	29,043,557	-2,111,742	3,731,671	-1,639,055	-236,585	-515,004	-805,740	104,173	252	6,222	-192,373	30,957	-9,531
25/06/25	61,300	60,500 ▲	800	1.32	37,190,882	2,047,097	-1,513,335	-779,567	-576,659	-95,452	-293,882	37,855	-7,810	-23,711	180,092	221,075	24,730
25/06/24	60,500	58,000 ▲	2,500	4.31	37,090,008	6,133,004	-8,408,405	2,149,455	-63,347	322,837	2,031,955	-329,556	891	36,192	150,483	161,346	-35,400

시장 데이터를 보면 삼성전자는 상승에너지가 강하게 작동하고 있으며, SK하이닉스는 75%능선가격인 27만 원 지지에 실패한 뒤 바닥을 탐색하는 국면에 있다. 이는 엔비디아가 상승세를 이어가는 과정에서 나타나는 현상으로, 만약 엔비디아가 하락파동으로 전환될 경우 SK하이닉스의 패턴을 주목해야 한다.

하락삼각형의 패턴 분석

이 칼럼은 하락삼각형 패턴을 통해 주가 하락 국면에서 나타나는 구조적 에너지 분산 과정을 살펴본다. 고점이 점차 낮아지고 저점은 일정하게 유지되는 이 패턴은, 지지선 붕괴 시 하락에너지가 급격히 확산될 수 있음을 예고한다.

앞서 상승 종목의 에너지를 분석할 때는 '상승삼각형'을 4등분해 중심가격의 지지와 저항 흐름을 판단해보았다.

이제는 그 반대 개념인 '하락삼각형'을 동일한 방식으로 4등분해(자료 5-1), 각 지점에서의 지지선과 저항선의 변화 양상을 체크해보자.

먼저 하락삼각형 패턴의 기본 구조에서, 50%중심가격이 '지지선'이 되는지, '저항선'이 되는지를 우선적으로 판단해야 한다.

주가는 '25%능선가격, 50%중심가격, 75%능선가격' 사이를 지그재그로 등락하지만, 결국 50%중심가격에서의 저항 여부가 중요한 분기점이 된다. 50%중심가격이 강한 저항선으로 작용하면서, 직전 저점 부근을 반복적으로 위협하거나 결국 하단을 붕괴하는 흐름이 나타난다면, 이것이 바로 '50%중심가격 저항 패턴'의 전형적인 형태다.

다음에 나오는 [자료 5-2]의 4가지 주요 패턴 유형을 반드시 숙지해두기를 바란다.

자료 5-1 하락삼각형 4등분법칙

기본 패턴 ①

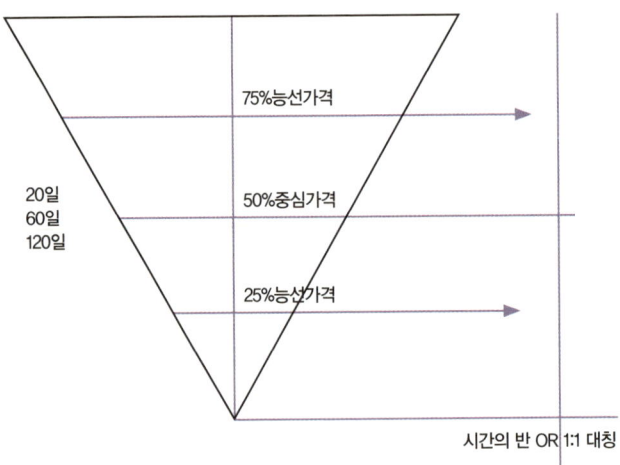

자료 5-2 하락삼각형의 4가지 주요 패턴

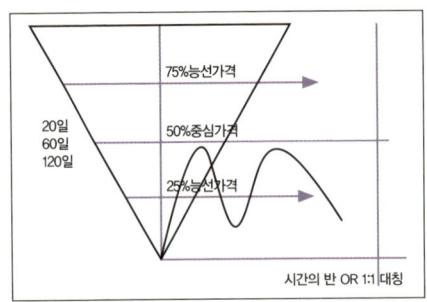

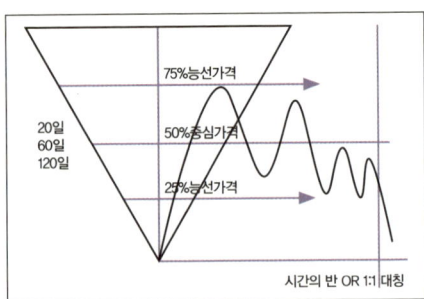

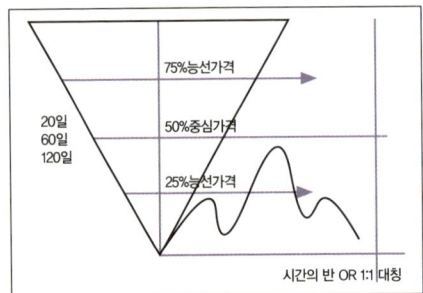

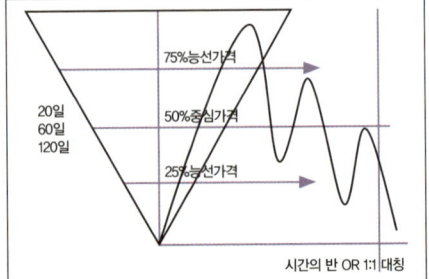

여기서 감각적으로 '가격의 반, 시간의 반'이라는 기준이 나온다. 주가는 위아래로 수없이 흔들리지만, 궁극적으로 1:1 대등수치가 다가오기 전에 50%중심가격과 시간상 절반 지점을 통과한 시점에서 고점이 점점 낮아지고, 50%중심가격이 '지지선'이 아닌 '저항선'으로 바뀌는 흐름이 나타난다.

이는 주로 업황 악화나 수급 악화와 같은 구조적 변화 속에서 발생하며, 겉으로는 각종 뉴스나 이벤트가 등장하지만, 패턴은 분명히 우하향 에너지를 드러내고 있다. 즉 '중심가격이 낮아진다'는 것이 핵심 신호다.

이런 흐름을 가장 전형적으로 보여준 사례가 바로 이차전지 대표 종목인 LG에너지솔루션이다. 2022년 1월 27일 LG화학에서 분할 상장된 첫날 598,000원의 고점을 형성한 뒤, 2월 3일 단기간에 441,000원까지 급락했으며, 2월 8일 577,000원까지 반등했지만 직전 고점을 넘지 못한 채, 결국 3월 15일 355,000원까지 급락하는 명확한 하락삼각형 흐름을 보였다. [자료 5-4]는 LG에너지솔루션의 하락삼각형 구조를 단순화한 도식이다.

29일간의 급락을 통해 전형적인 하락삼각형 패턴을 형성했다. 이때 중요한 점은, 하락에 걸린 시간(29일)과 이후 반등 기간이 동일한 1:1 대등수치로 대응된다는 점이다. 즉 1월 27일 고점부터 시작된 하락이 2월 24일에 저점을 형성했고, 이후 동일한 29일이 지난 4월 25일이 시간상 중요한 분기점이 된다.

실제로 4월 25일, 주가는 433,000원 선을 통과했지만, 4등분 기준 50%중심가격인 476,500원을 돌파하지 못하고 저항에 막히는 모습을 보였다. 이는 50%중심가격이 지지선이 아닌 강력한 저항선으로 작용하면서 하락삼각형 패턴의 우하향 흐름이 유지되고 있음을 의미한다.

자료 5-3 LG에너지솔루션 파동 흐름 (일봉)

자료 5-4 LG에너지솔루션 파동 흐름을 단순화

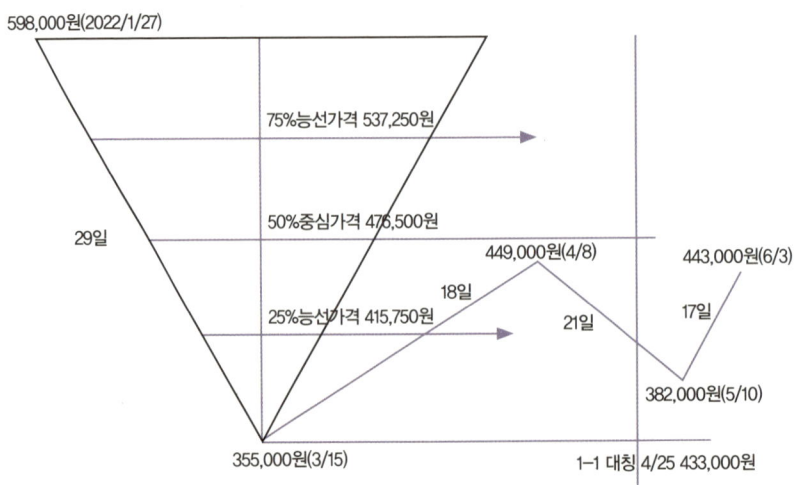

48

자료 5-5 LG에너지솔루션 4등분법칙

LG에너지솔루션		상승률	하락률		
598,000	최고	68%	0%		
		64%	-3%	582,813	75%
		60%	-5%	567,625	50%
		56%	-8%	552,438	25%
537,250	75%	51%	-10%		
		47%	-13%	522,063	75%
		43%	-15%	506,875	50%
		39%	-18%	491,688	25%
476,500	50%	34%	-20%		
		30%	-23%	461,313	75%
		26%	-25%	446,125	50%
		21%	-28%	430,938	25%
415,750	25%	17%	-30%		
		13%	-33%	400,563	75%
		9%	-36%	385,375	50%
		4%	-38%	370,188	25%
355,000	최저	0%	-41%		

　시간상 1:1 대등수치를 지난 이후, 주가는 다시 하락삼각형의 저점을 형성하며 새로운 패턴으로 진입했다. 이에 따라 기존의 하락삼각형 기준은 더 이상 유효하지 않으며, 새로운 저점 기준으로 하락삼각형을 다시 설정할 필요가 있다.

　즉 이후의 흐름은 다음과 같은 새로운 기준선에서 분석해야 한다.

자료 5-6 LG에너지솔루션 파동 흐름 (일봉)

자료 5-7 LG에너지솔루션 파동 흐름을 단순화

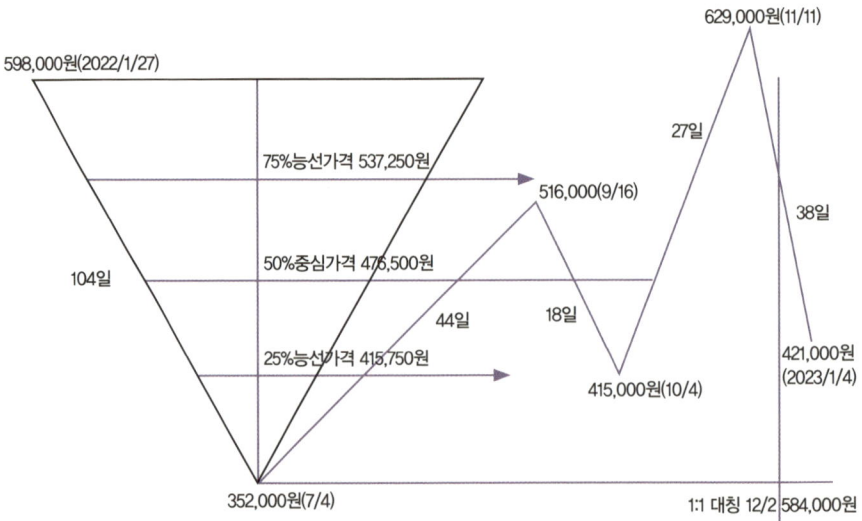

LG에너지솔루션은 2022년 1월 27일 598,000원을 고점으로 기록한 이후, 104일간 하락해 7월 4일 352,000원까지 하락했다. 이 구간을 기준으로 다시 하락삼각형 패턴을 설정하고, 4등분법칙을 적용해 파동 구조를 분석할 수 있다.

특히 주목할 점은, 직전 저점이었던 3월 15일 355,000원과 7월 4일 352,000원이 근사치로 형성되며 '쌍바닥' 패턴을 만들었다는 점이다. 이는 LG에너지솔루션의 350,000원 부근이 강력한 기술적 지지선임을 시사한다.

이후 주가는 반등 흐름을 보이며, 2022년 9월 5일에는 513,000원까지 상승해 50%중심가격을 돌파했지만, 75%능선가격은 넘지 못했다.

10월 4일에는 25%능선가격인 415,000원 부근을 지지한 뒤, 상승 N파동을 그리며 1월 고점이었던 598,000원을 돌파, 11월 11일에는 새로운 고점인 629,000원을 기록했다. 그러나 그 직후 급락파동으로 전환되며, 반드시 지지해야 할 직전 고점(2022년 1월 27일, 598,000원)을 이탈했고, 다음 주요 지지선인 75%능선가격 537,250원마저 붕괴되면서, 결국 2023년 1월 4일에는 421,000원까지 하락했다.

이 구간에서 주목해야 할 분석 포인트는 바로 '하락삼각형에서의 50%중심가격이 지지선으로 작용하는 구조'다. 이 패턴을 반복적으로 관찰·학습함으로써, 실전 매매에서 지지선의 신뢰도를 판단하는 기준으로 활용할 수 있다. 중심이론에 따르면 '50%중심가격이 저항이 되는가, 지지가 되는가'에 따라 다음 파동의 진폭과 시간이 결정되기 때문이다.

자료 5-8 하락삼각형에서 50%중심가격이 지지선으로 확보되는 패턴

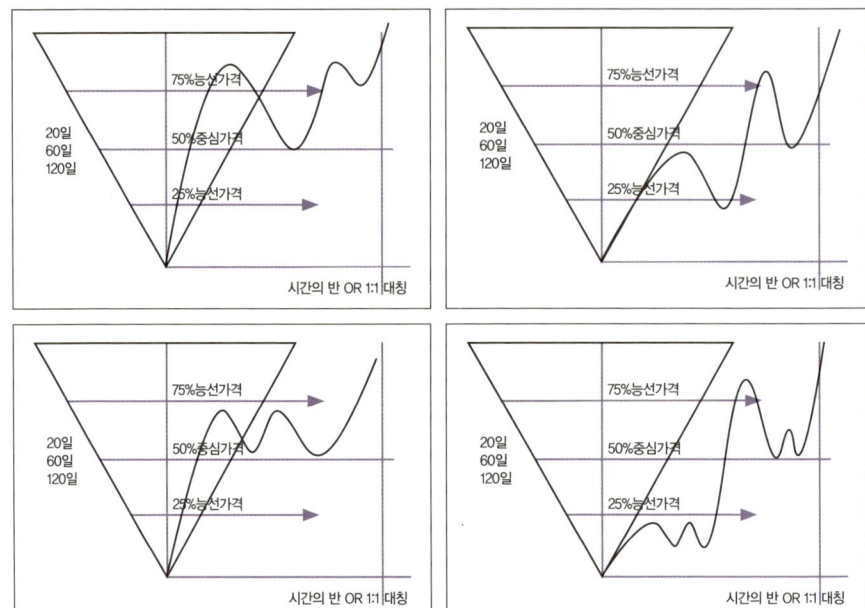

　LG에너지솔루션은 2022년 1월 27일 598,000원을 고점으로 기록한 뒤, 104일 간 조정을 거쳐 7월 4일 352,000원까지 하락하는 파동을 형성했다. 이후 주가는 하락 전 고점을 돌파하면서 상승삼각형 구조로 전환되었고, 이에 따라 새롭게 상승삼각형을 기준으로 4등분법칙을 적용해 상승에너지의 연속성을 점검할 필요가 있다.

　특히 주목해야 할 것은, 이 상승삼각형 내에서 50%중심가격이 강한 지지선으로 작용하는지를 확인하는 것이다. 이 지점이 지지로 작동한다면, 이후 파동의 안정성과 상승 지속 가능성을 가늠할 수 있는 핵심 단서가 된다.

　당시 LG에너지솔루션의 실제 주가 흐름은 다음과 같이 전개되었다.

자료 5-9 LG에너지솔루션 파동 흐름 (일봉)

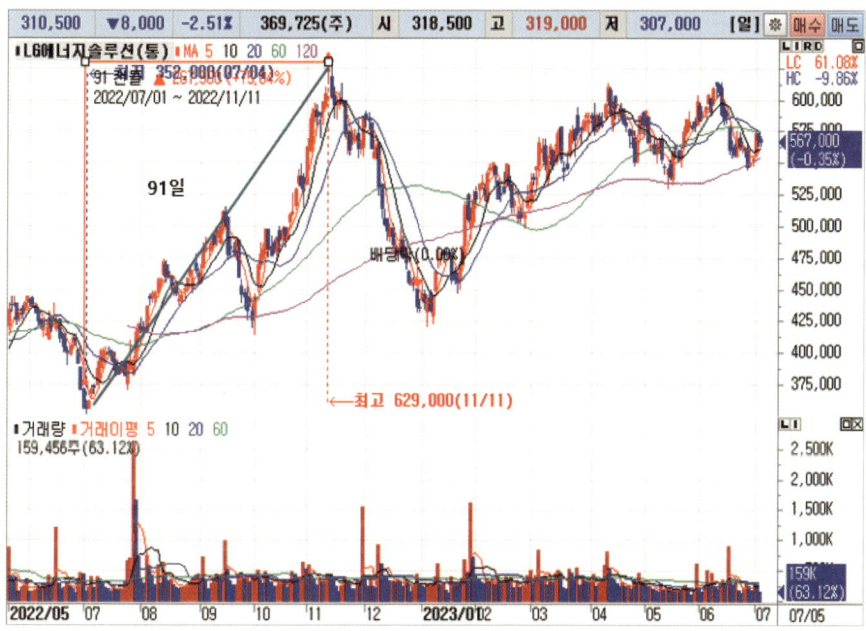

자료 5-10 LG에너지솔루션 파동 흐름을 단순화

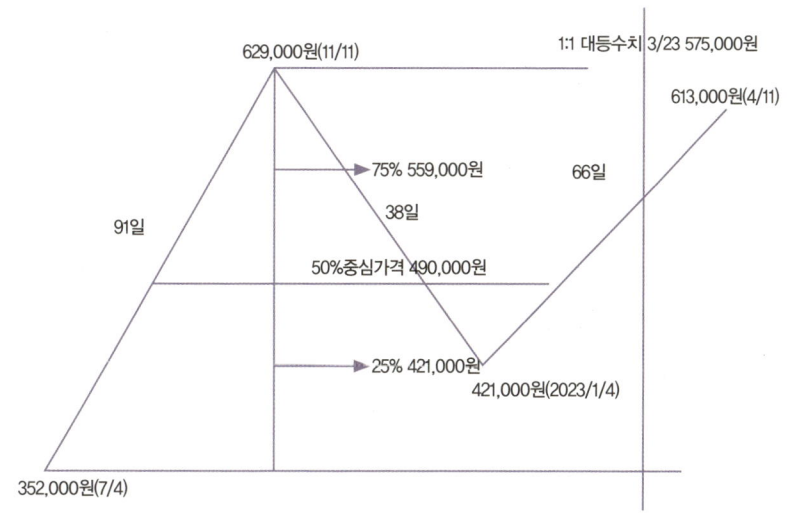

1장 4등분법칙: 강력한 실전 매매도구 | 53

91일 동안 상승삼각형 패턴을 형성하면서, LG에너지솔루션에 대한 새로운 상승 파동 기대감이 커졌다. 하지만 1:1 대등수치에 해당하는 2023년 3월 23일에 주가는 575,000원에 머물렀고, 4월 11일에는 613,000원까지 상승했지만 직전 고점인 2022년 11월 11일의 629,000원을 돌파하는 데 실패했다.

그 이후 주가는 60만 원대를 세 차례에 걸쳐 재차 시도했지만 모두 저항에 부딪히며 실패했고, 결국 상승에너지가 꺾이며 다시 급락파동으로 전환되는 흐름이 나타났다.

이러한 하락 전환의 징후는 아래 파동 구조를 통해 확인할 수 있다.

자료 5-11 LG에너지솔루션 4등분법칙

LG에너지솔루션		상승률	하락률		
598,000	최고	70%	0%		
		66%	-3%	582,625	75%
		61%	-5%	567,250	50%
		57%	-8%	551,875	25%
536,500	75%	52%	-10%		
		48%	-13%	521,125	75%
		44%	-15%	505,750	50%
		39%	-18%	490,375	25%
475,000	50%	35%	-21%		
		31%	-23%	459,625	75%
		26%	-26%	444,250	50%
		22%	-28%	428,875	25%
413,500	25%	17%	-31%		
		13%	-33%	398,125	75%
		9%	-36%	382,750	50%
		4%	-39%	367,375	25%
352,000	최저	0%	-41%		

자료 5-12 LG에너지솔루션 파동 흐름 (일봉)

자료 5-13 LG에너지솔루션 파동 흐름을 단순화

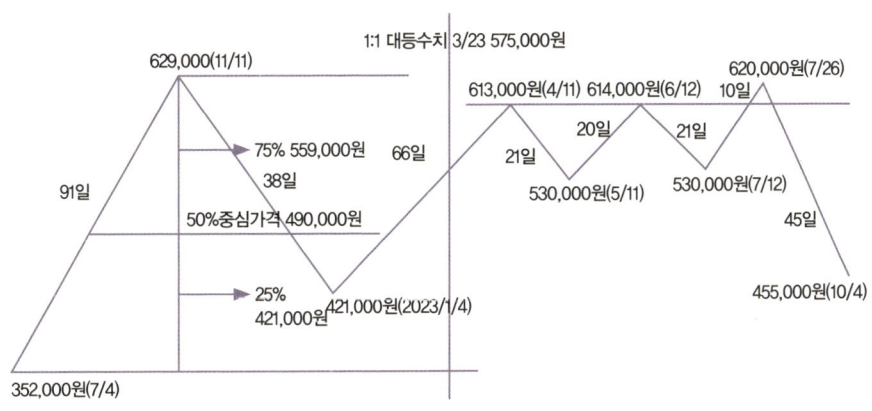

1장 4등분법칙: 강력한 실전 매매도구 | 55

LG에너지솔루션은 2023년 4월 11일 613,000원, 6월 12일 614,000원, 7월 26일 620,000원으로 세 차례에 걸쳐 직전 고점을 돌파하려 시도했지만 모두 실패했다. 이 구간은 의미 있는 기술적 저항 구간으로 작동했으며, 60만 원대 초반대는 강한 매도세가 반복적으로 출현하는 가격대임이 확인되었다.

이러한 주가 흐름을 시간 주기로 보면 다음과 같다.

- 21일 하락 → 20일 상승 → 다시 21일 하락.
- 이후 10일간 반등이 이어졌으나, 결국 7월 26일 620,000원을 고점으로 하락 반전되며 무려 45일간의 급락파동이 이어졌다.

자료 5-14 LG에너지솔루션 파동 흐름 (일봉)

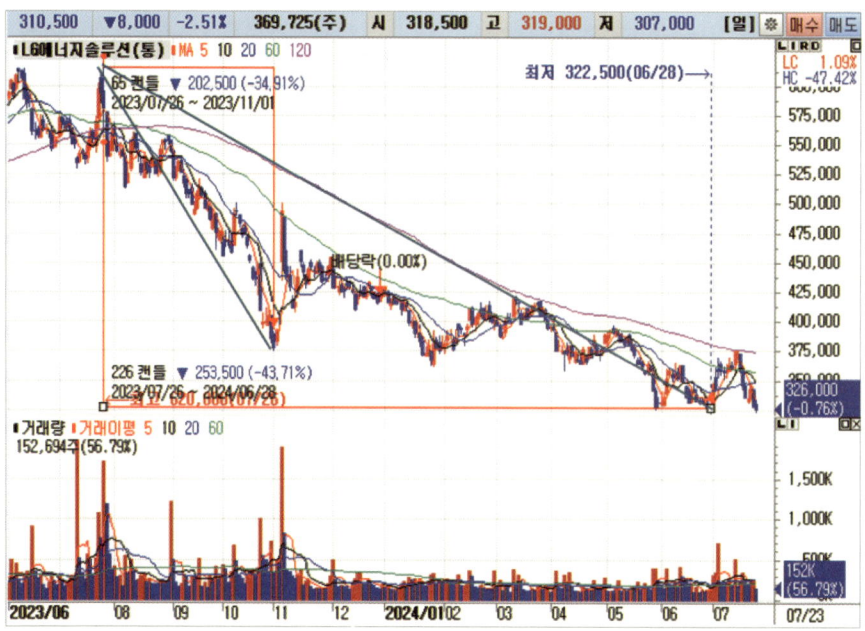

따라서 LG에너지솔루션의 610,000~620,000원 가격대는 중기적으로도 의미 있는 저항선으로 기능하고 있음을 반드시 기억해둘 필요가 있다.

또한 7월 26일 고점(620,000원)을 기준으로 상승삼각형 패턴은 종료되었고, 이제는 다시 '하락삼각형' 패턴으로 전환된 구간으로 판단해야 한다. 이에 따라 620,000원을 기준으로 새로운 하락삼각형 구조를 설정하고, 4등분법칙을 기준으로 파동을 재분석해봐야 한다.

그 이후 하락삼각형의 기준 고점은 2023년 7월 26일의 620,000원으로 설정해야 한다. 이를 기준으로 새로운 하락삼각형을 구성하고, 4등분법칙에 따라 지지·저항 흐름을 분석할 필요가 있다.

앞의 차트(자료 5-14)에서 보듯 실제로 이후 65일간의 하락 흐름에서 반등이 시도되었으나, 하락삼각형의 50%중심가격에서 저항을 받으며 상승이 차단되었고, 결국 긴 하락추세가 이어지며 2024년 6월 28일에 322,500원이라는 새로운 저점을 기록했다. 이는 무려 226일간 지속된 장기 하락파동의 결과였다.

애초에 분석상으로는, 2023년 7월 26일(620,000원)부터 11월 1일(375,000원)까지 65거래일간 형성된 1차 하락삼각형에 대한 정밀 분석이 가능하지만 여기서는 이를 생략하고, 최저점인 2024년 6월 28일 322,500원을 새로운 기준점으로 삼아 하락삼각형의 구조를 다시 분석해보자(자료 5-15).

분석 결과, LG에너지솔루션의 하락파동은 단기·중기뿐 아니라 장기적으로도 '끔찍하다'고 표현할 정도의 흐름을 보이고 있다. 이처럼 반복적으로 저점을 낮추며 지지선을 무너뜨리는 패턴은, 하락삼각형 구조의 전형적인 위험 신호라고 할 수 있다.

자료 5-15 LG에너지솔루션 파동 흐름을 단순화

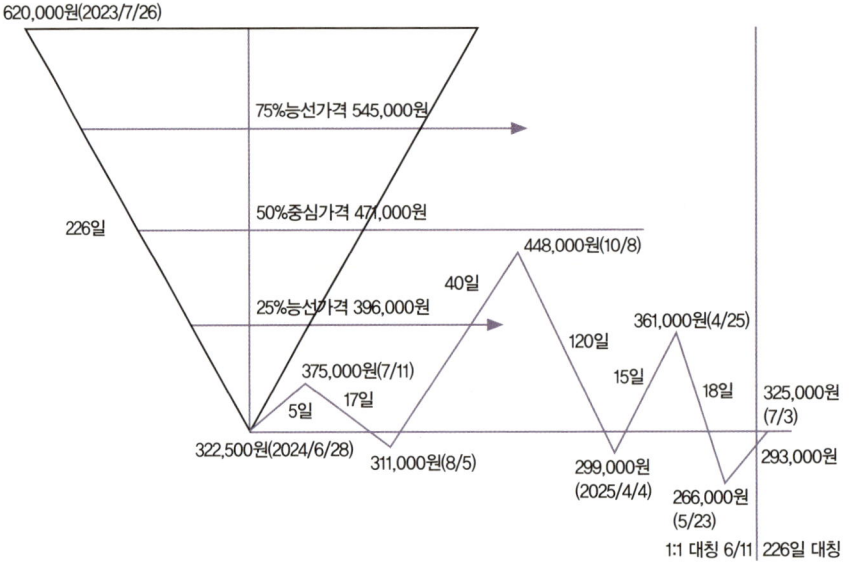

　LG에너지솔루션의 장기 하락삼각형은 2024년 6월 28일 322,500원을 저점으로 기록하며 마무리되는 듯했다. 이 구간까지의 하락 기간은 226일로, 이를 기준으로 설정한 1:1 대등수치의 날짜는 2025년 6월 11일이다. 하지만 그보다 앞서, 2024년 8월 5일 '엔캐리 청산' 이슈로 시장이 급락하면서 LG에너지솔루션은 311,000원으로 새로운 저점을 형성했다.

　이후 40일간 반등 흐름이 전개되었지만, 10월 8일 고점 448,000원을 끝으로 상승에너지는 소진되었고, 2025년 4월 4일에는 다시 299,000원까지 저점을 갱신하게 된다.

　반등과 하락이 반복되는 가운데, 4월 25일에는 361,000원까지 재반등했으나, 5월 23일에는 또다시 저점을 갱신하며 266,000원을 기록했고, 7월 3일의 반등 시도도 325,000원 수준에 그쳤고, 이후 지속적인 저점 갱신과 반등 실패의 전형적

자료 5-16 LG에너지솔루션 파동 흐름을 단순화

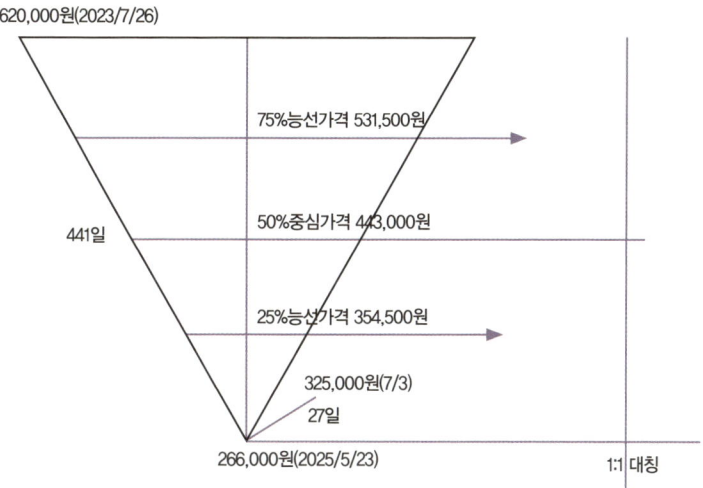

자료 5-17 LG에너지솔루션 4등분법칙

LG에너지솔루션		상승률	하락률		
620,000	최고	133%	0%		
		125%	-4%	597,875	75%
		116%	-7%	575,750	50%
		108%	-11%	553,625	25%
531,500	75%	100%	-14%		
		91%	-18%	509,375	75%
		83%	-21%	487,250	50%
		75%	-25%	465,125	25%
443,000	50%	67%	-29%		
		58%	-32%	420,875	75%
		50%	-36%	398,750	50%
		42%	-39%	376,625	25%
354,500	25%	33%	-43%		
		25%	-46%	332,375	75%
		17%	-50%	310,250	50%
		8%	-54%	288,125	25%
266,000	최저	0%	-57%		

흐름이 이어지고 있다.

특히 주목할 부분은, 이차전지 주요 종목 대부분이 2025년 5월 23~27일 사이에 공통적으로 저점을 형성했다는 점이다. 삼성SDI, 에코프로, 에코프로비엠 등 이차전지 대표주들의 흐름을 분석해보면, 대부분이 5월 말에 장기 하락의 바닥을 기록하고 있다.

이러한 흐름을 종합해볼 때, LG에너지솔루션의 하락삼각형은 이차전지 섹터 내에서도 가장 장기적이고 복합적인 패턴을 형성한 사례라고 할 수 있다. 최근 하락삼각형의 전개 과정을 단순화하면 [자료 5-16]과 같다.

2020년 6월 26일 65만 원부터 시작된 최장기 하락삼각형의 기간은 총 441일이다. 이를 기준값 1로 설정한 뒤, 가격의 25%능선인 354,500원이 '저항'이 아닌 '지지'로 전환되는 시점까지의 시간을 추적해보자.

441일을 4등분하면 다음과 같다.

- $\frac{1}{2}$ = 220일
- $\frac{1}{4}$ = 110일
- $\frac{1}{8}$ = 55일

이 기준은 시간 축에서 파동 전환의 구조적 단서를 포착하는 데 유용한 기준점이 된다. 개인적으로는 이 55일 단위를 기준으로 LG에너지솔루션의 위치를 점검해가며, 25%능선가격인 354,500원을 돌파하는 시점에 따라 일부 비율 매도를 병행할 계획이다. 그리고 그 시점의 고점을 기준으로 다시 '상승삼각형'을 설정해, 중심가격이 점차 높아지는지 여부를 55일 간격으로 체크할 생각이다.

무엇보다 중요한 것은 이차전지 섹터 전반이 '캐즘'을 넘어서고 있는지 확인하는 것이다. 이를 위해서는 2025년 2분기 실적 발표를 시작으로, 3분기·4분기 실적 흐름까지 이어지는 추세를 관찰해야 하며, 실적과 기술적 흐름이 함께 개선되는 구간이 나타나는지를 판단해야 한다.

자료 5-18 LG에너지솔루션 파동 흐름 (일봉)

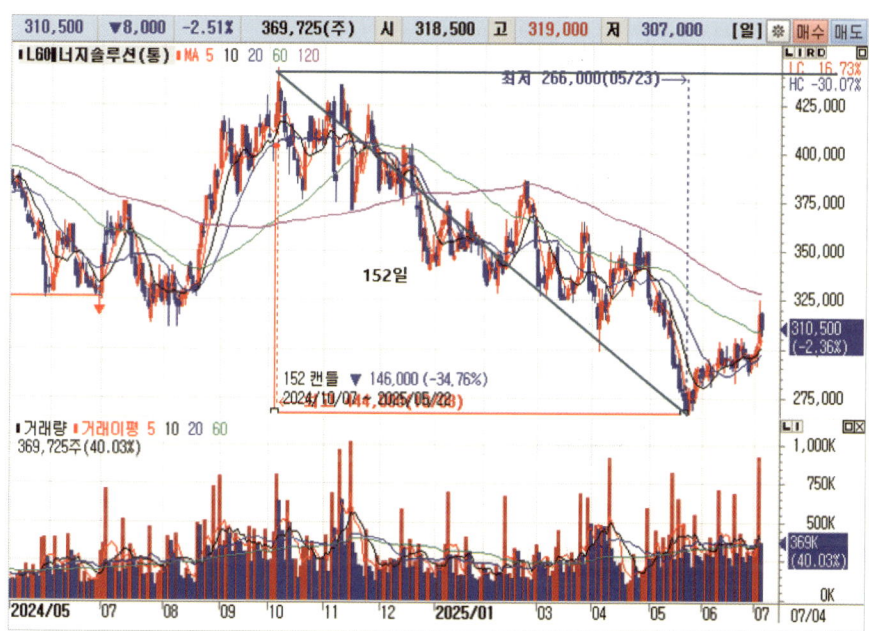

자료 5-19 LG에너지솔루션 파동 흐름을 단순화

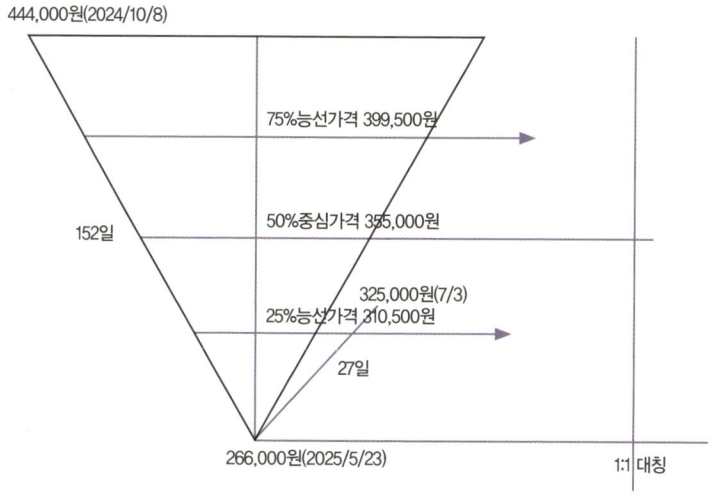

자료 5-20 LG에너지솔루션 4등분법칙

LG에너지솔루션		상승률	하락률		
444,000	최고	67%	0%		
		63%	-3%	432,875	75%
		59%	-5%	421,750	50%
		54%	-8%	410,625	25%
399,500	75%	50%	-10%		
		46%	-13%	388,375	75%
		42%	-15%	377,250	50%
		38%	-18%	366,125	25%
355,000	50%	33%	-20%		
		29%	-23%	343,875	75%
		25%	-25%	332,750	50%
		21%	-28%	321,625	25%
310,500	25%	17%	-30%		
		13%	-33%	299,375	75%
		8%	-35%	288,250	50%
		4%	-38%	277,125	25%
266,000	최저	0%	-40%		

　이러한 복합 분석을 위해서는 '장기 하락삼각형의 4등분 흐름'과 '52주 최고가·최저가 기준의 단기 하락삼각형 흐름'을 동시에 비교해가며 체크하는 것이 실전 매매에 있어 훨씬 더 효과적일 것이다.

- 75%능선가격: 399,500원
- 50%중심가격: 355,000원
- 25%능선가격: 310,500원

- 2025년 7월 4일 종가: 310,000원
- 5일 이동평균선: 305,000원
- 10일 이동평균선: 300,000원

- 20일 이동평균선: 297,000원
- 60일 이동평균선: 308,000원
- 120일 이동평균선: 328,000원

현재 주가는 25%능선가격인 310,500원에 근접해 있으며, 5일·10일·20일·60일선이 서로 밀집되어 있는 상태다. 이는 단기 기술적 균형이 형성되고 있는 구간임을 시사한다.

또한 120일 이동평균선(328,000원)이 25%능선가격과 인접해 있고, 이 구간 아래로는 29만~31만 원대의 가격 지지대가 형성되어 있다. 따라서 LG에너지솔루션이 29만~31만 원 구간에서 강한 지지에너지를 보이며, 120일선까지 돌파한 뒤 50%중심가격인 35만 원대를 진입한다면, 이는 장기 하락추세에서 상승에너지로의 전환 시그널이 될 수 있다.

향후 방향성 판단을 위해서는, 2025년 2분기와 3분기 실적이 시장에 노출되는 과정에서 매출과 영업이익의 추이를 함께 추적해보는 것이 중요하다. 기술적 지표와 펀더멘털이 함께 개선되는 시점이야말로 장기 추세 전환을 확신할 수 있는 실질적인 근거가 될 것이다.

P-MAX/P-MIN파동

이 칼럼은 4등분법칙의 적용 과정에서 출현하는 P-MAX파동과 P-MIN파동의 개념과 활용 방법을 정리한 것이다. 이를 통해 상승과 하락의 전환 시점을 보다 더 명확하게 포착할 수 있다.

여기서 반드시 알아두어야 할 중요한 분석법이 있다. 개인적으로 'P-MAX/P-MIN파동'이라고 이름 붙인 개념인데, 그 구조는 다음과 같다.

- P-MAX파동: 분기별 '고가'만을 연결한 주가 흐름
- P-MIN파동: 분기별 '저가'만을 연결한 주가 흐름

이 두 파동을 분석할 때는, P-MAX가 우상향인지 우하향인지, P-MIN도 우상향인지 우하향인지를 각각 체크해보고, 두 흐름이 같은 방향으로 나오는지 아니면 엇갈리는지 확인하는 것이 중요하다. 또한 각 분기의 고가와 저가의 중심값이 점차 높아지는지, 낮아지는지도 함께 체크해야 한다. 이 흐름을 통해 주가의 방향성과 에너지 축적 여부를 중기적 관점에서 파악할 수 있다.

여기에 추가적으로, 각 분기의 재무 데이터를 함께 대입해보는 것이 좋다. 즉 분기별 매출액과 영업이익의 흐름을 시각화해 매출이 증가추세인지 감소추세인지

자료 6-1 LG에너지솔루션의 분기별 매출액과 영업이익

주요재무정보	연간				분기			
	2022/12 (IFRS연결)	2023/12 (IFRS연결)	2024/12 (IFRS연결)	2025/12(E) (IFRS연결)	2024/09 (IFRS연결)	2024/12 (IFRS연결)	2025/03 (IFRS연결)	2025/06(E) (IFRS연결)
매출액	255,986	337,455	256,196	258,072	68,778	64,512	62,650	57,330
영업이익	12,137	14,864	-9,046	17,209	-177	-6,028	-830	3,150
영업이익(발표기준)	12,137	21,632	5,754		4,483	-2,255	3,747	
세전계속사업이익	9,953	20,435	3,489	16,753	3,392	-3,042	3,645	3,510
당기순이익	7,798	16,380	3,386	13,586	5,613	-4,110	2,266	2,549
당기순이익(지배)	7,672	12,372	-10,187	2,951	1,332	-6,797	-1,457	375
당기순이익(비지배)	126	4,008	13,573		4,282	2,686	3,723	
자산총계	382,994	454,371	603,068	656,566	566,271	603,068	622,990	
부채총계	177,057	210,636	293,402	330,167	281,295	293,402	310,284	
자본총계	205,938	243,735	309,665	326,398	284,976	309,665	312,705	
자본총계(지배)	187,322	202,006	211,162	219,390	202,169	211,162	211,626	
자본총계(비지배)	18,615	41,729	98,503		82,808	98,503	101,079	
자본금	1,170	1,170	1,170	1,170	1,170	1,170	1,170	

파악해야 하는데, 특히 순이익보다는 영업이익을 핵심 지표로 삼아야 한다. 영업이익의 증가·감소 흐름과 P-MAX/P-MIN의 추세가 일치하는지를 비교 분석하면, 보다 정교한 투자 판단의 기준이 된다.

이제 LG에너지솔루션을 예시로, P-MAX파동과 P-MIN파동을 실제로 그려보자. 이를 위해서는 먼저 '네이버 금융'의 '상장기업 분석' 페이지에서 LG에너지솔루션의 분기별 매출액과 영업이익 데이터를 수집하고, 그 데이터를 기반으로 고가·저가·중심값 흐름과 실적 흐름을 함께 시각화해야 한다.

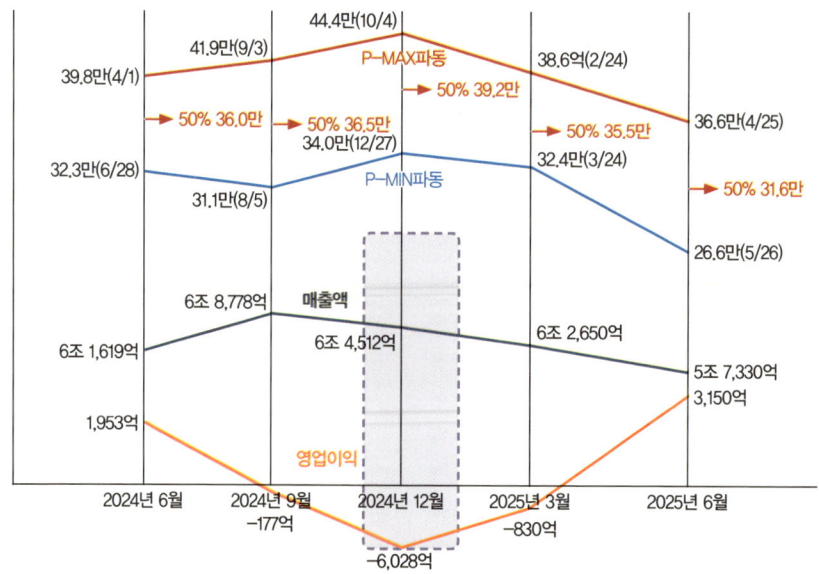

자료 6-2 LG에너지솔루션의 P-MAX파동과 P-MIN파동

    LG에너지솔루션의 주가에서 가장 주목할 구간은 2024년 4분기다. 이 시기에 회사는 영업이익 -6,028억 원이라는 대규모 적자를 발표했으며, 주가는 10월 4일 444,000원의 고점을 기록한 후, 12월 27일에는 340,000원까지 하락하는 약 10만 원대의 진폭을 보였다.

    3분기 영업이익이 -177억 원 수준이었던 만큼, 4분기 초에는 실적 개선에 대한 기대감이 일정 부분 반영되어 있었으나, 12월에 접어들면서 적자 폭 확대와 이차전지 산업 전반의 '캐즘' 우려가 극대화되며, 12월 9일에는 시장 전반에서 투매 현상이 발생했고, 이차전지주는 폭락세를 면치 못했다.

    이후 2025년 1분기와 2분기에도 실적은 뚜렷하게 개선되지 않았다. 기술적 흐름 역시 부정적이었으며, P-MAX파동은 우하향을 지속했고, P-MIN파동마저 우하향 흐름으로 전환되었다. 결국 2025년 5월 26일, 에코프로, 에코프로비엠, LG에너지솔루션 등 대표 이차전지주들이 모두 52주 최저가를 갱신했으며, LG에너지솔루션도 266,000원이라는 52주 최저가를 기록했다. 이는 실적 개선 기대감이 여전히 일부 존재하던 상황에서의 투매였으며, 기대와 현실의 괴리가 만들어낸 가장 극단적인 구간이라 볼 수 있다.

그러나 2025년 7월에 들어서면서 분위기가 달라졌다. "더 이상 악재가 없다"는 인식과 함께 종합주가지수가 3,100포인트대까지 급등하면서, 그간 철저히 소외되었던 이차전지주에 저가 매수세가 집중되기 시작했다. 이는 유동성의 힘에 기반한 기술적 반등으로 이어졌고, 현재 상승 초기 파동이 전개되고 있는 구간으로 해석할 수 있다.

다만 이 반등 흐름의 지속 가능성에 대한 시장의 의구심은 여전하다. 결국 2025년 7월 말 발표될 2분기 실적과 이어질 3분기 실적 흐름이 앞으로의 주가 방향성을 결정지을 핵심 변수가 될 것이다.

이러한 흐름에서 P-MAX/P-MIN파동에 따른 투자 판단 기준은 다음과 같다.

- P-MAX파동이 우하향에서 우상향으로 전환되는 시점을 포착할 것
- P-MIN파동도 우하향에서 우상향으로 전환되는지를 체크할 것
- 분기별 고가·저가의 50%중심가격이 상승하는지 하락하는지 확인할 것
- 분기 매출이 감소에서 증가로 전환되는 터닝포인트를 찾을 것
- 영업이익 역시 개선 흐름(우상향)으로 전환되는지를 중점적으로 볼 것

위 기준에 따라 LG에너지솔루션을 점검해보면, 2025년 5월 26일 266,000원이 주가 기준의 최저점이며, 터닝포인트로 작용하고 있다. 한편 영업이익 기준으로는 2024년 4분기의 -6,028억 원이 바닥이었으며, 주가는 그보다 5개월가량 후행해 저점을 형성했다. 다만 매출액은 아직까지 지속적인 감소추세에 머물고 있으며,

앞으로는 매출액의 반등 전환 여부가 주가 추세 전환의 핵심 변수가 될 것이다.

2025년 2분기 기준으로 분기별 고가·저가의 중심값은 316,000원이며, 이 가격대가 저항이 아닌 지지로 전환되는지가 매우 중요하다. 반면 1분기의 50%중심가격은 355,000원으로, 아직은 강한 저항선으로 작용하고 있는 것으로 보인다. 결국 추세 전환은 35만 원대가 저항이 아니라 지지선으로 전환되는 시점에 본격화될 가능성이 높다.

7월 25일 LG에너지솔루션은 매출 5조 5,654억 원, 영업이익 4,922억 원의 2분기 실적을 발표했는데, 영업이익은 전년 동기 대비 152%나 급증했다. 이날 주가는 37만 원대로 급등해 50%중심가격 355,000원을 돌파했고, 7월 31일에는 411,000원까지 급등파동을 보여주었다.

2장

모노파동법칙:
4등분법칙의 한계를 보완

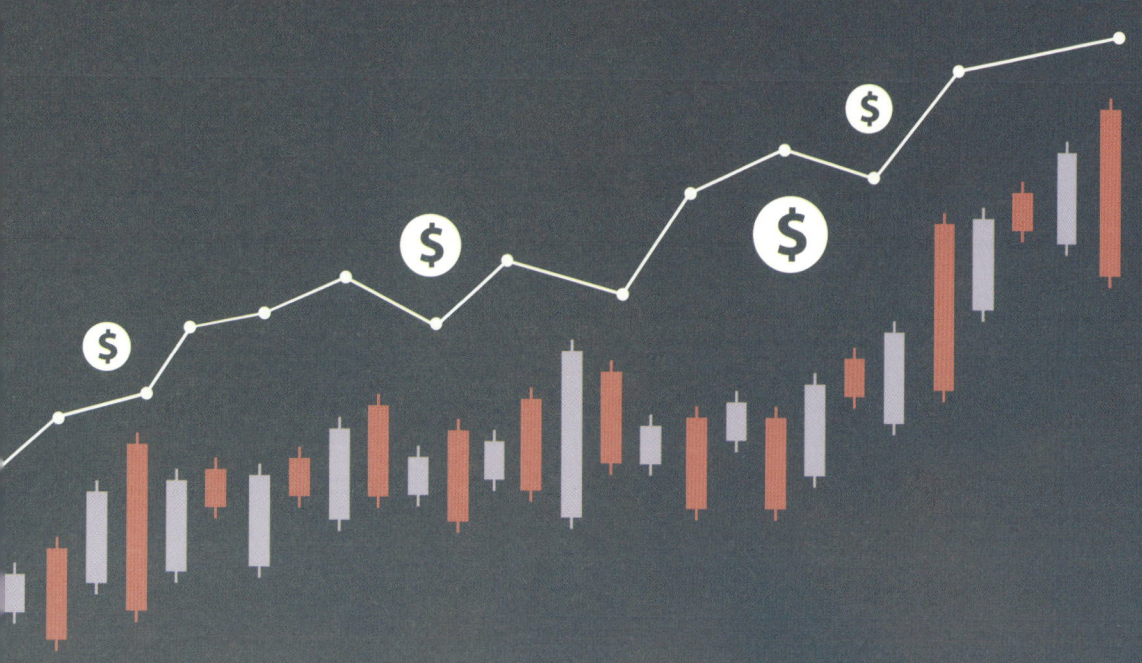

4등분법칙은 파동의 구조를 읽는 데 유용하지만, 모든 흐름이 정확히 네 구간으로 나뉘는 것은 아니다. 특히 조정 없이 강하게 이어지는 상승이나, 단기 급락 뒤 빠르게 복원되는 흐름처럼 파동이 명확히 끊기지 않는 경우엔 새로운 관점이 필요하다.

2장은 바로 이런 흐름을 해석하기 위해 만들어진 '모노파동법칙'을 다룬다. 모노파동은 말 그대로 하나의 파동처럼 움직이는 흐름을 분석하는 방식이다. 분할보다는 흐름의 연속성에 초점을 맞춰, 추세가 얼마나 이어질 수 있는지를 가늠하는 데 도움을 준다. 특히 실적과 연동된 주도주의 경우, 모노파동은 중장기 매매 전략을 세우는 데 중요한 기준이 된다. 상승이 멈추지 않고 이어질 때, 어디까지 갈 수 있는지, 언제쯤 힘이 꺾일지를 판단하는 데 유용한 도구가 된다.

2장은 포스코퓨처엠, 에코프로비엠, 삼성SDI 등 실제 종목들을 바탕으로 모노파동이 어떻게 나타나고 어디서 끝나는지를 실전 중심으로 풀어낸다. 파동을 복잡하게 나누기보다는, 강한 추세를 놓치지 않고 끝까지 따라가는 실전 감각을 기르는 데 집중했다.

모노파동법칙의 개념과 기본 로직

이 칼럼은 모노파동법칙의 개념과 그것이 4등분법칙의 한계를 어떻게 보완하는지를 정리한 것이다. 모노파동으로 파동의 흐름을 단일 흐름으로 단순화함으로써, 주요 추세의 시작과 종료를 보다 명확히 파악할 수 있다.

모노파동법칙은 4등분법칙의 한계를 보완해주는 기준이다. 앞서 소개한 4등분법칙은 상승 1파동이 완성된 이후 조정 구간에서 a+b+c 파동을 기준으로 재매수 타점을 설정하는 데 유용하다. 하지만 4등분법칙은 상승파동이 막 시작되는 초기 구간에서는, 30분봉~60분봉 기준으로 단기 트레이딩을 하는 투자자가 아니라면 중장기 투자자에게 바로 적용하기 어려운 한계가 있다. 따라서 상승 초기 구간까지 분석에 포함하려면, 모노파동법칙과 4등분법칙, 그리고 P-MAX/P-MIN파동기법을 함께 활용하는 것이 실전 매매에서 훨씬 유용하다.

그렇다면 모노파동이란 과연 무엇인가? 이는 '기본파동'이라고도 불리며, 각 종목의 상승 1파동 구간에서 얼마나 강한 에너지가 실리는지를 분석한 후, 그 에너지가 일정 수준 이상 성공적으로 나타날 경우 '모노파동이 완성됐다'고 판단하는 개념이다. 이때 가장 중요한 것은 '기준 설정'이다.

우선, 시가총액 기준으로 그룹을 나눈다. 모든 종목에 동일한 파동 기준을 적용할 수 없기 때문에, 먼저 시가총액에 따라 그룹을 구분한 뒤, 종목 특성에 맞춰 상

자료 1-1 종목 분류 기준

A그룹	코스피 시가총액 상위 1~100위 종목 코스닥 시가총액 상위 1~50위 종목 국민연금 매수 종목 공기업
B그룹	코스피 시가총액 상위 100~300위 종목 중소형주 중심으로 정책테마주 성격의 종목 코스닥 시가총액 50~300위 종목
C그룹	A그룹과 B그룹 제외 종목 세력테마주

승에너지의 강도와 파동 구조를 해석해야 한다.

앞서 예로 든 LG에너지솔루션은 A그룹에 속하는 종목이다. 이후 설정되는 기준은 피보나치 비율과 필자의 개인적인 경험을 바탕으로 했다. 40년 이상 실전 트레이딩을 해본 결과, 적합하다고 판단된 비율들을 혼합해 다음과 같은 도표를 구성했다.

이를 엑셀로 시스템화해 실전에 접목하고자 한다.

먼저, LG에너지솔루션과 삼성전자를 앞서 제시한 기준에 따라 적용해보자. 기준점은 '의미 있는 고점과 저점'으로 설정하며, 이를 바탕으로 분석을 진행한다.

먼저, 의미 있는 고점을 기준으로 하락 패턴을 확인해보자.

대한민국을 대표하는 시가총액 상위 종목들의 상승에너지 및 하락에너지를 분석함으로써 현재 위치를 파악하고, 현 가격 수준에서 매수할지 또는 매도할지를 판단할 수 있는 기준을 세우는 것이 목적이다.

자료 1-2 상승에너지 기준 (피보나치 비율 기반)

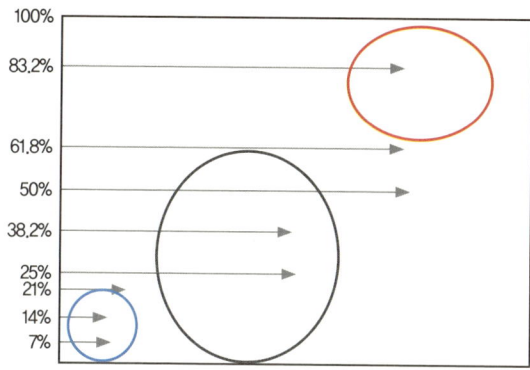

자료 1-3 A그룹의 상승파동짓대

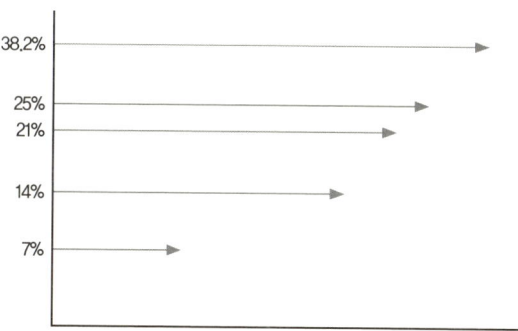

자료 1-4 A그룹의 하락파동짓대

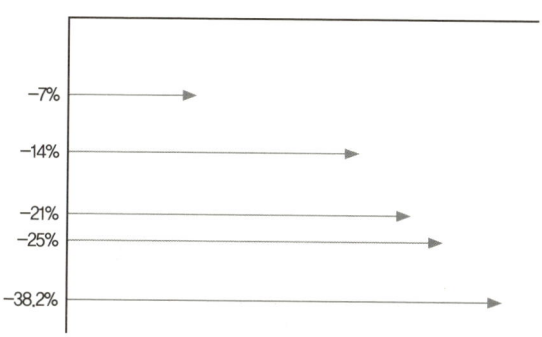

자료 1-5 삼성전자 하락시스템잣대 (고점 88,800원 기준)

명칭	하락파동비율									
삼성전자	-1%	-7%	-14%	-21%	-25%	-38.20%	-50%	-61.80%	-83.20%	-100%
	87,912	82,584	76,368	70,152	66,600	54,878	44,400	33,922	14,918	0
매수가										
최저가	₩88,800									
	07월 11일									

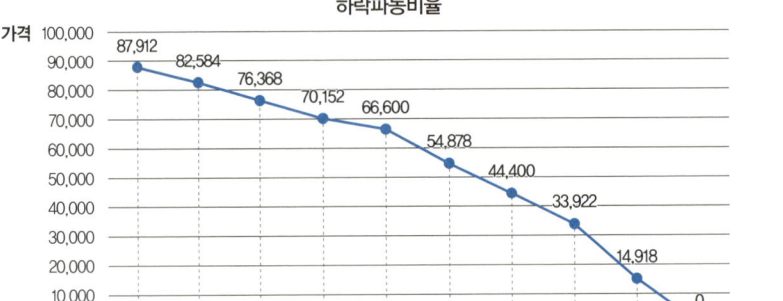

자료 1-6 삼성전자 파동 흐름 (일봉)

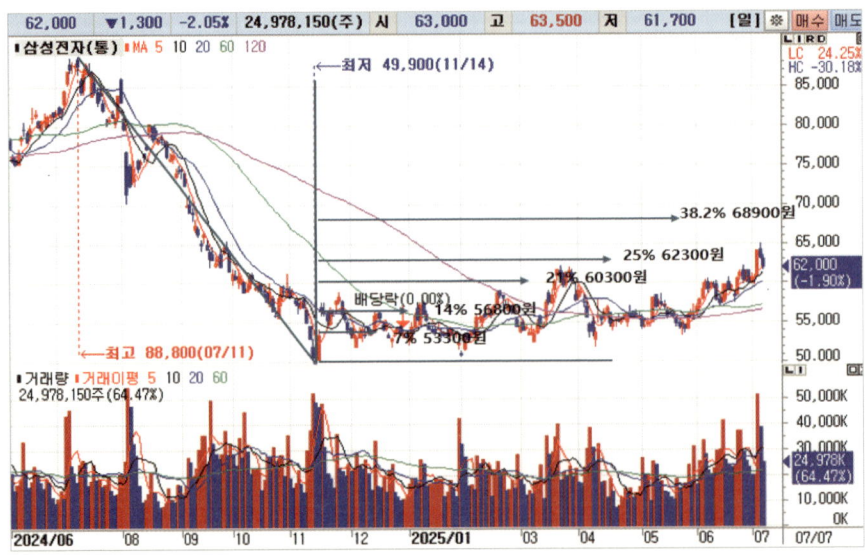

자료 1-7 삼성전자 상승시스템잣대 (저점 49,900원 기준)

명칭	상승파동비율									
삼성전자	1%	7%	14%	21%	25%	38.20%	50%	61.80%	83.20%	100%
	50,399	53,393	56,886	60,379	62,375	68,962	74,850	80,738	91,417	99,800
매수가										
최저가	₩49,900									
	11월 14일									

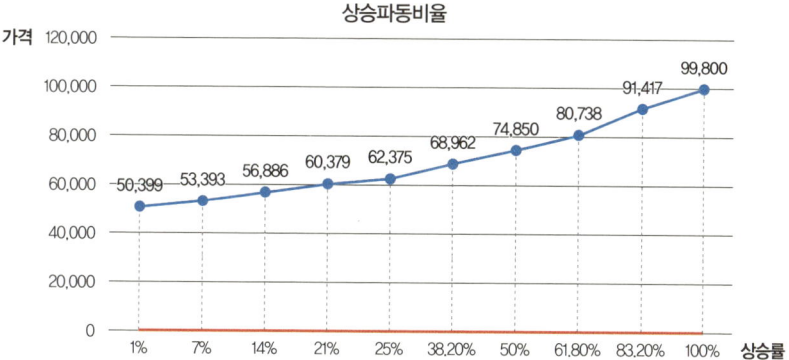

자료 1-8 LG에너지솔루션 파동 흐름 (일봉)

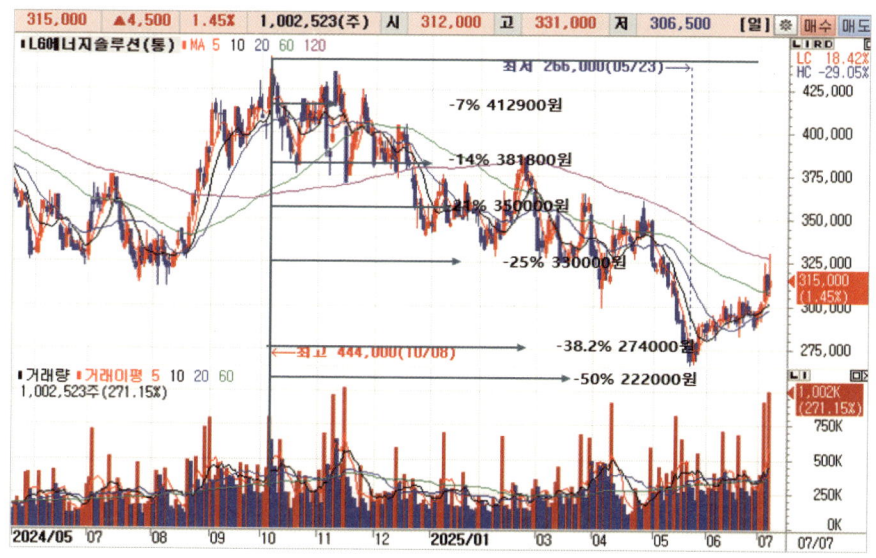

자료 1-9 LG에너지솔루션 하락시스템잣대 (고점 444,000원 기준)

명칭	하락파동비율									
LG 에너지 솔루션	−1%	−7%	−14%	−21%	−25%	−38.20%	−50%	−61.80%	−83.20%	−100%
	439,560	412,920	381,840	350,760	333,000	274,392	222,000	169,608	74,592	0
매수가										
최저가	₩444,000									
	10월 08일									

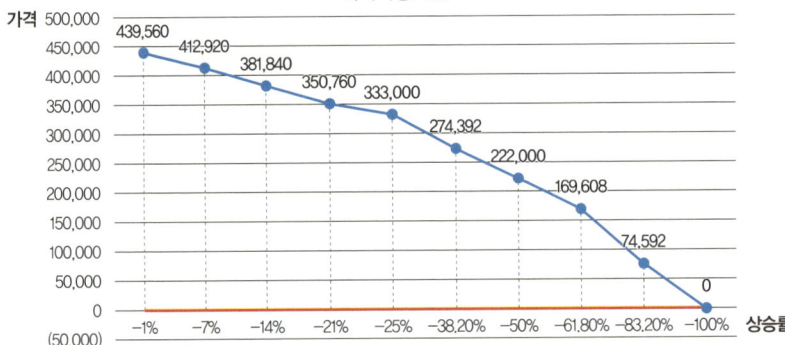

자료 1-10 LG에너지솔루션 파동 흐름 (일봉)

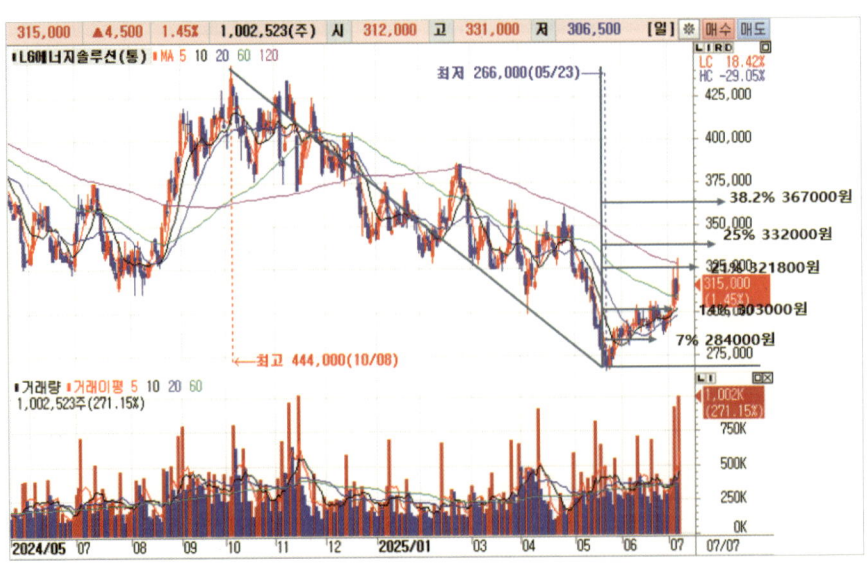

자료 1-11 LG에너지솔루션 상승시스템잣대 (저점 266,000원 기준)

명칭		상승파동비율								
LG 에너지 솔루션	1%	7%	14%	21%	25%	38.20%	50%	61.80%	83.20%	100%
	268,660	284,620	303,240	321,860	332,500	367,612	399,000	430,388	487,312	532,000
매수가										
최저가	₩266,000									
	05월 23일									

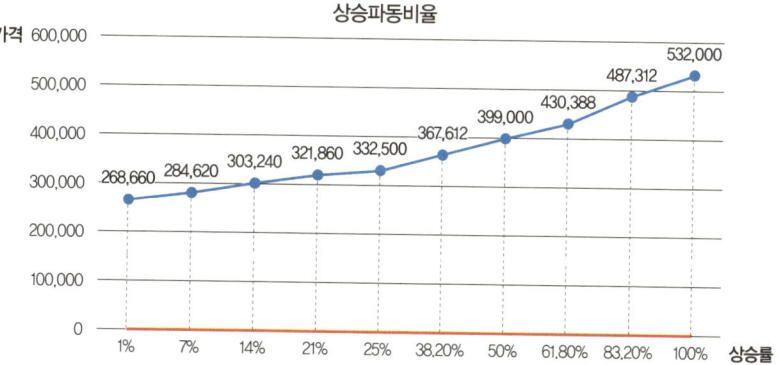

자료 1-12 SK하이닉스 파동 흐름 (일봉)

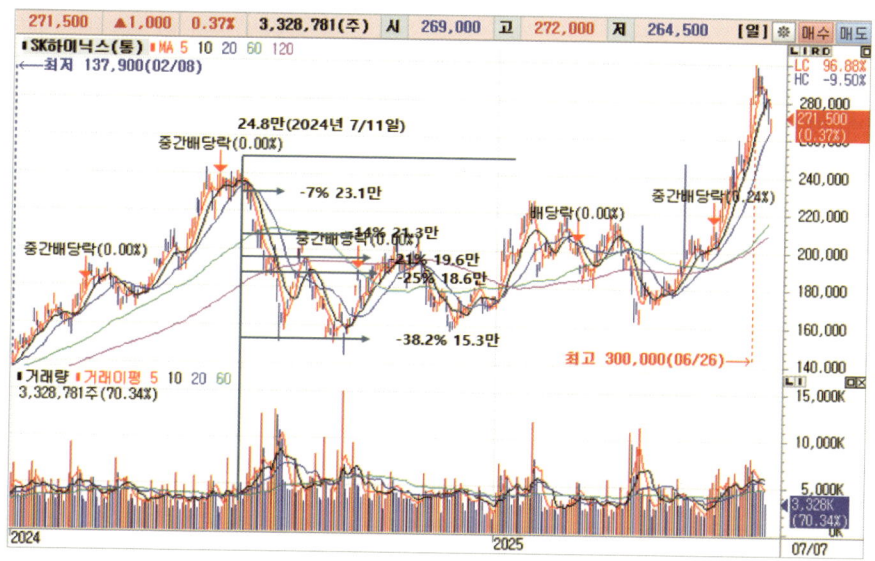

2장 모노파동법칙: 4등분법칙의 한계를 보완 | 79

자료 1-13 SK하이닉스 하락시스템잣대 (고점 248,5000원 기준)

명칭	하락파동비율									
SK 하이닉스	−1%	−7%	−14%	−21%	−25%	−38.20%	−50%	−61.80%	−83.20%	−100%
	246,015	231,105	213,710	196,315	186,375	153,573	124,250	94,927	41,748	0
매수가 최저가	₩248,500									
	10월 08일									

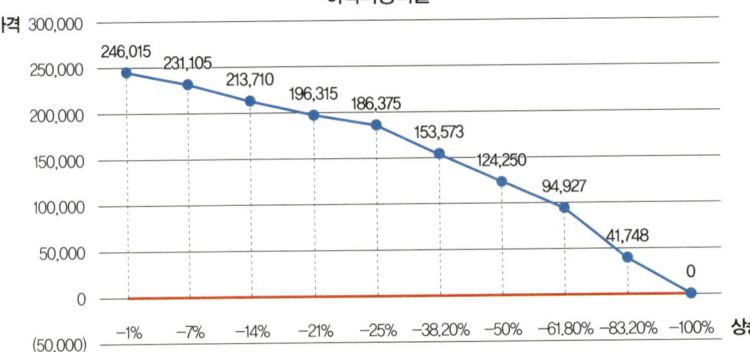

자료 1-14 SK하이닉스 상승시스템잣대 (저점 144,700원 기준)

명칭	상승파동비율									
SK 하이닉스	1%	7%	14%	21%	25%	38.20%	50%	61.80%	83.20%	100%
	146,349	155,043	165,186	175,329	181,125	200,252	217,350	234,448	265,457	289,800
매수가 최저가	₩144,900									
	09월 19일									

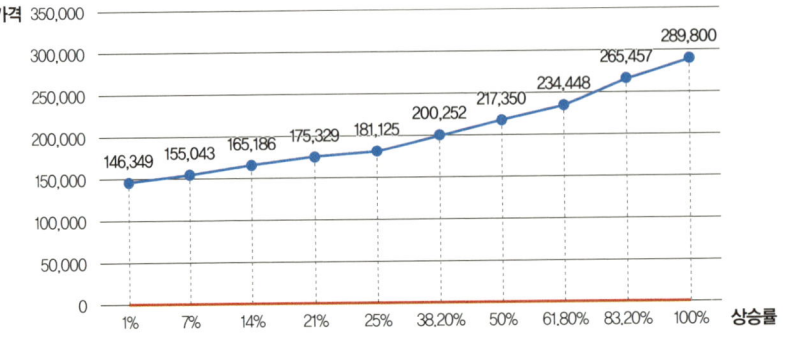

자료 1-15 삼성전자 파동 흐름 (일봉)

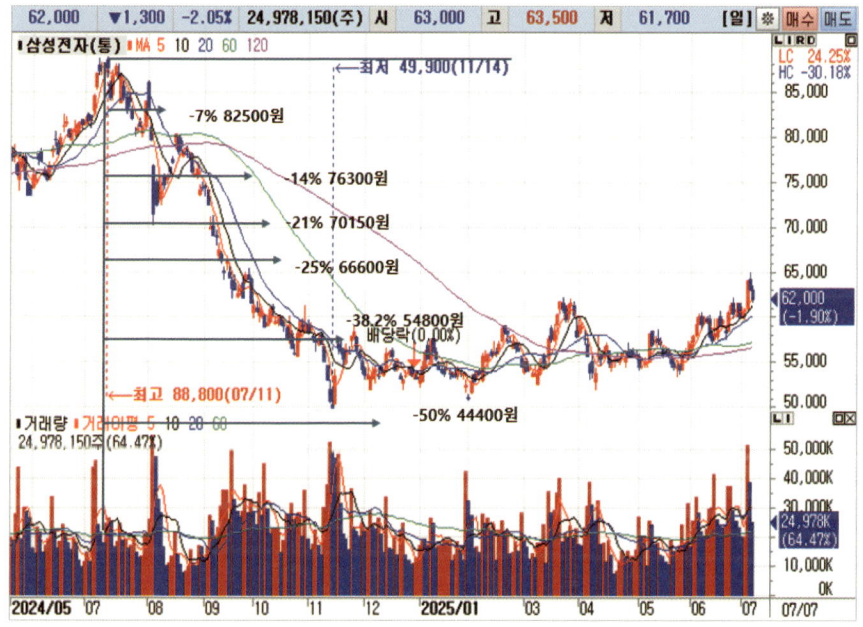

　의미 있는 저점과 고점을 기준으로 상승파동 비율과 하락파동 비율을 분석하고, 대상 종목의 현재 위치를 체크하는 것이 중요하다. 이를 통해 의미 있는 저점을 기준으로 한 모노파동이 성공했는지를 추적하고, 아직 목표가 달성되지 않은 종목을 중심으로 점검하면서 시장의 에너지를 측정해나가는 것이다.

　SK하이닉스는 의미 있는 저점을 기준으로 100% 상승 목표수치를 달성한 종목으로, 가장 강한 상승 흐름을 보인 사례다. 반면, 시가총액 상위 1~10위 종목 중 1위인 삼성전자와 3위인 LG에너지솔루션은 아직 모노파동의 1차 조건조차 달성하지 못한 상황이다. 따라서 삼성전자를 중심으로 20일 단위로 구간을 나눠 분석해가면서 '상승 삼각형의 중심가격 변화'를 지속적으로 추적하는 것이 필요하다.

　삼성전자의 하락파동을 분석할 때는 코스피200 내에서 삼성전자가 차지하는 위

자료 1-16 코스피200 종목 중 시가총액 상위 종목의 비중 (2025년 7월 18일 기준)

순		종목명	현재가	전일대비		등락률(	거래량	주식수(천	시가총액	비중
1	신	삼성전자	67,100	▲	400	0.60%	23,951,531	5,919,638	397,207,705	17.2
2	신	SK하이닉스	269,000	▼	500	0.19%	5,359,504	728,002	195,832,636	8.49
3	신	LG에너지솔루	322,500	▲	5,500	1.74%	281,309	234,000	75,465,000	3.27
4	신	삼성바이오로	1,051,000	▼	19,000	1.78%	76,032	71,174	74,803,874	3.24
5	신	KB금융	113,400	▼	1,400	1.22%	627,930	381,462	43,257,802	1.88
6	신	현대차	210,500	▲	500	0.24%	317,353	204,758	43,101,510	1.87
7	신	한화에어로스	896,000			0.00%	176,796	47,296	42,377,396	1.84
8	신	두산에너빌리	64,800	▲	1,500	2.37%	5,840,366	640,561	41,508,362	1.80
9	신	셀트리온	180,300	▼	100	0.06%	257,912	222,426	40,103,400	1.74
10	신	기아	99,800	▼	400	0.40%	586,973	397,673	39,687,729	1.72
11	신	NAVER	242,000	▼	1,500	0.62%	703,602	158,437	38,341,756	1.66
12	신	HD현대중공업	405,500	▲	5,000	1.25%	116,930	88,773	35,997,499	1.56
13	신	신한지주	68,900	▼	1,000	1.43%	796,990	485,495	33,450,601	1.45
14	신	삼성물산	174,400	▼	10,000	5.42%	698,587	169,977	29,643,909	1.29
15	신	현대모비스	303,000	▼	4,500	1.46%	159,995	91,795	27,813,913	1.21
16	신	삼성생명	135,600	▼	4,200	3.00%	378,143	200,000	27,120,000	1.18
17	신	하나금융지주	91,500	▼	400	0.44%	569,572	284,724	26,052,236	1.13
18	신	HMM	25,000	▼	250	0.99%	974,570	1,025,039	25,625,987	1.11
19	신	POSCO홀딩스	311,000	▲	3,500	1.14%	557,426	80,933	25,170,148	1.09

상을 항상 염두에 두고, 그에 따른 시장 변동성도 함께 체크해야 한다.

과거에는 삼성전자가 코스피200에서 차지하는 비중이 약 23%대로, 삼성전자 1개 종목의 비중이 시가총액 상위 2~8위 종목을 모두 합친 비중과 비슷한 수준이었다. 그러나 최근 삼성전자의 에너지가 약화되면서 코스피200 내 비중이 16%대로 감소한 반면, 과거 4%대에 불과하던 SK하이닉스의 비중은 8%대로 증가해 두 배 가까이 상승한 것이 확인된다.

2025년 7월 18일 현재, 코스피200 종목 중 상위 20개 종목의 비중 변화는 이러한 추세를 잘 보여주고 있다.

파생시장에서 가장 기본이 되는 코스피200지수 인덱스 구성 종목 중, 시가총액 상위 10개 종목의 비중은 반드시 머릿속에 기억해두고 대응해야 한다. 예를 들어 삼성전자는 코스피200 종목 중 하나임에도 불구하고 17.2%의 높은 비중을 차지하고 있으며, SK하이닉스는 8.4%, LG에너지솔루션과 삼성바이오로직스는 각각 3.2%, KB금융은 1.8%를 차지하고 있다.

어느 종목이 상승하고 어느 종목이 하락하는지의 에너지를 측정해, 상승 종목들의 비중과 하락 종목들의 비중을 계산함으로써 롱·숏에너지를 파악해야 한다. 이를 기반으로 프로그램 매수·매도의 대상 종목 변화도 함께 추적해나가는 것이 중요하다.

외국인과 기관은 삼성전자와 SK하이닉스를 대상으로 네이키드 매수·매도를 하기도 하지만, 대부분 삼성전자 매수 시 선물 매도를 결합하거나, 삼성전자 매도 시 선물 매수를 결합하는 방식으로 '합성 매매'를 진행한다. 이러한 매매 동향은 반드시 추적해야 한다.

그러므로 파생 매매를 하지 않더라도, 아래 데이터를 매일 복기하고 분석할 필요가 있다.

- 코스피200 종목 중 시가총액 상위 20개 종목의 상승·하락에너지
- 전체 종합지수 변화
- 코스피200지수 및 선물지수 흐름

이러한 요소들을 함께 체크함으로써, 시장의 방향성과 주요 수급 주체들의 매매 전략을 보다 정확하게 파악할 수 있다.

자료 1-17 외국인의 매수·매도 종목 현황 (2025년 7월 18일 기준)

외국인 상위 순매도		외국인 상위 순매수		기관계 상위 순매도		기관계 상위 순매수		개인 상위 순매도		개인 상위 순매수	
종목명	거래량	종목명	거래량	종목명	거래량	종목명	거래량	종목명	거래량	종목명	거래량
SK하이닉스	143,326,179	삼성전자	382,274,239	삼성전자	102,893,391	포스코퓨처	34,845,989	삼성전자	339,881,695	SK하이닉스	147,239,169
삼양식품	53,603,957	에코프로비	52,997,368	에이피알	36,284,950	한화에어로	22,293,068	포스코퓨처	90,760,362	삼양식품	67,621,015
POSCO홀딩	39,024,300	포스코퓨처	50,782,776	태광산업	30,455,504	에코프로비	22,155,198	에코프로비	76,562,545	한화오션	35,255,346
한화오션	30,786,636	두산에너빌	32,920,730	실리콘투	25,549,953	두산에너빌	20,136,198	두산에너빌	63,370,783	현대로템	34,454,093
현대로템	28,160,549	에이피알	25,612,597	삼양식품	15,766,903	POSCO홀딩	17,055,349	LG에너지솔	24,749,245	유한양행	32,679,911
유한양행	26,970,844	켑트론	23,081,061	알테오젠	15,669,802	LG에너지솔	16,552,821	유한양행	23,140,280	삼성물산	31,028,121
삼성바이오	23,869,851	SK	20,029,495	삼성물산	13,988,726	엘앤에프	14,025,986	엘앤에프	22,929,746	한국콜마	26,014,110
삼성전자우	21,106,182	대주전자재	19,119,531	한국콜마	11,229,906	LG화학	13,629,170	LS ELECTRI	19,924,205	POSCO홀딩	21,131,494
에이비엘바	19,287,965	실리콘투	17,294,007	코스믹스	11,007,156	크래프톤	13,464,655	켑트론	19,352,589	삼성바이오	16,148,262
현대차	17,953,931	LS ELECTRI	13,778,381	효성중공업	10,602,875	에스티팜	12,903,573	한화에어로	18,670,903	삼성전자우	14,841,138
삼성물산	15,633,664	파마리서치	13,640,475	파마리서치	9,127,511	녹십자	11,424,960	HD현대중공	16,507,722	현대차	14,371,729
한국콜마	14,565,932	효성중공업	13,156,785	달바글로벌	7,891,574	LIG넥스원	11,302,312	SK	15,511,453	에이피알	11,112,534
SK텔레콤	10,881,362	이수스페셜	11,690,919	현대로템	6,099,469	메리츠금융	11,015,099	이수스페셜	14,171,292	에이비엘바	11,068,949
삼성중공업	10,405,249	달바글로벌	10,778,098	삼성생명	5,816,535	HD현대중공	10,879,362	HD현대미포	12,862,819	코스믹스	9,928,038
SK하이오창	10,104,725	우리금융지	10,031,054	LS	5,011,282	에이비엘바	9,632,816	두산	12,436,399	SK텔레콤	9,343,950
!카카오페이	9,939,325	두산	9,872,669	신한지주	4,941,212	삼성바이오	7,836,307	녹십자	12,173,048	실리콘투	8,845,563

위 데이터는 2025년 7월 18일 기준 외국인의 매수·매도 종목 현황이다.

외국인은 이날 삼성전자를 3,820억 원, 에코프로비엠을 529억 원, 포스코퓨처엠을 507억 원 순매수했으며, SK하이닉스를 1,430억 원, 삼양식품을 536억 원, POSCO홀딩스를 390억 원 순매도했다. 반면 기관은 포스코퓨처엠을 348억 원, 한화에어로스페이스를 222억 원 순매수했으며, 삼성전자를 1,028억 원, 에이피알을 362억 원 순매도했다.

이처럼 매일 데이터를 복기해보면, 어떤 날은 외국인이 매수한 종목을 기관이 매도하거나, 외국인이 매도한 종목을 기관이 매수하는 등 서로 주고받는 흐름이 나타나기도 한다. 또 어떤 종목은 외국인과 기관이 동시에 매수하거나, 동시에 매도하는 흐름을 보이기도 한다.

7월 18일의 특징은 외국인이 삼성전자를 3,820억 원 순매수하는 동안, 기관은 같은 종목을 1,020억 원 순매도했다는 점이다. 이는 프로그램 매매 관점에서 외국인이 '주식 매수 + 선물 매도'의 합성 포지션, 즉 프로그램 매수를 구성한 것으로 해석된다. 반면 기관은 '주식 매도 + 선물 매수'의 합성 포지션으로 프로그램 매도를 진행한 것이다.

여기서 '프로그램 매수'란 주식을 매수하고 선물을 매도해 구성한 전략을 말하며, '프로그램 매도'는 주식을 매도하고 선물을 매수하는 전략이다.

한편 7월 17일에는 골드만삭스가 SK하이닉스의 투자등급을 하향 조정하면서 주가가 하루 만에 9% 급락했다. 그 여파로 다음 날인 7월 18일에도 SK하이닉스를 중심으로 외국인의 매도세가 이어졌고, 반대로 삼성전자는 외국인의 3,820억 원에 달하는 강력한 매수세가 유입되었다.

이러한 일별 매매 데이터를 누적 데이터와 함께 비교·분석함으로써, 삼성전자와 SK하이닉스에 대한 외국인 및 기관의 매매 방향이 일치하는지 혹은 반대되는지를 파악할 수 있으며, 그 흐름과 규모를 체크함으로써 전체 시장 흐름을 판단하는 기준으로 삼을 수 있다.

여기서 데이터의 오차를 점검해보자.

자료 1-18 투자자별 매매 현황 (2025년 7월 18일 기준)

구분		외국인	개인	기관계	투신	사모펀드	금융투자	보험	은행	기타금융	연기금 등	기타법인
거래소	순매수	1,391	-2,908	514	-221	-677	2,274	49	-58	89	-942	1,027
	매도	48,505	102,990	23,136	2,539	2,424	5,522	523	96	36	11,996	1,890
	매수	49,896	100,082	23,650	2,318	1,747	7,796	572	38	125	11,054	2,918
코스닥	순매수	437	-600	287	51	-85	404	26	7	-38	-76	-125
	매도	15,637	67,870	3,723	661	699	1,311	69		49	933	1,167
	매수	16,074	67,269	4,010	712	613	1,715	95	7	11	857	1,043
선물	순매수	3,128	-486	-2,489	-2,615		316	-102	-35		-54	-152
	매도	135,165	47,348	18,863	4,991		13,131	137	164		439	4,031
	매수	138,293	46,862	16,373	2,377		13,448	35	129		385	3,879
콜옵션	순매수	27	-49	19	-1		19					3
	매도	853	355	10	1		9					13
	매수	880	306	29			29					16
풋옵션	순매수	5	-2	-8	-2		-7					5
	매도	679	187	25	6		19					14
	매수	684	185	17	4		12					19
주식선물	순매수	-17	-546	566	194		257	19	17		79	-3
	매도	24,891	5,645	16,334	511		6,137		1		9,685	163
	매수	24,874	5,099	16,900	705		6,394	19	18		9,764	160
ETF	순매수	548	499	-1,034	-2,114	41	1,466	29	62	58	-576	-29
	매도	12,101	15,950	23,905	2,678	91	18,399	302	1,820		615	608
	매수	12,649	16,449	22,872	564	133	19,865	330	1,882	58	39	580

이날 외국인은 현물에서 1,391억 원을 순매수했고, 금융투자는 2,274억 원을 순매도했다. 그런데 앞의 데이터(자료 1-18)에 따르면 외국인은 삼성전자 한 종목만 3,822억 원을 순매수했음에도 전체 외국인 순매수 규모는 1,391억 원으로 집계되어 있다. 이는 외국인의 총 매수 금액에서 총 매도 금액을 차감한 '순매수 규모'만이 최종 수치로 반영되기 때문이다.

즉 외국인의 삼성전자 3,822억 원 매수가 SK하이닉스 1,433억 원 매도 등으로 인해 일부 상쇄되었고, 그 결과 순매수 규모가 줄어든 것이다. 즉 SK하이닉스 매도가 삼성전자 매수의 에너지를 깎아먹은 셈이다.

반면 기관은 삼성전자를 1,028억 원 매도했으며, SK하이닉스는 매수하지 않았다. 기관의 매수 상위 종목은 포스코퓨처엠이었고, 이는 외국인 매수 상위 종목 중 에코프로비엠에 이어 3위에 해당하는 종목이기도 하다.

결국 삼성전자를 제외한 외국인 매수 상위 2~3위 종목이 모두 이차전지 관련주라는 점도 주목할 만하다.

아래 데이터는 차익 매매 동향과 비차익 매매 동향을 보여준다.

자료 1-19 2025년 7월 프로그램 매매 및 일별 순매수 흐름 (코스피200 기준)

일자	KOSPI200	전체금액			차익			비차익		
		순매수	매수	매도	순매수	매수	매도	순매수	매수	매도
07/18	431.10	-127,120	4,285,742	4,412,862	-9,369	30,606	39,974	-117,751	4,255,136	4,372,888
07/17	431.64	-43,706	4,845,067	4,888,774	38,916	93,124	54,209	-82,622	4,751,943	4,834,565
07/16	431.16	-366,523	3,873,827	4,240,350	-75,222	12,342	87,564	-291,301	3,861,486	4,152,786
07/15	434.78	-202,156	4,162,832	4,364,987	-119,557	22,311	141,868	-82,598	4,140,521	4,223,119
07/14	432.49	125,633	4,025,801	3,900,168	-61,708	25,592	87,300	187,341	4,000,209	3,812,868
07/11	428.07	-348,653	4,410,901	4,759,553	-83,034	68,528	151,561	-265,619	4,342,373	4,607,992
07/10	428.42	390,178	5,475,238	5,085,060	189,784	375,613	185,829	200,394	5,099,625	4,899,231
07/09	422.02	-747,855	4,212,455	4,960,310	-52,674	57,747	110,421	-695,180	4,154,709	4,849,889
07/08	421.22	74,276	4,963,979	4,889,703	-16,371	69,079	85,450	90,647	4,894,900	4,804,253
07/07	413.02	96,629	3,731,025	3,634,396	22,366	80,859	58,494	74,263	3,650,166	3,575,903
07/04	412.74	-80,378	4,469,260	4,549,638	4,088	50,336	46,248	-84,466	4,418,924	4,503,390
07/03	420.94	622,372	5,379,329	4,756,958	-57,722	86,425	144,146	680,093	5,292,904	4,612,811

7월 18일에는 비차익 거래에서 1,171억 원 규모의 매도가 발생한 것을 확인할 수 있다. 이는 파생상품과의 합성 포지션 없이 현물만을 대상으로 한 네이키드(naked) 매수·매도에서 발생한 비차익 매도 규모를 의미한다.

여기서 '비차익 매매 + 차익 매매'의 합계를 통해 전체적인 매수·매도 에너지를 가늠할 수 있다. 이처럼 매일 이러한 데이터를 복기하면서 시장 자금의 물줄기, 즉 자금 흐름을 파악해나가는 것이 중요하다.

이번 데이터에서는 이차전지 섹터에 대한 매수 에너지가 유입되고 있으며, 특히 포스코퓨처엠이 강하게 부각된 점을 확인할 수 있다. 이에 따라 포스코퓨처엠의 모노파동 기준을 함께 공부해볼 필요가 있다.

포스코퓨처엠 모노파동 분석

이 칼럼은 포스코퓨처엠의 주가 흐름을 모노파동 관점에서 분석한 것이다. 모노파동을 통해 복잡한 파동을 단순하게 정리함으로써, 상승 흐름이 이어지는 구간을 더 쉽게 파악할 수 있다.

모노파동은 분석 대상 종목이 하락추세에서 상승추세로 전환되었는지를 판단하는 기법으로, 시가총액 규모에 따라 A-B-C로 분류해 접근한다.

'4등분법칙'은 파동이 완성된 후 다음 파동을 예측하는 데 유용하지만, 모노파동 기준은 저점에서의 상승이 추세 전환인지, 혹은 단순한 반등 이후 다시 저점을 낮추는 되돌림파동인지를 판단하는 데 효과적이다.

기본적으로 시가총액 상위 1~10위 종목은 상승 1파동 에너지가 21~25% 수준으로 나타나야 하며, 이때 해당 구간이 저항이 아니라 지지로 작용해야 추세 전환 신호로 해석할 수 있다. 그 외 블루칩 종목의 경우에는 상승 1파동의 에너지가 25~38.2% 수준은 나와야 본격적인 추세 전환 가능성을 가진 파동으로 평가할 수 있다.

자료 2-1 포스코퓨처엠 파동 흐름 (일봉)

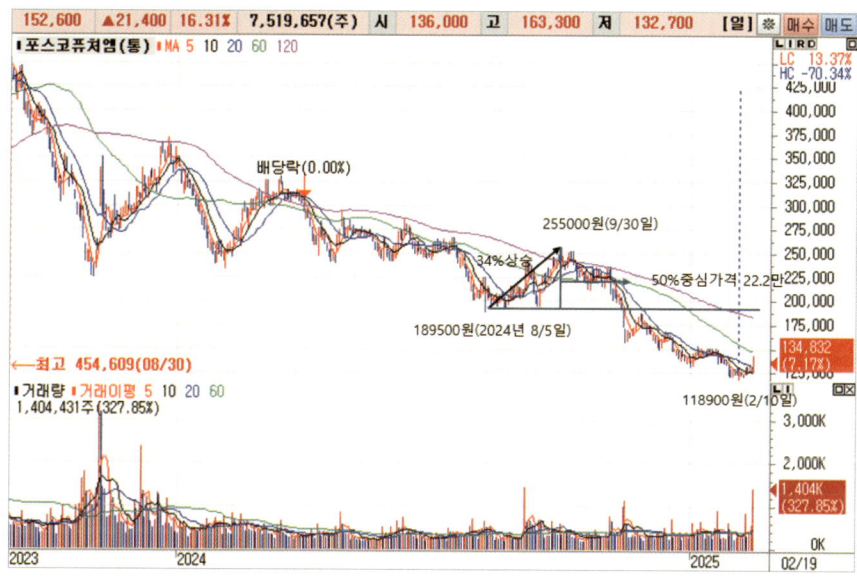

　포스코퓨처엠을 2025년 2월 19일 기준으로 분석해보면, 이전 저점이었던 2024년 8월 5일 189,500원에서 9월 30일 255,000원까지 약 34%의 되반등 상승이 나타났다.

　그러나 이 상승폭의 50%중심가격인 222,000원에서 지지하는 데 실패했고, 이후 엔캐리 청산으로 인해 급락하며 8월 5일 저점이었던 189,500원을 하회했다. 결국 2025년 2월 10일에는 118,900원까지 하락해 새로운 저점을 형성했다. 이는 2024년 8월 5일 저점을 기점으로 전개된 모노파동이 실패했음을 의미한다.

자료 2-2 모노파동 기본 구조

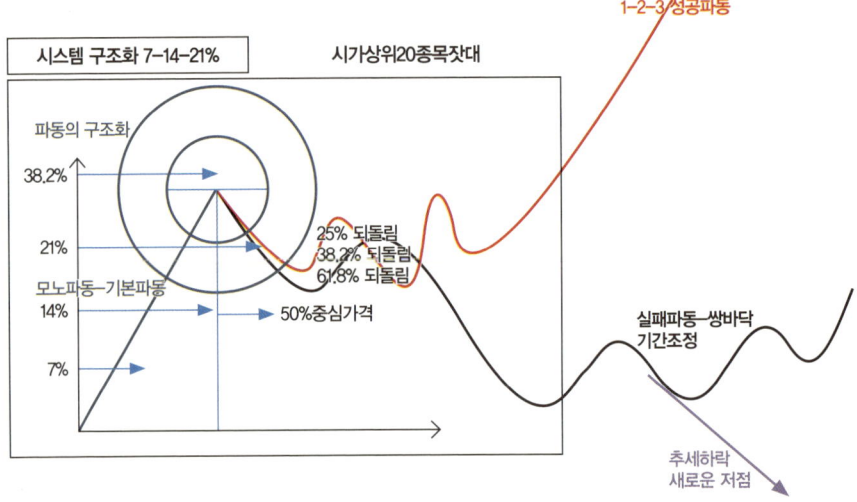

모노파동의 기본 구조는 위 그림과 같이 설정된다.

시가총액 상위 1~10위 종목의 경우에는 7-14-21%잣대를 적용하며, 상승 1파동에서 반드시 21% 이상의 상승이 나와야 모노파동이 성공한 것으로 판단한다. 반면 이보다 아래 순위의 종목들은 38.2% 이상의 상승이 있어야 모노파동이 성공했다고 판단한다.

또한 38.2% 이상 상승이 나타났더라도 이후 조정파동이나 되돌림파동이 전개되는 과정에서 상승폭의 50%중심가격을 강하게 지지해야만 다음 상승파동으로 이어질 수 있다. 반대로 50%중심가격 지지에 실패할 경우, 위 그림과 같이 쌍바닥 조정, 즉 조정 기간이 길어지는 형태의 파동이 전개되거나, 새로운 추세 하락의 시작이 될 수 있다.

포스코퓨처엠은 2024년 8월 5일 189,500원에서 9월 30일 255,000원까지 약 34% 상승하며 추세 전환에 대한 기대감을 높였다. 그러나 조정파동 과정에서 상

자료 2-3 포스코퓨처엠 상승시스템잣대 (저점 189,000원 기준)

명칭	상승파동비율									
포스코퓨처엠	1%	7%	14%	21%	25%	38.20%	50%	61.80%	83.20%	100%
	190,890	202,230	215,460	228,690	236,250	261,198	283,500	305,802	346,248	378,000
매수가										
최저가	₩189,000									
	08월 05일									

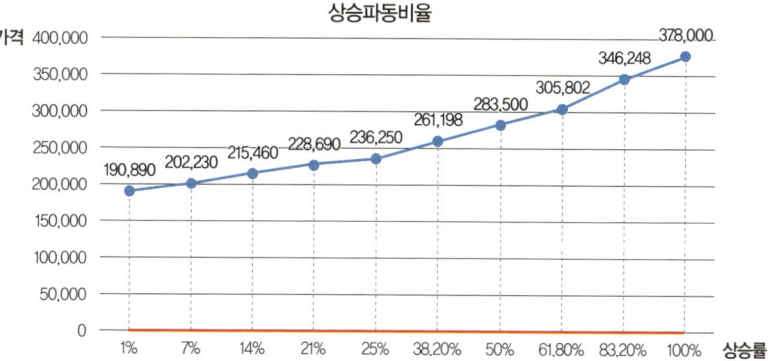

승폭의 50%중심가격인 222,000원 지지에 실패했고, 결국 기존 저점을 붕괴하며 하락세가 전개되었다. 이처럼 모노파동이 실패한 경우에는, 다음과 같이 하락파동의 시스템 구조를 새롭게 설정하고 실제 어디까지 하락할 수 있는지를 구체적으로 추적해나가야 한다.

2024년 8월 5일을 기점으로 한 상승파동의 시스템 구조는 다음과 같이 체크해 볼 수 있다.

- 25% 상승 목표수치: 236,000원
- 38.2% 상승 목표수치: 261,000원

자료 2-4 A-B-C 조정파동의 대표적인 유형들

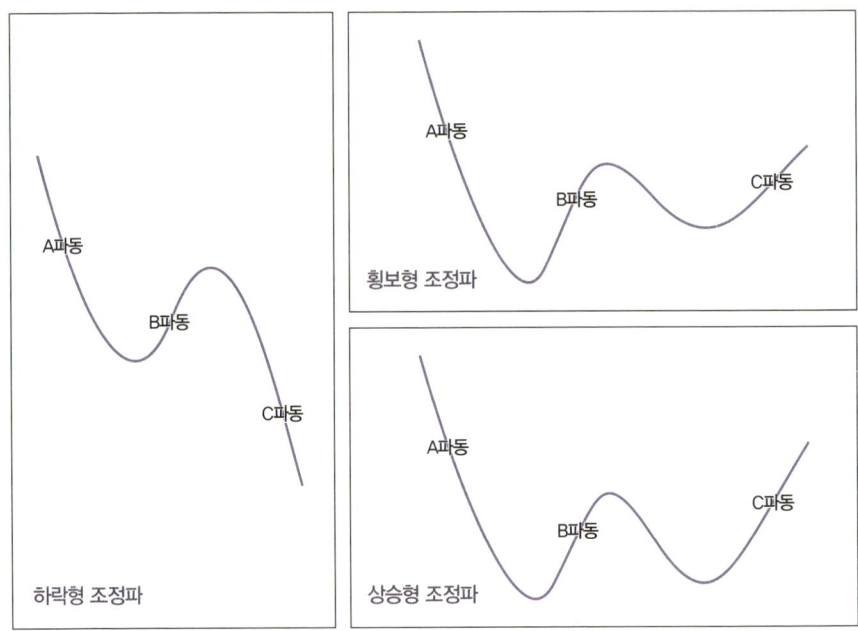

실제 고점은 2024년 9월 30일에 255,000원으로 형성되었으며, 이후 조정 국면에서는 4등분법칙을 기반으로 한 엑셀 계산을 활용해 조정파동 A-B-C 패턴을 점검해야 한다. 특히 어느 구간에서 지지가 발생하는지를 정밀하게 확인함으로써, 조정이 단기 조정에 그칠지 혹은 하락추세로 전환될지를 판단할 수 있다.

255,000원의 고점을 형성한 이후, 하락파동 시스템으로 전환되었다.

실제 파동은 상승폭의 50%중심가격인 222,000원을 하향 이탈하고, 2024년 8월 5일 저점인 189,500원에서도 쌍바닥 지지 패턴을 형성하지 못한 채 추가적인 급락파동이 전개되었다. 그 결과 2025년 2월 10일에는 118,900원까지 하락하며, 9월 30일 고점 255,000원 대비 무려 약 53.7%의 급락을 단기간에 기록하는 하락

자료 2-5 포스코퓨처엠 하락삼각형 4등분법칙 (고점 255,000원 기준)

포스코퓨처엠		상승률	하락률		
255,000	최고	35%	0%		
		33%	-2%	250,875	75%
		31%	-3%	246,750	50%
		28%	-5%	242,625	25%
238,500	75%	26%	-6%		
		24%	-8%	234,375	75%
		22%	-10%	230,250	50%
		20%	-11%	226,125	25%
222,000	50%	17%	-13%		
		15%	-15%	217,875	75%
		13%	-16%	213,750	50%
		11%	-18%	209,625	25%
205,500	25%	9%	-19%		
		7%	-21%	201,375	75%
		4%	-23%	197,250	50%
		2%	-24%	193,125	25%
189,000	최저	0%	-26%		

자료 2-6 포스코퓨처엠 하락시스템잣대 (고점 255,000원 기준)

명칭	하락파동비율									
포스코퓨처엠	-1%	-7%	-14%	-21%	-25%	-38.20%	-50%	-61.80%	-83.20%	-100%
	252,450	237,150	219,300	201,450	191,250	157,590	127,500	97,410	42,840	0
매수가										
최저가	₩255,000									
	09월 30일									

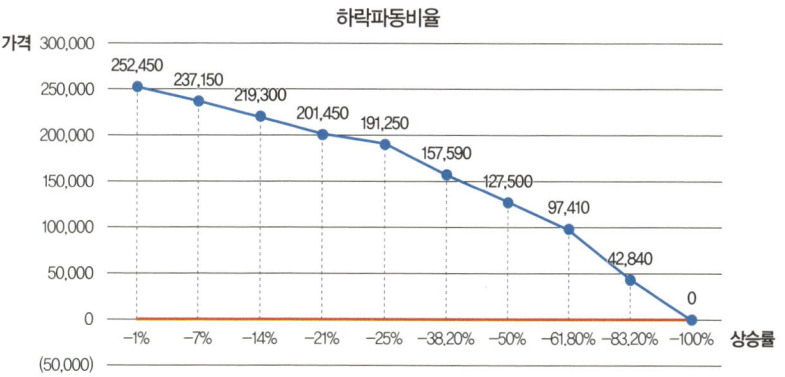

2장 모노파동법칙: 4등분법칙의 한계를 보완

자료 2-7 **상승률 기준 시스템로직**

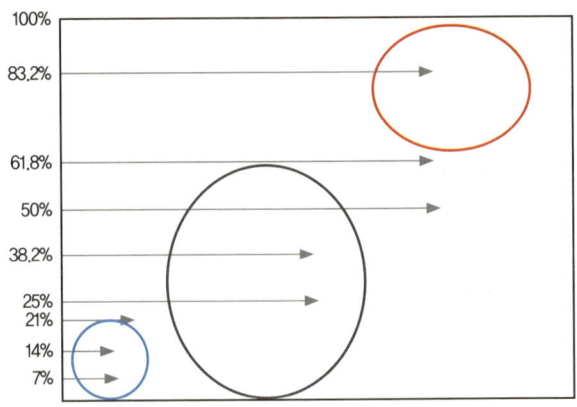

파동이 나타났다.

이와 같은 흐름에서, 50%중심가격(222,000원) 붕괴 시점에 매도 전략을 설정한 투자자나, 189,000원 쌍바닥 지지 실패 시점에 매도한 투자자는 리스크 관리를 잘 수행한 사례로 볼 수 있다. 이들은 하락 구간에서 현금 비중을 확보하고, 이후 더 낮은 가격대에서 재매수함으로써 동일 자금으로 더 많은 물량을 확보할 수 있었기 때문이다.

결국 실제 파동상 다음 저점은 2025년 2월 10일의 118,900원이었으며, 이제는 이 저점을 기준으로 다시 모노파동 기준을 설정하고, 향후 전개될 상승파동이 성공적인 추세 전환으로 이어질 수 있는지를 체크해가야 할 시점이다.

이 지점에서 중요한 것은, 상승파동의 기준을 측정할 수 있는 '잣대'를 설정하는 일이다. 이 상승파동잣대는 추세 전환이 실제로 유효한 상승파동인지, 혹은 단순한 되돌림반등에 불과한지를 구분하는 핵심 도구가 된다.

2025년 2월 10일 저점을 기준으로 다시 모노파동 에너지를 측정해보면, 그 결과는 다음과 같다.

자료 2-8 포스코퓨처엠 상승시스템잣대 (저점 118,900원 기준)

명칭	상승파동비율									
포스코퓨처엠	1%	7%	14%	21%	25%	38.20%	50%	61.80%	83.20%	100%
	120,089	127,223	135,546	143,869	148,625	164,320	178,350	192,380	217,825	237,800
매수가										
최저가	₩118,900									
	02월 10일									

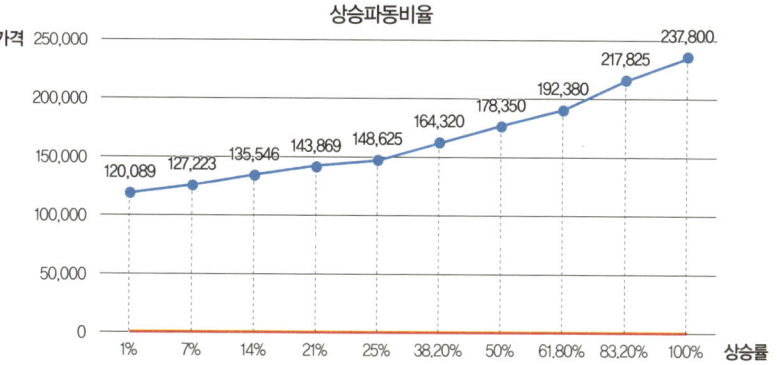

자료 2-9 포스코퓨처엠 파동 흐름 (일봉)

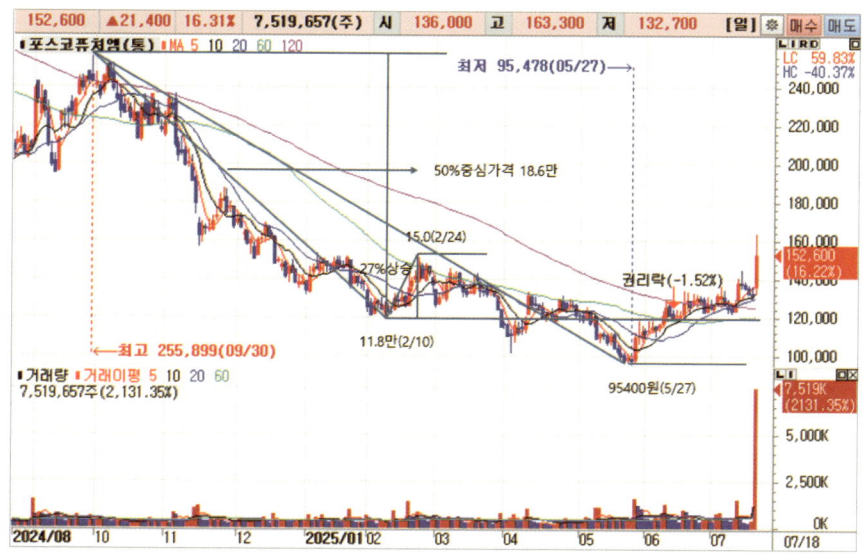

2장 모노파동법칙: 4등분법칙의 한계를 보완 | 95

자료 2-10 포스코퓨처엠 하락시스템잣대 (고점 150,000원 기준)

명칭	하락파동비율									
포스코퓨처엠	-1%	-7%	-14%	-21%	-25%	-38.20%	-50%	-61.80%	-83.20%	-100%
	148,500	139,500	129,000	118,500	112,500	92,700	75,000	57,300	25,200	0
매수가 최저가	₩150,000									
	02월 24일									

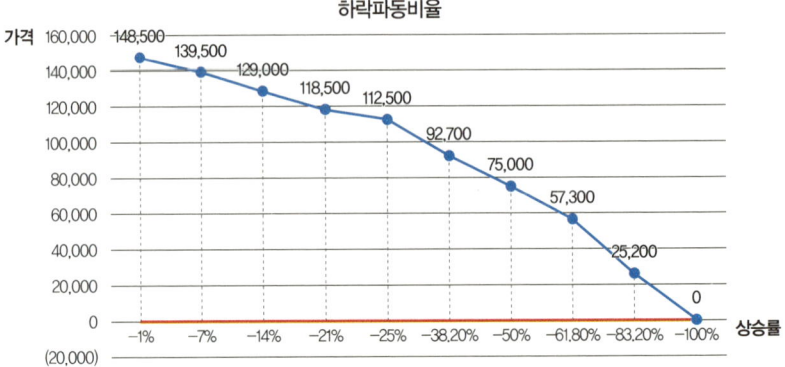

2025년 2월 10일 저점인 118,900원에서 2월 24일 150,000원까지 약 27% 상승한 후, 다시 조정파동에 진입했다. 하지만 50%중심가격 지지에 실패하면서 새로운 저점이 형성되었고, 이는 추세적인 하락파동의 지속으로 이어졌다. 실제로 2025년 5월 27일에는 95,400원까지 급락하는 하락파동이 전개되었다.

2025년 2월 24일 고점을 기준으로 하락파동시스템의 잣대를 다시 적용해보면, 그 결과는 다음과 같다.

2024년 9월 30일 고점인 255,899원에서 반토막 이상 급락한 2025년 2월 10일의 118,900원 수준에서는, 다시 이차전지 섹터에 대한 '바닥론'이 부상했고, 시장에서는 '더 이상 악재는 없다'는 분위기가 형성되기 시작했다. 그러나 이러한 분위

자료 2-11 포스코퓨처엠 하락삼각형 4등분법칙 (고점 150,000원 기준)

포스코퓨처엠		상승률	하락률		
150,000	최고	57%	0%		
		54%	-2%	146,588	75%
		50%	-5%	143,175	50%
		47%	-7%	139,763	25%
136,350	75%	43%	-9%		
		39%	-11%	132,938	75%
		36%	-14%	129,525	50%
		32%	-16%	126,113	25%
122,700	50%	29%	-18%		
		25%	-20%	119,288	75%
		21%	-23%	115,875	50%
		18%	-25%	112,463	25%
109,050	25%	14%	-27%		
		11%	-30%	105,638	75%
		7%	-32%	102,225	50%
		4%	-34%	98,813	25%
95,400	최저	0%	-36%		

기 속에서 트럼프 대통령의 강경한 관세 정책이 본격화되면서, 다시 한 번 이차전지 관련 종목 전반에 걸쳐 폭락파동이 전개되었다.

　이와 같은 상황에서는, 2월 10일 저점(118,900원) 이후 어떤 이벤트가 발생했는지, 그리고 그 이벤트에 따라 주가의 변동성이 어떻게 움직였는지를 동태적으로 추적하는 것이 매우 중요하다. 실제로 2월 10일을 전후해 포스코퓨처엠에는 바닥론이 제기되었고, 해외 대규모 수주와 관련된 보도도 나오기 시작했다.

　상승파동이 전개되는 과정에서는, 어떤 스토리(서사)가 시장을 지배하는지를 추적해가는 것이 중요하다. 그리고 바로 그 시점에, 다음과 같은 내용의 공시가 발표되었다.

자료 2-12 포스코퓨처엠 풍문 또는 보도에 대한 해명 공시 (2022년 10월 18일)

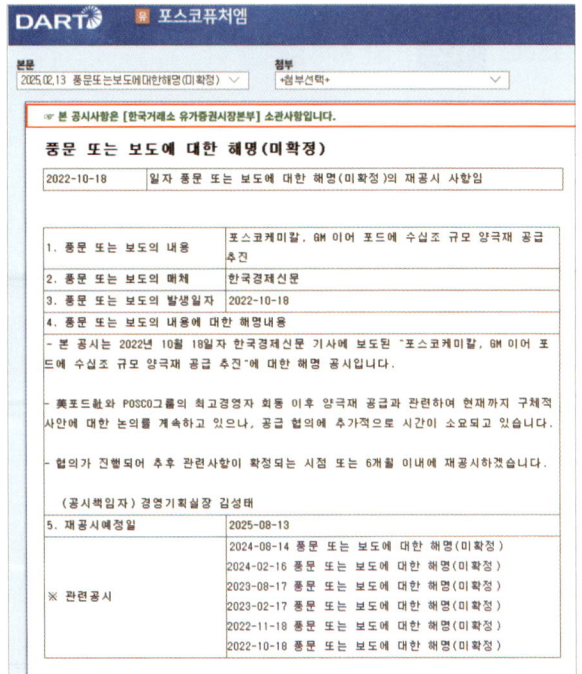

포스코케미칼이 GM에 이어 포드에도 수십조 원 규모의 양극재를 공급 추진 중이라는, 시장에 큰 기대감을 불러일으킬 수 있는 호재성 뉴스가 등장했다.

이 뉴스는 포스코퓨처엠 주가를 118,900원에서 150,000원 수준까지 끌어올리는 동력으로 작용했지만, 항상 그렇듯이 해당 뉴스의 실현 가능성, 그리고 이 뉴스가 단발성인지, 또는 근거 있는 복수의 출처에 기반한 것인지를 동태적으로 추적해가는 과정이 필수적이다.

그런 가운데 2025년 2월 24일에 포스코퓨처엠의 해외 종속회사가 주주배정 유상증자를 실행했고, 주가는 더 이상 상승하지 못한 채 매물이 출회되는 흐름 속에

자료 2-13 포스코퓨처엠 종속회사 주요경영사항 공시 (2025년 2월 24일)

서 시장은 이를 '최악의 유상증자 발표'로 받아들였다.

특히 '주주배정 후 실권주 일반공모 방식'의 유상증자가 발표되면서 시장에 미치는 부정적 충격은 더욱 커졌고, 결국 주가는 다시 한 번 추가 급락파동에 돌입하게 되었다.

신주배정 기준일은 2025년 6월 17일, 신주 상장 예정일은 2025년 8월 8일로 공시되었으며, 신주 발행가액은 96,400원으로 확정되었다.

유상증자 발표의 여파로 주가는 2025년 5월 27일 95,400원까지 급락한 이후, 주가를 방어하려는 다양한 재료가 등장하기 시작했다. 특히 5월 29일에는 POSCO

자료 2-14 주주배정 후 실권주 일반공모 방식의 유상증자 발표

유상증자 결정

1. 신주의 종류와 수	보통주식 (주)	11,483,000
	기타주식 (주)	-
2. 1주당 액면가액 (원)		500
3. 증자전 발행주식총수 (주)	보통주식 (주)	77,463,220
	기타주식 (주)	-
4. 자금조달의 목적	시설자금 (원)	181,000,000,000
	영업양수자금 (원)	-
	운영자금 (원)	295,261,200,000
	채무상환자금 (원)	-
	타법인 증권 취득자금 (원)	630,700,000,000
	기타자금 (원)	-
5. 증자방식		주주배정후 실권주 일반공모

※ 기타주식에 관한 사항

정관의 근거	-
주식의 내용	-
기타	-

6. 신주 발행가액	확정발행가	보통주식 (원)			96,400
		기타주식 (원)			-
	예정발행가	보통주식 (원)	-	확정예정일	2025년 07월 16일
		기타주식 (원)	-	확정예정일	-
7. 발행가 산정방법			'24. 기타 투자판단에 참고할 사항 - 가. 신주발행가액 산정방법' 참고		
8. 신주배정기준일			2025년 06월 17일		
9. 1주당 신주배정주식수 (주)			0.1185905110		
10. 우리사주조합원 우선배정비율 (%)			20.0		
11. 청약예정일	우리사주조합	시작일	2025년 07월 21일		
		종료일	2025년 07월 21일		
	구주주	시작일	2025년 07월 21일		
		종료일	2025년 07월 22일		
12. 납입일			2025년 07월 29일		
13. 실권주 처리계획			'24. 기타 투자판단에 참고할 사항 - 가. 신주발행가액 산정방법' 참고		
14. 신주의 배당기산일			2025년 01월 01일		
15. 신주권교부예정일			-		
16. 신주의 상장예정일			2025년 08월 08일		
17. 대표주관회사(직접공모가 아닌 경우)			한국투자증권 주식회사 케이비증권 주식회사 NH투자증권 주식회사 키움증권 주식회사		

자료 2-15 포스코퓨처엠 공시: 풍문 또는 보도에 대한 해명 (2025년 5월 29일)

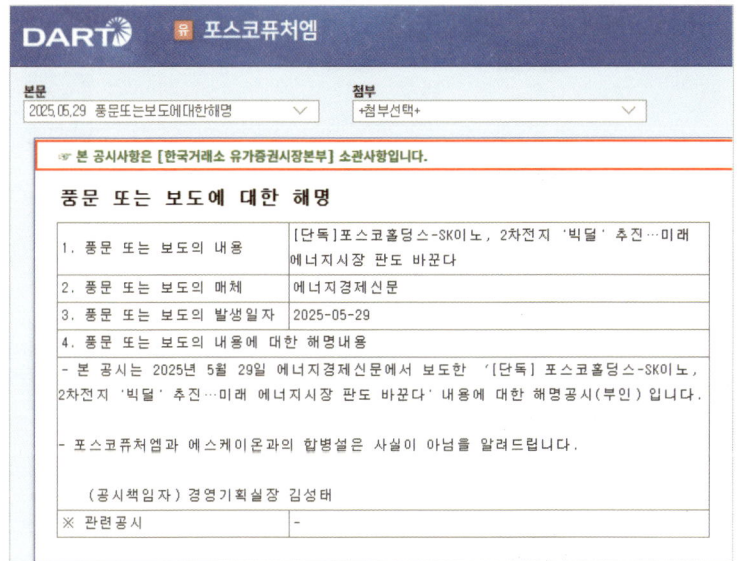

홀딩스와 SK이노베이션이 '빅딜을 추진 중'이라는 보도가 나오며 시장에 일시적 기대감을 조성했지만, 곧바로 해당 내용은 허위로 밝혀졌다.

이는 이차전지 업황이 얼마나 심각한 상황에 직면해 있는지를 방증하는 사례였다. 이차전지를 주력으로 추진하는 포스코그룹의 대표 기업인 POSCO홀딩스와, SK그룹 산하의 SK온이 전략적 제휴를 추진한다는 루머가 나돌 정도로, 업계 내에서는 최악의 국면을 돌파하기 위한 그룹 간 연합 시도 가능성까지 거론될 정도였던 것이다.

이 시점에서 다시 '하락삼각형 4등분법칙'을 적용해보면, 그 결과는 다음과 같이 나온다.

자료 2-16 포스코퓨처엠 상승삼각형 4등분법칙 (저점 95,000원 기준)

포스코퓨처엠		상승률	하락률		
255,000	최고	167%	0%		
		157%	-4%	245,025	75%
		146%	-8%	235,050	50%
		136%	-12%	225,075	25%
215,100	75%	125%	-16%		
		115%	-20%	205,125	75%
		105%	-23%	195,150	50%
		94%	-27%	185,175	25%
175,200	50%	84%	-31%		
		73%	-35%	165,225	75%
		63%	-39%	155,250	50%
		52%	-43%	145,275	25%
135,300	25%	42%	-47%		
		31%	-51%	125,325	75%
		21%	-55%	115,350	50%
		10%	-59%	105,375	25%
95,400	최저	0%	-63%		

자료 2-17 포스코퓨처엠 상승시스템잣대 (저점 95,400원 기준)

명칭	상승파동비율									
포스코퓨처엠	1%	7%	14%	21%	25%	38.20%	50%	61.80%	83.20%	100%
	96,354	102,078	108,756	115,434	119,250	131,843	143,100	154,357	174,773	190,800
매수가										
최저가	₩95,400									
	05월 27일									

상승파동비율

여기서 흥미로운 점은, 2025년 5월 27일 저점인 95,400원부터 전개된 파동에서 모노파동 에너지가 '성공했다'는 것이다. 즉 이 구간에서는 저점 이후에 전개된 상승 1파동이 기준 이상으로 진행되며 추세 전환의 조건을 충족한 것으로 해석할 수 있다.

2025년 6월 17일 신주배정 기준일 이전에 권리락이 발생했음에도 불구하고 주가는 하락하지 않고 오히려 강하게 상승세를 보이며 6월 19일에는 133,900원까지 상승했다. 유상증자 권리를 보유한 상황에서 강한 매수세가 유입되며 이 구간에서 상승 1파동이 형성된 것이다.

자료 2-18 포스코퓨처엠 파동 흐름 (일봉)

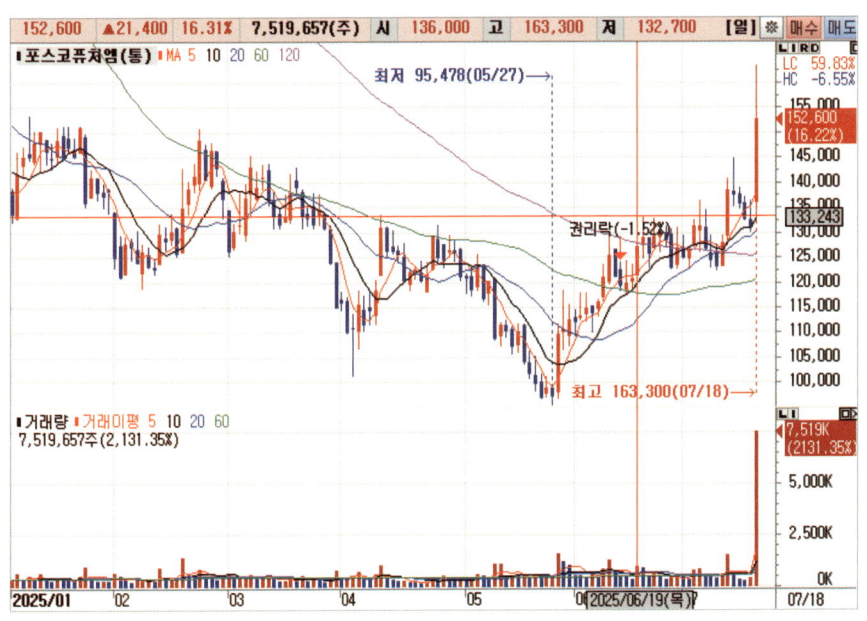

자료 2-19 포스코퓨처엠 상승삼각형 4등분법칙 (저점 95,400원 기준)

포스코퓨처엠		상승률	하락률		
133,900	최고	40%	0%		
		38%	-2%	131,494	75%
		35%	-4%	129,088	50%
		33%	-5%	126,681	25%
124,275	75%	30%	-7%		
		28%	-9%	121,869	75%
		25%	-11%	119,463	50%
		23%	-13%	117,056	25%
114,650	50%	20%	-14%		
		18%	-16%	112,244	75%
		15%	-18%	109,838	50%
		13%	-20%	107,431	25%
105,025	25%	10%	-22%		
		8%	-23%	102,619	75%
		5%	-25%	100,213	50%
		3%	-27%	97,806	25%
95,400	최저	0%	-29%		

　2025년 6월 19일에 133,900원까지 상승한 후 조정이 나오더라도, 75%능선가격인 124,275원 부근에서 강하게 지지되었고, 이후 6월 19일 고점까지 다시 돌파하면서 1-2-3파동 중 상승 3파동이 전개되었다. 이 상승에너지가 과연 신주가 상장되는 2025년 8월 8일까지 이어질 수 있는지, 그 지속성을 동태적으로 체크해가는 과정이 중요하다.

　이제는 2025년 5월 27일 저점인 95,400원을 기준으로, 7월 18일 고점 163,300원까지의 상승파동을 1파로 설정한 뒤, 상승삼각형 4등분법칙을 적용해 75%능선가격과 50%중심가격을 계산하고, 향후 조정 구간에서 그 가격대가 지지되는지를 점검해가야 할 시점이다.

자료 2-20 포스코퓨처엠 상승삼각형 4등분법칙 (저점 95,400원 기준)

포스코퓨처엠		상승률	하락률		
163,300	최고	71%	0%		
		67%	-3%	159,056	75%
		62%	-5%	154,813	50%
		58%	-8%	150,569	25%
146,325	75%	53%	-10%		
		49%	-13%	142,081	75%
		44%	-16%	137,838	50%
		40%	-18%	133,594	25%
129,350	50%	36%	-21%		
		31%	-23%	125,106	75%
		27%	-26%	120,863	50%
		22%	-29%	116,619	25%
112,375	25%	18%	-31%		
		13%	-34%	108,131	75%
		9%	-36%	103,888	50%
		4%	-39%	99,644	25%
95,400	최저	0%	-42%		

실전 투자에서는 저점 대비 61.8~100% 상승 구간에 진입했을 경우, 추가 상승 가능성이 남아 있더라도 '데드 전략'을 구사하는 것이 기본이다. 여기서 '데드 전략'이란, 특정 가격대를 지지하지 못할 경우에 보유 물량을 매도하는 전략을 의미한다.

포스코퓨처엠의 경우, 61.8% 상승 목표수치인 154,000원을 데드라인으로 설정하고, 그 이상 가격대에서는 보유 물량의 50~100%를 각자 알아서 자율적으로 수익 실현한 뒤, 이후 어디서 강한 지지가 형성되는지를 체크해야 한다.

- 75%능선가격: 146,325원
- 50%중심가격: 129,350원

상승추세가 유지되려면 75%능선가격(146,325원)이 붕괴되어서는 안 되며, 최소한 50%중심가격(129,350원)은 반드시 지지되어야 한다.

또한 2025년 8월 8일 신주가 상장되면 이때 유상증자에 참여한 투자자들의 매도세가 어느 정도 출회되는지 반드시 확인해야 하며, 이 흐름에 따라 단기 수급 균형이 크게 흔들릴 수 있음을 유의해야 한다.

나아가 포스코퓨처엠 개별 종목 분석에만 그치지 않고, 이차전지 섹터 전반의 흐름을 파악하기 위해 LG에너지솔루션, 삼성SDI, 에코프로, 에코프로비엠 등 주요 대장주의 모노파동 에너지도 함께 체크하면서 이차전지 시장 전체의 구조적 변화를 점검해나가야 할 것이다.

에코프로비엠·에코프로 모노파동 분석

이 칼럼은 에코프로비엠과 에코프로의 파동 흐름을 모노파동법칙에 따라 분석한 것이다. 급등 이후 조정 구간의 파동을 단순화해, 고점 이후의 흐름을 추세 전환과 반등 국면까지 함께 살펴본다.

이차전지 섹터의 대장주인 에코프로비엠과 에코프로 역시 모노파동 에너지를 기준으로 흐름을 체크해보자.

이들 종목은 시장의 심리와 수급을 선도하는 핵심 종목인 만큼, 모노파동이 성공했는지 여부를 통해 전체 이차전지 섹터의 방향성도 가늠할 수 있다.

에코프로비엠 모노파동 분석

하락삼각형 기준으로, 2024년 3월 27일 고점 298,500원을 기준으로 첫 번째 하락삼각형 4등분을 설정하고, 2025년 2월 24일 고점 141,700원을 기준으로 두 번째 하락삼각형 4등분을 구성해보자.

자료 3-1 에코프로비엠 파동 흐름 (일봉)

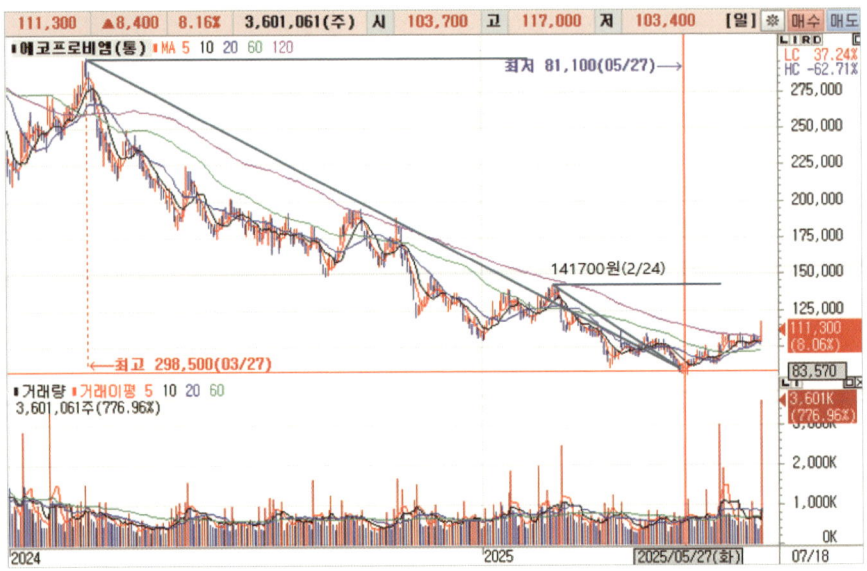

자료 3-2 에코프로비엠 하락삼각형 4등분법칙 (고점 298,500원 기준)

에코프로비엠		상승률	하락률		
298,500	최고	268%	0%		
		251%	-5%	284,913	75%
		235%	-9%	271,325	50%
		218%	-14%	257,738	25%
244,150	75%	201%	-18%		
		184%	-23%	230,563	75%
		168%	-27%	216,975	50%
		151%	-32%	203,388	25%
189,800	50%	134%	-36%		
		117%	-41%	176,213	75%
		101%	-46%	162,625	50%
		84%	-50%	149,038	25%
135,450	25%	67%	-55%		
		50%	-59%	121,863	75%
		34%	-64%	108,275	50%
		17%	-68%	94,688	25%
81,100	최저	0%	-73%		

- 50%중심가격 189,800원: 저점에서 약 134% 상승해야 도달 가능
- 25%능선가격 135,450원: 저점에서 약 67% 상승해야 도달 가능

자료 3-3 에코프로비엠 하락삼각형 4등분법칙 (고점 141,700원 기준)

에코프로비엠		상승률	하락률		
141,700	최고	75%	0%		
		70%	-3%	137,913	75%
		65%	-5%	134,125	50%
		61%	-8%	130,338	25%
126,550	75%	56%	-11%		
		51%	-13%	122,763	75%
		47%	-16%	118,975	50%
		42%	-19%	115,188	25%
111,400	50%	37%	-21%		
		33%	-24%	107,613	75%
		28%	-27%	103,825	50%
		23%	-29%	100,038	25%
96,250	25%	19%	-32%		
		14%	-35%	92,463	75%
		9%	-37%	88,675	50%
		5%	-40%	84,888	25%
81,100	최저	0%	-43%		

- 50%중심가격 111,400원: 저점에서 약 37% 상승해야 도달 가능
- 25%능선가격 96,250원: 저점에서 약 19% 상승해야 도달 가능

에코프로비엠의 저점은 2025년 5월 27일 81,100원으로, 이를 기준으로 상승시스템의 잣대를 설정해보면 다음과 같다.

자료 3-4 에코프로비엠 상승시스템잣대 (저점 81,100원 기준)

명칭	상승파동비율									
에코프로비엠	1%	7%	14%	21%	25%	38.20%	50%	61.80%	83.20%	100%
	81,911	86,777	92,454	98,131	101,375	112,080	121,650	131,220	148,575	162,200
매수가 최저가	₩81,100									
	05월 27일									

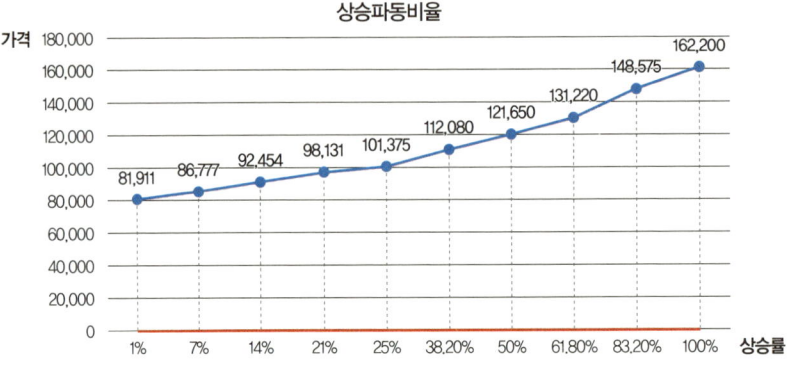

저점을 기준으로 한 주요 상승 목표수치는 다음과 같다.

- 38.2% 상승 목표수치: 112,080원
- 50% 상승 목표수치: 121,650원
- 61.8% 상승 목표수치: 131,220원

7월 18일에는 117,000원까지 상승하며 약 44% 수준에 도달했다.

자료 3-5 에코프로비엠 하락삼각형 4등분법칙 (고점 117,000원 기준)

에코프로비엠		상승률	하락률		
117,000	최고	44%	0%		
		41%	-2%	114,756	75%
		39%	-4%	112,513	50%
		36%	-6%	110,269	25%
108,025	75%	33%	-8%		
		30%	-10%	105,781	75%
		28%	-12%	103,538	50%
		25%	-13%	101,294	25%
99,050	50%	22%	-15%		
		19%	-17%	96,806	75%
		17%	-19%	94,563	50%
		14%	-21%	92,319	25%
90,075	25%	11%	-23%		
		8%	-25%	87,831	75%
		6%	-27%	85,588	50%
		3%	-29%	83,344	25%
81,100	최저	0%	-31%		

실전 투자에서는 81,000~90,000원 구간에서 매수한 물량이 1차 목표수치에 진입하고 있으므로, 비율 매도를 진행하면서 상승폭의 75%능선가격인 108,025원을 1차 지지로, 50%중심가격인 99,050원을 2차 지지로 삼아 지지 여부를 체크해가며 비율 매도한 물량을 재매수하는 전략으로 대응해보는 것이다.

여기서 비율 매도 비중은 각자의 상황에 맞게 정하면 되는데, 보유 물량의 50~70% 규모를 회전용으로 운용하는 전략을 권장한다.

단, 현재 고점에 물려 있는 투자자는 이 구간에서 별도의 대응은 필요 없다. 하락삼각형 기준으로 2024년 3월 27일 고점 298,000원을 기준으로 4등분법칙을 적용했을 때, 50%중심가격은 약 189,000원 수준이다. 만약 이 가격대에서 의미 있는 반등에너지가 나타난다면 그때 대응하는 것이 바람직하다.

여기서 상승 N파동이 지속되는지를 추적하는 것이 중요한데, 이때 필요한 이미지는 다음과 같다.

자료 3-6 상승 N파동의 기본 구조

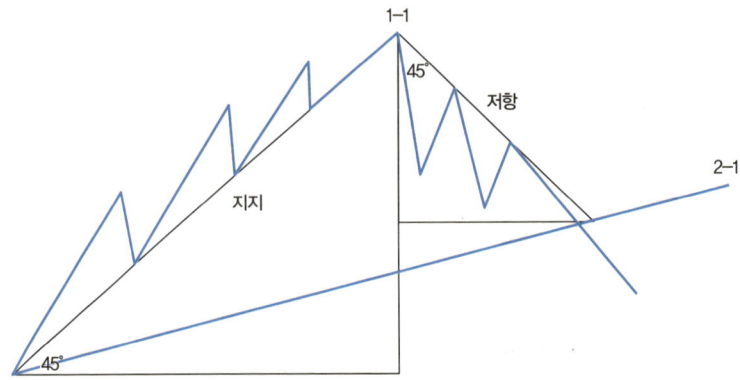

자료 3-7 엘리어트파동의 5파 구조와 기본 규칙

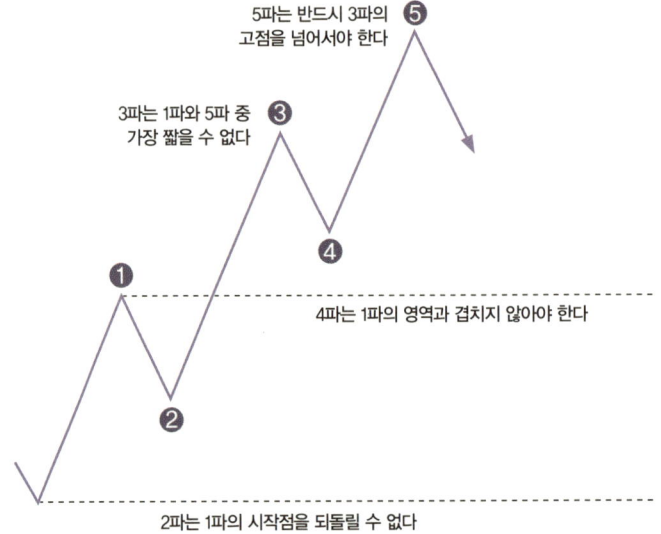

상승 1파동이 81,100원에서 117,000원까지 실현된 경우, 50%중심가격을 지지한다면 다음 파동의 목표는 저점 기준 50% 상승 목표수치인 121,550원과 61.8% 상승 목표수치인 131,000원을 타깃으로 설정하고, 실제 파동이 이 수치에 진입하는지를 체크해보는 것이 중요하다. 즉 12만~13만 원 영역에 진입할 경우, 다시 보유 물량의 50~70%를 비율 매도하고, 해당 고점을 4등분해 50%중심가격을 지지하는지 점검해가면서, 파동이 1-2-3-4-5파동 구조로 이어져 저점 대비 100% 상승 목표수치인 162,000원까지 도달하는지를 추적해가는 것이다.

이럴 경우 4등분법칙을 통해 미래의 주가 목표수치를 설정하고, 해당 가격이 달성되기 위해 반드시 통과해야 할 자리인 50%중심가격과 75%능선가격을 사전에 체크해보는 것이 중요하다.

자료 3-8 에코프로비엠 하락삼각형 4등분법칙 (고점 162,000원 기준)

에코프로비엠		상승률	하락률		
162,000	최고	100%	0%		
		94%	-3%	156,944	75%
		87%	-6%	151,888	50%
		81%	-9%	146,831	25%
141,775	75%	75%	-12%		
		69%	-16%	136,719	75%
		62%	-19%	131,663	50%
		56%	-22%	126,606	25%
121,550	50%	50%	-25%		
		44%	-28%	116,494	75%
		37%	-31%	111,438	50%
		31%	-34%	106,381	25%
101,325	25%	25%	-37%		
		19%	-41%	96,269	75%
		12%	-44%	91,213	50%
		6%	-47%	86,156	25%
81,100	최저	0%	-50%		

- 50%중심가격: 121,550원
- 75%능선가격: 141,775원

이 두 지점은 향후 주가가 목표치를 달성하기 위해 반드시 통과해야 할 핵심 레벨이므로, 지지 및 저항 여부를 지속적으로 체크하며 실전 대응 전략을 수립하는 것이 중요하다.

이차전지 섹터의 상승에너지는 단일 종목인 에코프로비엠만으로 판단하지 않고, 포스코퓨처엠, POSCO홀딩스, 에코프로, 삼성SDI 등 주요 종목들과 함께 비교 분석해 섹터 전체의 군집 현상을 체크해가는 접근이 바람직하다.

에코프로 모노파동 분석

에코프로의 모노파동을 기준으로 볼 때 주요 수치를 정리하면 다음과 같다.

- 50%중심가격 169,825원: 저점에서 약 350% 상승해야 도달 가능
- 25%능선가격 103,788원: 저점에서 약 175% 상승해야 도달 가능

자료 3-9 에코프로 파동 흐름 (일봉)

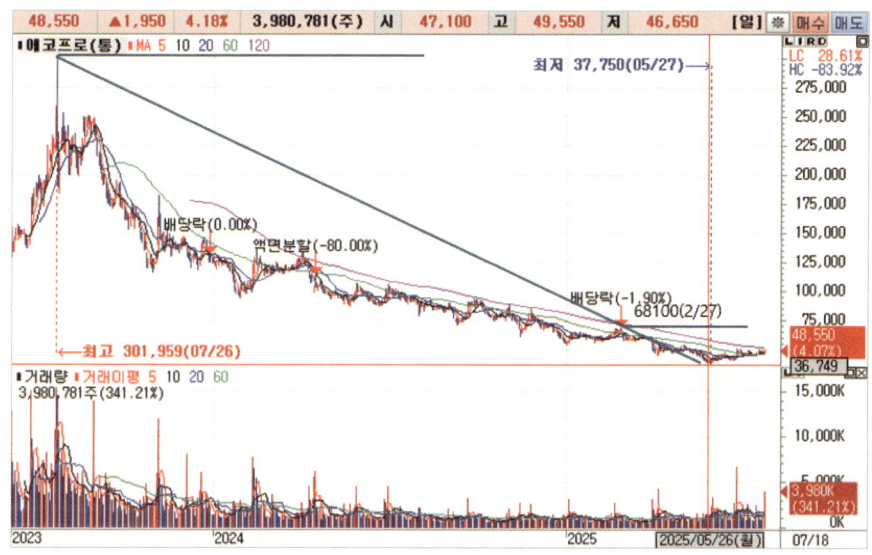

자료 3-10 에코프로 하락삼각형 4등분법칙 (고점 301,900원 기준)

에코프로		상승률	하락률		
301,900	최고	700%	0%		
		656%	-5%	285,391	75%
		612%	-11%	268,881	50%
		569%	-16%	252,372	25%
235,863	75%	525%	-22%		
		481%	-27%	219,353	75%
		437%	-33%	202,844	50%
		394%	-38%	186,334	25%
169,825	50%	350%	-44%		
		306%	-49%	153,316	75%
		262%	-55%	136,806	50%
		219%	-60%	120,297	25%
103,788	25%	175%	-66%		
		131%	-71%	87,278	75%
		87%	-77%	70,769	50%
		44%	-82%	54,259	25%
37,750	최저	0%	-87%		

자료 3-11 에코프로 하락삼각형 4등분법칙 (고점 68,100원 기준)

에코프로		상승률	하락률		
68,100	최고	80%	0%		
		75%	-3%	66,203	75%
		70%	-6%	64,306	50%
		65%	-8%	62,409	25%
60,513	75%	60%	-11%		
		55%	-14%	58,616	75%
		50%	-17%	56,719	50%
		45%	-19%	54,822	25%
52,925	50%	40%	-22%		
		35%	-25%	51,028	75%
		30%	-28%	49,131	50%
		25%	-31%	47,234	25%
45,338	25%	20%	-33%		
		15%	-36%	43,441	75%
		10%	-39%	41,544	50%
		5%	-42%	39,647	25%
37,750	최저	0%	-45%		

에코프로 관련 주요 기준 가격 및 필요 상승률은 다음과 같다.

- 75%능선가격 60,513원: 저점에서 약 60% 상승하면 도달 가능
- 50%중심가격 52,925원: 저점에서 약 40% 상승하면 도달 가능
- 25%능선가격 45,338원: 저점에서 약 20% 상승하면 도달 가능

에코프로도 2025년 5월 27일 저점인 37,750원을 기준으로 상승시스템을 구성해보면, 그 구조는 다음과 같다.

자료 3-12 에코프로 상승시스템잣대 (저점 37,750원 기준)

명칭	상승파동비율									
에코프로	1%	7%	14%	21%	25%	38.20%	50%	61.80%	83.20%	100%
	38,128	40,393	43,035	45,678	47,188	52,171	56,625	61,080	69,158	75,500
매수가 최저가	₩37,750									
	05월 27일									

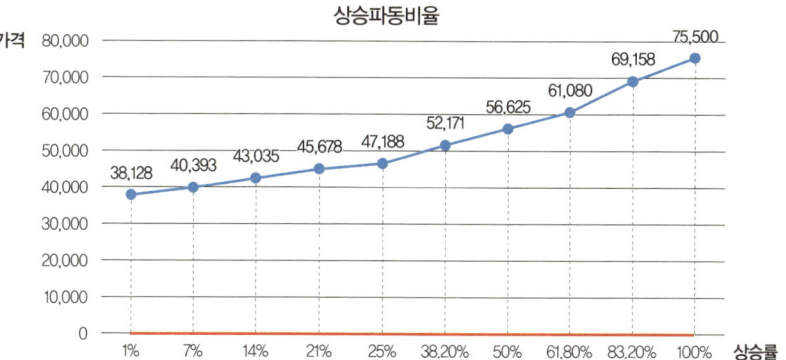

에코프로는 2024년 5월 27일 저점인 37,750원을 기준으로, 6월 24일 50,500원까지 33% 상승한 이후, 7월 18일 현재 48,550원에 위치하고 있다. 아직 모노파동 1차 파동 목표인 38.2% 상승 목표수치(52,171원)는 달성하지 못한 상태이다.

- 38.2% 상승 목표수치: 52,171원
- 50% 상승 목표수치: 56,625원
- 61.8% 상승 목표수치: 61,080원

이 가격대에 진입하면 비율 매도를 실행하면서 파도타기전략으로 4등분법칙을 사용해서 '고점매도 + 저점매수' 전략을 반복적으로 수행해나가며, 저점 기준 100% 상승 목표수치인 75,500원을 언제 달성하는지를 추적해보자.

POSCO홀딩스·삼성SDI 모노파동 분석

이 칼럼은 POSCO홀딩스와 삼성SDI의 모노파동 구조를 분석한 것이다. 에너지 소재주로서 공통성과 차별성을 가진 두 종목의 모노파동 분석을 통해, 추세가 어떻게 달리 전개됐는지를 살펴본다.

POSCO홀딩스 모노파동 분석

자료 4-1 POSCO홀딩스 파동 흐름 (일봉)

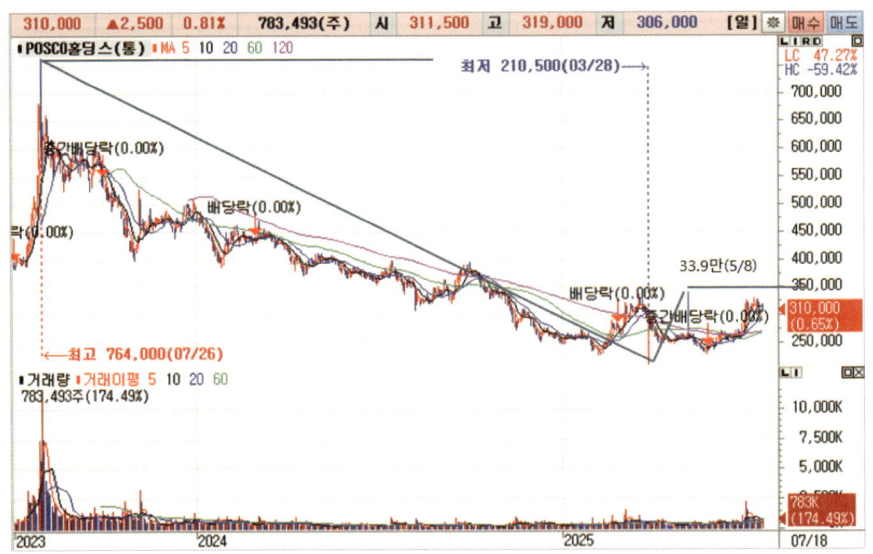

자료 4-2 포스코홀딩스 하락삼각형 4등분법칙 (고점 764,000원 기준)

포스코홀딩스		상승률	하락률		
764,000	최고	263%	0%		
		247%	-5%	729,406	75%
		230%	-9%	694,813	50%
		214%	-14%	660,219	25%
625,625	75%	197%	-18%		
		181%	-23%	591,031	75%
		164%	-27%	556,438	50%
		148%	-32%	521,844	25%
487,250	50%	131%	-36%		
		115%	-41%	452,656	75%
		99%	-45%	418,063	50%
		82%	-50%	383,469	25%
348,875	25%	66%	-54%		
		49%	-59%	314,281	75%
		33%	-63%	279,688	50%
		16%	-68%	245,094	25%
210,500	최저	0%	-72%		

- 50%중심가격 487,250원: 저점에서 약 131% 상승해야 도달 가능
- 25%능선가격 348,875원: 저점에서 약 66% 상승해야 도달 가능

2024년 3월 28일 저점인 210,500원을 기준으로 상승시스템을 구성해보면, 그 구조는 [자료 4-3]과 같다.

POSCO홀딩스는 2024년 3월 28일 저점인 210,500원에서 시작해, 5월 8일 339,000원까지 약 61.4% 상승한 뒤, 7월 18일에는 310,000원 수준으로 조정되어 약 50% 상승폭을 유지하고 있다.

자료 4-3 POSCO홀딩스 상승시스템잣대 (저점 210,500원 기준)

명칭		상승파동비율								
포스코 홀딩스	1%	7%	14%	21%	25%	38.20%	50%	61.80%	83.20%	100%
	212,605	225,235	239,970	254,705	263,125	290,911	315,750	340,589	385,636	421,000
매수가										
최저가	₩210,500									
	03월 28일									

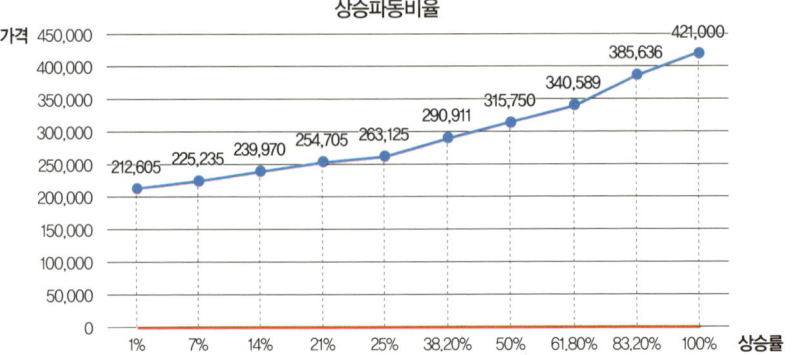

모노파동의 기본 원칙에 따라, 38.2% 상승 목표수치인 290,911원을 강하게 지지해준다면, 다음과 같은 단계별 상승 목표를 설정할 수 있다.

- 61.8% 상승 목표수치: 340,589원
- 83.2% 상승 목표수치: 385,636원
- 100% 상승 목표수치: 421,000원

이러한 목표수치가 순차적으로 실현되는지를 체크해가며, 파도타기 매매 전략(고점 비율 매도 + 저점 재매수)을 실행해가는 것이 중요하다.

삼성SDI 모노파동 분석

자료 4-4 삼성SDI 파동 흐름 (일봉)

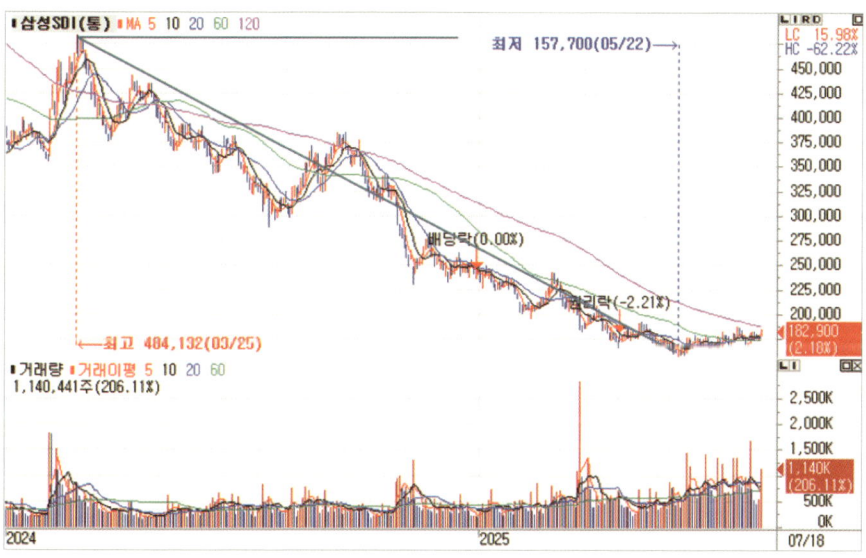

자료 4-5 삼성SDI 4등분법칙 (저점 157,700원 기준)

삼성SDI		상승률	하락률		
484,000	최고	207%	0%		
		194%	-4%	463,606	75%
		181%	-8%	443,213	50%
		168%	-13%	422,819	25%
402,425	75%	155%	-17%		
		142%	-21%	382,031	75%
		129%	-25%	361,638	50%
		116%	-29%	341,244	25%
320,850	50%	103%	-34%		
		91%	-38%	300,456	75%
		78%	-42%	280,063	50%
		65%	-46%	259,669	25%
239,275	25%	52%	-51%		
		39%	-55%	218,881	75%
		26%	-59%	198,488	50%
		13%	-63%	178,094	25%
157,700	최저	0%	-67%		

삼성SDI의 모노파동 기준 상승 목표수치는 다음과 같다.

- 50%중심가격 320,850원: 저점에서 약 103% 상승해야 도달 가능
- 25%능선가격 239,275원: 저점에서 약 52% 상승해야 도달 가능

자료 4-6 삼성SDI 상승시스템잣대 (저점 157,700원 기준)

명칭	상승파동비율									
삼성SDI	1%	7%	14%	21%	25%	38.20%	50%	61.80%	83.20%	100%
	159,277	168,739	179,778	190,817	197,125	217,941	236,550	255,159	288,906	315,400
매수가 최저가	₩157,700									
	05월 22일									

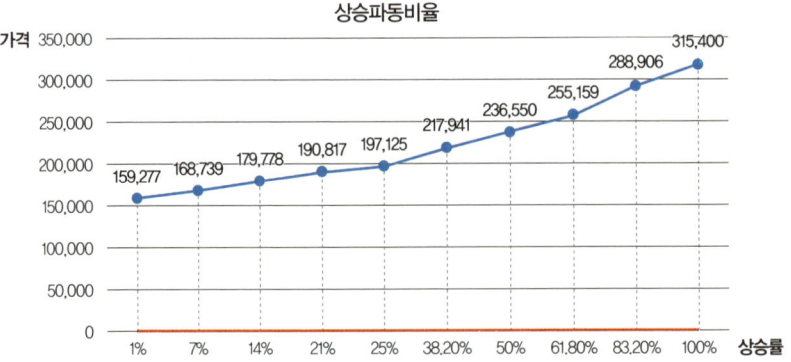

삼성SDI의 파동을 보면, 모노파동 1차 목표인 38.2% 상승 목표수치가 217,941원인데, 2024년 7월 18일 기준 주가는 182,000원으로 상승에너지가 아직 15% 수준에 불과하다.

이는 반대로 해석하면, 아직 상승 여력이 충분한 종목이라는 뜻이다. 따라서 다음과 같은 단계별 목표수치를 설정해둘 수 있다.

- 1차 목표(38.2%): 217,941원
- 2차 목표(50.0%): 236,500원
- 3차 목표(61.8%): 255,159원

실제 파동이 위 목표수치를 순차적으로 돌파한다면, 비율 매도 후 눌림목에서 재매수하는 파도타기 전략으로 실전 대응해보는 것이 바람직하다.

신성에스티·한중엔시에스·서진시스템 모노파동 분석

이 칼럼은 신성에스티, 한중엔시에스, 서진시스템의 주가 흐름을 모노파동 법칙에 따라 분석한 것이다. 종목별 파동 흐름을 비교해 보며, 소부장 종목들이 어떤 흐름 속에서 상승추세를 만들어가는지를 살펴본다.

신성에스티, 한중엔시에스, 서진시스템은 에너지 저장 장치(ESS) 관련주로 분류되며, 이들 종목은 테마 내 대표적인 움직임을 보이는 핵심 종목들이다. 따라서 각 종목별로 모노파동 기준의 상승에너지를 체크하고, 상대 속도(상승률 및 목표 달성 속도)를 비교 분석함으로써 테마 내 선도주와 후발주 간 흐름을 판단해볼 수 있다.

신성에스티 모노파동 분석

신성에스티의 현재 주가 흐름을 모노파동 관점에서 분석해보면, 주요 기준 가격에 도달하기 위해 필요한 상승폭은 다음과 같다.

- 50%중심가격 48,325원: 저점에서 약 116% 상승해야 도달 가능
- 25%능선가격 35,338원: 저점에서 약 58% 상승해야 도달 가능

자료 5-1 신성에스티 파동 흐름 (일봉)

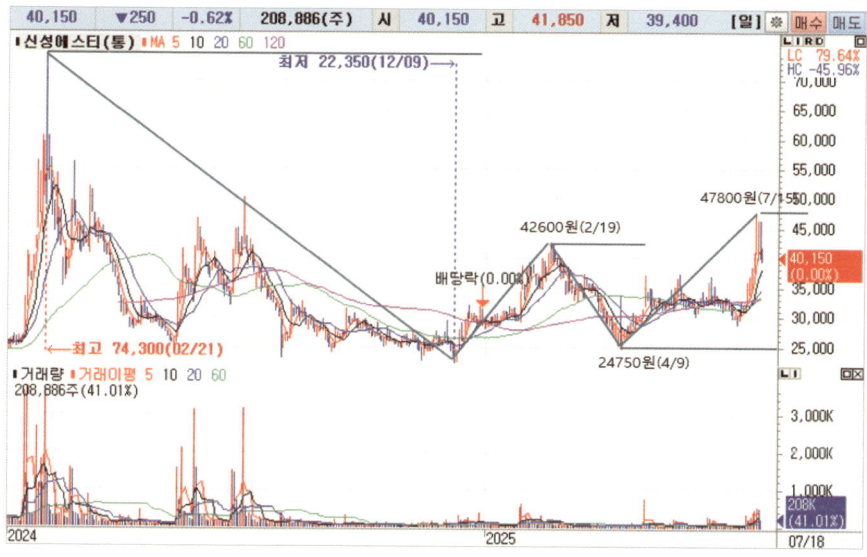

자료 5-2 신성에스티 상승삼각형 4등분법칙 (저점 22,350원 기준)

신성에스티		상승률	하락률		
74,300	최고	232%	0%		
		218%	-4%	71,053	75%
		203%	-9%	67,806	50%
		189%	-13%	64,559	25%
61,313	75%	174%	-17%		
		160%	-22%	58,066	75%
		145%	-26%	54,819	50%
		131%	-31%	51,572	25%
48,325	50%	116%	-35%		
		102%	-39%	45,078	75%
		87%	-44%	41,831	50%
		73%	-48%	38,584	25%
35,338	25%	58%	-52%		
		44%	-57%	32,091	75%
		29%	-61%	28,844	50%
		15%	-66%	25,597	25%
22,350	최저	0%	-70%		

2장 모노파동법칙: 4등분법칙의 한계를 보완 | 125

자료 5-3 신성에스티 상승시스템잣대 (저점 22,350원 기준)

명칭		상승파동비율									비고
신성에스티	1%	7%	14%	21%	25%	38.20%	50%	61.80%	83.20%	100%	138.20%
	22,574	23,915	25,479	27,044	27,938	30,888	33,525	36,162	40,945	44,700	53,238
매수가											
최저가	₩22,350										
	12월 09일										

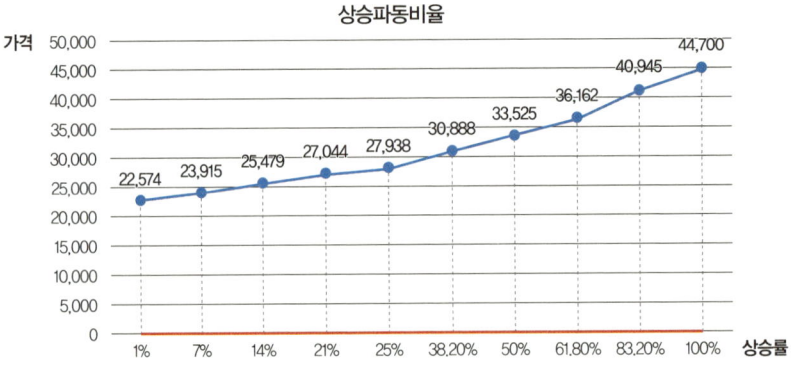

2024년 12월 9일 저점인 22,350원을 기준으로 모노파동을 분석해보면, 38.2% 상승 목표수치인 30,888원, 50% 목표수치인 33,525원, 61.8% 상승 목표수치인 36,162원을 모두 돌파하면서 2025년 2월 19일에는 42,600원까지 상승해 약 90% 수준의 강한 상승에너지가 나타났다.

이렇게 강한 상승패턴이 형성된 후에는 '상승삼각형의 4등분법칙'을 이용해서 새로운 고점이 형성되는지, 아니면 하락파동으로 전환되는지 체크해야 한다.

자료 5-4 **신성에스티 4등분법칙 (고점 42,600원 기준)**

신성에스티		상승률	하락률		
42,600	최고	91%	0%		
		85%	-3%	41,334	75%
		79%	-6%	40,069	50%
		74%	-9%	38,803	25%
37,538	75%	68%	-12%		
		62%	-15%	36,272	75%
		57%	-18%	35,006	50%
		51%	-21%	33,741	25%
32,475	50%	45%	-24%		
		40%	-27%	31,209	75%
		34%	-30%	29,944	50%
		28%	-33%	28,678	25%
27,413	25%	23%	-36%		
		17%	-39%	26,147	75%
		11%	-42%	24,881	50%
		6%	-45%	23,616	25%
22,350	최저	0%	-48%		

신성에스티는 4등분법칙을 적용해 지지선별로 단계적 대응 전략을 수립할 수 있다.

먼저, 1차 지지선인 75%능선가격 37,538원을 지지하지 못할 경우에는 보유 종목을 전량 매도해야 하고, 다음 단계인 50%중심가격 32,475원에서 지지 여부를 검증해야 한다. 만약 이 구간마저도 이탈한다면, 25%능선가격인 27,413원에서 지지가 형성되는지를 체크해야 한다. 이처럼 지지선을 단계적으로 설정해가며 하락에 대응하는 전략이 중요하다.

실제 파동에서는 2025년 4월 9일 24,750원까지 하락이 발생했다.

하락삼각형의 고점과 저점을 기준으로 4등분해 분석해보면, 다음과 같은 단계별 가격대가 도출된다.

자료 5-5 신성에스티 하락삼각형 4등분법칙 (고점 42,600원 기준)

신성에스티		상승률	하락률		
42,600	최고	72%	0%		
		68%	-3%	41,484	75%
		63%	-5%	40,369	50%
		59%	-8%	39,253	25%
38,138	75%	54%	-10%		
		50%	-13%	37,022	75%
		45%	-16%	35,906	50%
		41%	-18%	34,791	25%
33,675	50%	36%	-21%		
		32%	-24%	32,559	75%
		27%	-26%	31,444	50%
		23%	-29%	30,328	25%
29,213	25%	18%	-31%		
		14%	-34%	28,097	75%
		9%	-37%	26,981	50%
		5%	-39%	25,866	25%
24,750	최저	0%	-42%		

고점 대비 42% 급락 이후 상승파동으로 전환되었을 경우, 이전 하락폭을 기준으로 한 4등분법칙의 핵심 지점들, 즉 '25%능선가격 29,213원, 50%중심가격 33,675원, 75%능선가격 38,138원'을 차례로 체크해가며 상승에너지를 추적해가는 것이다.

상승시스템을 설정해보면 다음과 같다.

자료 5-6 신성에스티 상승시스템잣대 (저점 22,750원 기준)

명칭	상승파동비율										비고
신성에스티	1%	7%	14%	21%	25%	38.20%	50%	61.80%	83.20%	100%	138.20%
	22,978	24,343	25,935	27,528	28,438	31,441	34,125	36,810	41,678	45,500	54,191
매수가											
최저가	₩22,750										
	04월 09일										

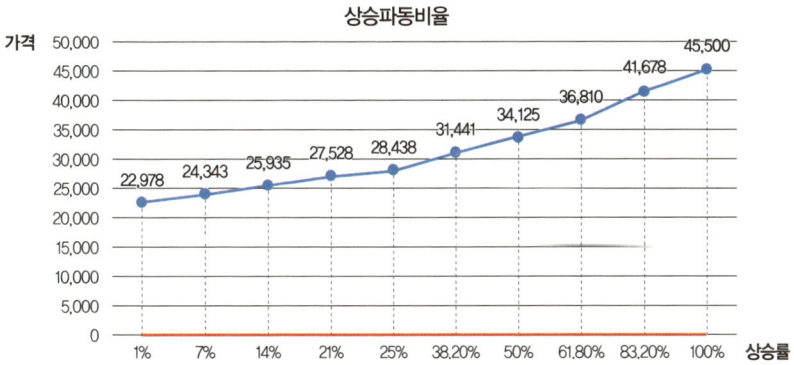

상승시스템 목표수치(저점 기준)는 다음과 같다.

- 38.2% 상승 목표수치: 31,441원
- 50% 상승 목표수치: 34,125원
- 61.8% 상승 목표수치: 36,810원
- 83.2% 상승 목표수치: 41,678원
- 100% 상승 목표수치: 45,500원

신성에스티는 2025년 4월 9일 저점인 24,750원까지 하락한 후, 4등분법칙 기준 하락폭의 50%중심가격인 33,670원을 돌파했다.

그러나 이후 4월 24일 37,150원, 5월 21일 37,350원, 6월 13일 36,900원 구간에서 지속적인 저항이 형성되었다. 이처럼 반복적으로 동일한 가격대에서 저항이 확인될 경우에는 해당 구간에서 비율 매도를 고려해야 하며, 그 고점을 기준으로 다시 4등분해 50%중심가격 지지 여부 또는 25%능선가격 수준에서 지지가 발생하는지를 단계적으로 체크하면서 재매수 타이밍을 판단하는 전략이 필요하다.

자료 5-7 신성에스티 파동 흐름 (일봉)

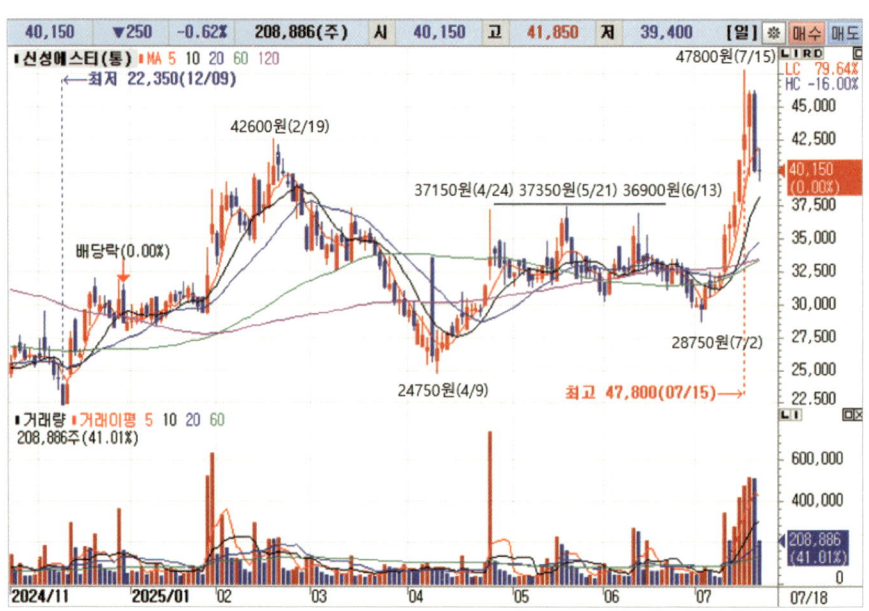

자료 5-8 신성에스티 하락삼각형 4등분법칙 (고점 37,350원 기준)

신성에스티		상승률	하락률		
37,350	최고	51%	0%		
		48%	-2%	36,563	75%
		45%	-4%	35,775	50%
		41%	-6%	34,988	25%
34,200	75%	38%	-8%		
		35%	-11%	33,413	75%
		32%	-13%	32,625	50%
		29%	-15%	31,838	25%
31,050	50%	25%	-17%		
		22%	-19%	30,263	75%
		19%	-21%	29,475	50%
		16%	-23%	28,688	25%
27,900	25%	13%	-25%		
		10%	-27%	27,113	75%
		6%	-30%	26,325	50%
		3%	-32%	25,538	25%
24,750	최저	0%	-34%		

- 50%중심가격: 31,050원
- 25%능선가격: 27,900원

　실제 저점은 2025년 7월 2일 28,750원에서 형성되었고, 이후 되반등이 시작되며 그동안 지속적으로 저항이 형성되었던 37,000원대 구간을 돌파했고, 7월 15일에는 47,800원까지 급등하는 파동이 전개되었다. 이 과정에서 신성에스티는 에너지저장장치(ESS) 관련주 중에서 가장 강한 급등에너지를 나타냈다.

자료 5-9 신성에스티 상승삼각형 4등분법칙 (고점 47,800원 기준)

신성에스티		상승률	하락률		
47,800	최고	93%	0%		
		87%	-3%	46,359	75%
		81%	-6%	44,919	50%
		76%	-9%	43,478	25%
42,038	75%	70%	-12%		
		64%	-15%	40,597	75%
		58%	-18%	39,156	50%
		52%	-21%	37,716	25%
36,275	50%	47%	-24%		
		41%	-27%	34,834	75%
		35%	-30%	33,394	50%
		29%	-33%	31,953	25%
30,513	25%	23%	-36%		
		17%	-39%	29,072	75%
		12%	-42%	27,631	50%
		6%	-45%	26,191	25%
24,750	최저	0%	-48%		

　50%중심가격인 36,275원과, 여러 차례 저항이 형성되었던 직전 고점대인 37,000원대가 지지선으로 작용하는지 여부를 반드시 체크해야 한다. 만약 이 구간에서 지지가 확인된다면 신고점 돌파 가능성이 높아질 수 있다.

　반면, 50%중심가격 지지에 실패할 경우에는 하락파동 에너지가 다시 강화되고 있다는 신호로 해석할 수 있다. 이러한 경우에는 신성에스티 단독 흐름만으로 판단하지 말고, 한중엔시에스, 서진시스템 등 에너지저장장치 관련 종목군 전체의 흐름을 함께 분석해 군집 에너지의 연동 여부를 점검하는 것이 중요하다.

한중엔시에스 모노파동 분석

자료 5-10 한중엔시에스 파동 흐름 (일봉)

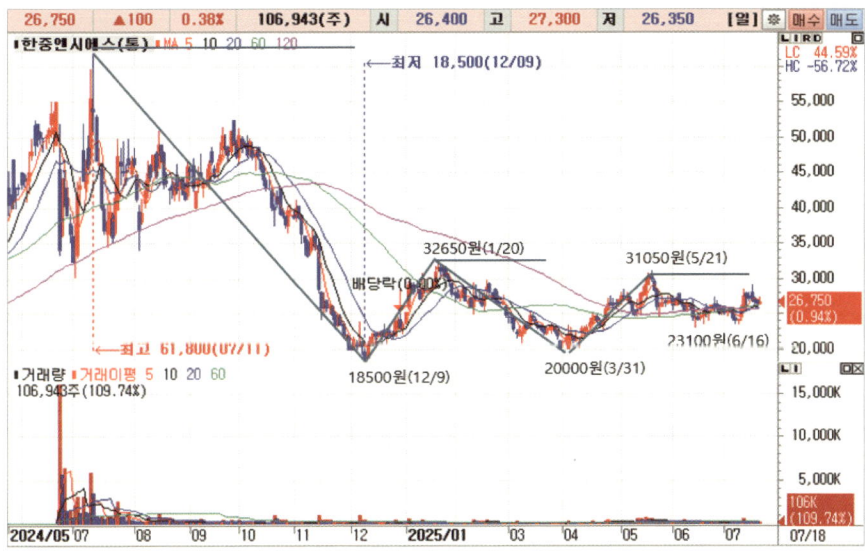

자료 5-11 한중엔시에스 하락삼각형 4등분법칙 (고점 61,800원 기준)

한중엔시에스		상승률	하락률		
61,800	최고	234%	0%		
		219%	-4%	59,094	75%
		205%	-9%	56,388	50%
		190%	-13%	53,681	25%
50,975	75%	176%	-18%		
		161%	-22%	48,269	75%
		146%	-26%	45,563	50%
		132%	-31%	42,856	25%
40,150	50%	117%	-35%		
		102%	-39%	37,444	75%
		88%	-44%	34,738	50%
		73%	-48%	32,031	25%
29,325	25%	59%	-53%		
		44%	-57%	26,619	75%
		29%	-61%	23,913	50%
		15%	-66%	21,206	25%
18,500	최저	0%	-70%		

2024년 12월 9일 저점인 18,500원을 기준으로 상승시스템을 구성해보면, 그 결과는 다음과 같다.

자료 5-12 한중엔시에스 상승시스템잣대 (저점 18,500원 기준)

명칭		상승파동비율								
한중엔시에스	1%	7%	14%	21%	25%	38.20%	50%	61.80%	83.20%	100%
	18,685	19,795	21,090	22,385	23,125	25,567	27,750	29,933	33,892	37,000
매수가										
최저가	₩18,500									
	12월 09일									

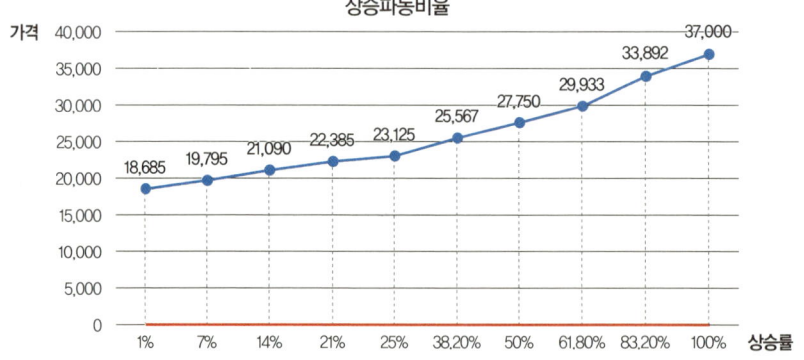

한중엔시에스는 2024년 12월 9일 저점인 18,500원에서 시작해, 2025년 1월 20일 고점인 32,650원까지 약 76% 상승하며 1차 상승파동을 형성했다. 같은 기간 동안에 신성에스티는 약 90%의 상승률을 기록했으며, 이에 비해 한중엔시에스는 상대적으로 낮은 약 76%의 상승률을 보였다.

자료 5-13 한중엔시에스 하락삼각형 4등분법칙 (고점 32,650원 기준)

한중엔시에스		상승률	하락률		
32,650	최고	76%	0%		
		72%	-3%	31,766	75%
		67%	-5%	30,881	50%
		62%	-8%	29,997	25%
29,113	75%	57%	-11%		
		53%	-14%	28,228	75%
		48%	-16%	27,344	50%
		43%	-19%	26,459	25%
25,575	50%	38%	-22%		
		33%	-24%	24,691	75%
		29%	-27%	23,806	50%
		24%	-30%	22,922	25%
22,038	25%	19%	-33%		
		14%	-35%	21,153	75%
		10%	-38%	20,269	50%
		5%	-41%	19,384	25%
18,500	최저	0%	-43%		

- 50%중심가격: 25,575원
- 25%능선가격: 22,038원

실제 조정은 2025년 3월 31일 20,000원까지 하락한 뒤, 되반등이 나타나며 5월 21일에는 31,050원까지 상승했다.

이 흐름을 기반으로 하락삼각형과 상승삼각형의 4등분법칙을 적용해보면, 그 결과는 다음과 같다.

자료 5-14 한중엔시에스 상승삼각형 4등분법칙 (고점 32,650원 기준)

한중엔시에스		상승률	하락률		
32,650	최고	63%	0%		
		59%	-2%	31,859	75%
		55%	-5%	31,069	50%
		51%	-7%	30,278	25%
29,488	75%	47%	-10%		
		43%	-12%	28,697	75%
		40%	-15%	27,906	50%
		36%	-17%	27,116	25%
26,325	50%	32%	-19%		
		28%	-22%	25,534	75%
		24%	-24%	24,744	50%
		20%	-27%	23,953	25%
23,163	25%	16%	-29%		
		12%	-31%	22,372	75%
		8%	-34%	21,581	50%
		4%	-36%	20,791	25%
20,000	최저	0%	-39%		

자료 5-15 한중엔시에스 하락삼각형 4등분법칙 (고점 31,050원 기준)

한중엔시에스		상승률	하락률		
31,050	최고	55%	0%		
		52%	-2%	30,359	75%
		48%	-4%	29,669	50%
		45%	-7%	28,978	25%
28,288	75%	41%	-9%		
		38%	-11%	27,597	75%
		35%	-13%	26,906	50%
		31%	-16%	26,216	25%
25,525	50%	28%	-18%		
		24%	-20%	24,834	75%
		21%	-22%	24,144	50%
		17%	-24%	23,453	25%
22,763	25%	14%	-27%		
		10%	-29%	22,072	75%
		7%	-31%	21,381	50%
		3%	-33%	20,691	25%
20,000	최저	0%	-36%		

2025년 3월 31일 저점 20,000원에서 5월 21일 고점 31,050원까지 약 51% 상승하며 두 번째 상승파동이 형성되었는데, 이전 첫 번째 상승파동의 에너지(약 63%)보다 축소된 모습을 확인할 수 있다. 즉 파동 에너지가 점점 작아지는 패턴이 나타나고 있는 것이다. 이는 신성에스티가 상승할수록 파동 에너지가 커졌던 것과는 대조적으로, 한중엔시에스는 상승파동마다 에너지가 약화되고 있는 흐름이다.

2025년 5월 21일 고점 31,050원 형성 후, 6월 16일에는 23,100원까지 조정이 진행되었다. 이 조정 과정에서 이전 상승파동의 50%중심가격인 25,575원은 이탈했고, 25%능선가격인 22,038원 부근에서 지지가 형성되었다.

이후 6월 16일 저점인 23,100원을 기점으로, 7월 15일 29,150원까지 반등이 나타났으며, 7월 18일에는 다시 26,350원으로 조정되며 파동 에너지가 점점 축소되는 모습을 보이고 있다.

현재는 120일 이동평균선을 중심으로 수렴중이며, 긍정적으로 해석하면 에너지를 재축적하는 과정으로 볼 수 있지만, 거래량이 점진적으로 감소하고 있다는 점이 가장 큰 문제다.

그러나 120일 이동평균선을 강하게 지지하면서 7월 22일 25,700원을 저점으로 강한 상승파동을 보였다. 거래량도 증가하며 신성에스티만큼의 상승에너지를 보여주면서 8월 5일에는 40,500원까지 급등했다.

이제 6월 16일 저점인 23,100원을 기준으로 상승시스템을 설정해보자.

자료 5-16 한중엔시에스 상승시스템잣대 (저점 23,100원 기준)

명칭	상승파동비율									
	1%	7%	14%	21%	25%	38.20%	50%	61.80%	83.20%	100%
한중엔시에스	23,331	24,717	26,334	27,951	28,875	31,924	34,650	37,376	42,319	46,200
매수가										
최저가	₩23,100									
	06월 16일									

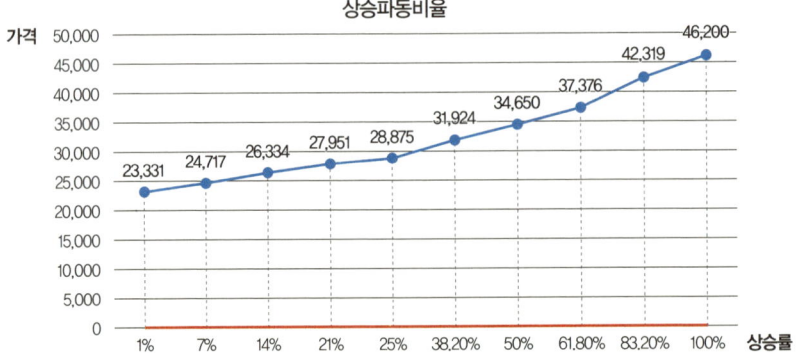

상승 목표수치(6월 16일 저점 23,100원 기준)는 다음과 같다.

- 38.2% 상승 목표수치: 31,924원
- 50% 상승 목표수치: 34,650원
- 61.8% 상승 목표수치: 37,376원

실제 파동은 8월 5일 40,500원까지 상승했으며, 6월 16일 저점 23,100원 기준으로 75% 상승한 것이다.

서진시스템 모노파동 분석

자료 5-17 서진시스템 파동 흐름 (일봉)

자료 5-18 서진시스템 하락삼각형 4등분법칙 (고점 36,250원 기준)

서진시스템		상승률	하락률		
36,250	최고	120%	0%		
		112%	-3%	35,015	75%
		105%	-7%	33,780	50%
		97%	-10%	32,545	25%
31,310	75%	90%	-14%		
		82%	-17%	30,075	75%
		75%	-20%	28,840	50%
		67%	-24%	27,605	25%
26,370	50%	60%	-27%		
		52%	-31%	25,135	75%
		45%	-34%	23,900	50%
		37%	-37%	22,665	25%
21,430	25%	30%	-41%		
		22%	-44%	20,195	75%
		15%	-48%	18,960	50%
		7%	-51%	17,725	25%
16,490	최저	0%	-55%		

에너지저장장치(ESS) 연결고리 종목으로 선택한 3개 종목 중에서 가장 약하게 움직이고 있는 것이 서진시스템이다.

2025년 4월 9일 저점 16,490원에서 5월 21일 고점 24,650원까지 약 49% 상승했지만, 같은 기간 동안 신성에스티는 약 90%, 한중엔시에스는 약 70%의 상승률을 기록해, 상대적으로 서진시스템의 상승파동 에너지는 약한 수준에 머물렀다.

자료 5-19 서진시스템 상승삼각형 4등분법칙 (고점 24,650원 기준)

서진시스템		상승률	하락률		
24,650	최고	49%	0%		
		46%	-2%	24,140	75%
		43%	-4%	23,630	50%
		40%	-6%	23,120	25%
22,610	75%	37%	-8%		
		34%	-10%	22,100	75%
		31%	-12%	21,590	50%
		28%	-14%	21,080	25%
20,570	50%	25%	-17%		
		22%	-19%	20,060	75%
		19%	-21%	19,550	50%
		15%	-23%	19,040	25%
18,530	25%	12%	-25%		
		9%	-27%	18,020	75%
		6%	-29%	17,510	50%
		3%	-31%	17,000	25%
16,490	최저	0%	-33%		

그리고 조정파동이 진행되는 과정에서 상승폭의 50%중심가격인 20,570원을 현재 지지하고 있는 상태다. 또한 120일 이동평균선 아래에서 에너지를 축적하는 패턴을 보여주고 있다.

한편 수학의 벡터(vector) 개념을 주식시장에 접목하면 상승에너지를 정량적으로 측정할 수 있으며, 이를 통해 상대속도를 활용한 순환 전략을 수립할 수 있다.

자료 5-20 상대속도를 활용한 순환 전략

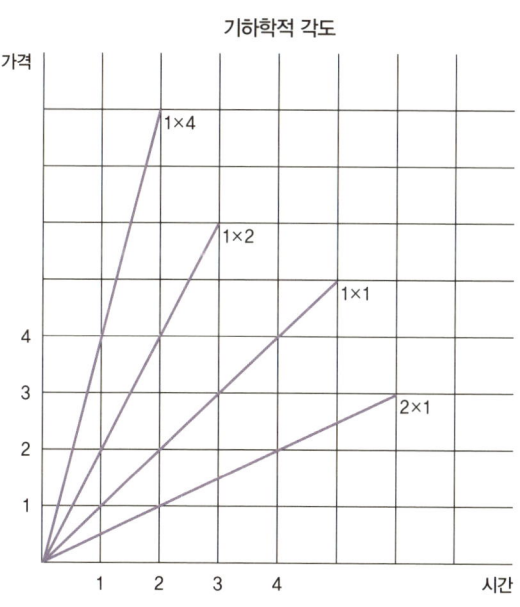

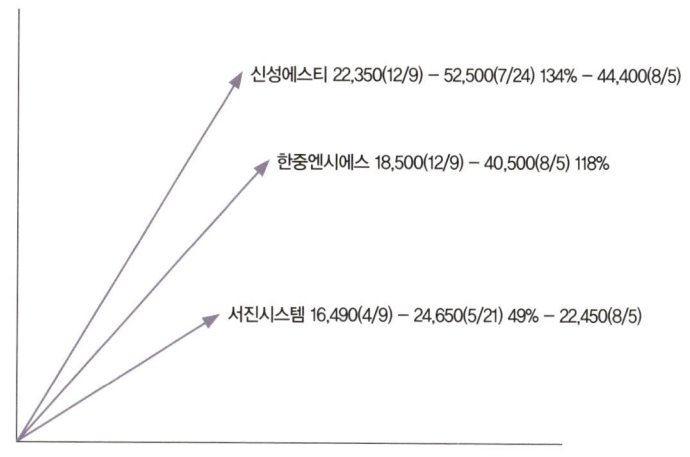

이는 실전에서 적용할 수 있는 '키 맞추기' 전략에 해당한다. 가장 에너지가 약했던 서진시스템이 다음 파동에서 강하게 움직일 것인지, 혹은 신성에스티와 한중엔시에스가 눌림목 조정 이후 다시 새로운 고점을 돌파할 에너지를 축적하고 있는 것인지는 ESS(에너지저장장치) 연결고리 종목들의 '상대속도' 분석을 통해 판단할 수 있다. 이러한 흐름을 4등분법칙과 결합해 나간다면, 각자의 투자 스타일에 맞는 실전 전략으로 체계화할 수 있을 것이다.

한미반도체·이오테크닉스·HPSP·한화비전 모노파동 분석

이 칼럼은 반도체 장비주 및 보안 관련주의 모노파동 구조를 분석한 것이다. 각 종목의 파동 흐름을 비교해 보며, 상승추세가 얼마나 강하게 이어지는지를 판단할 수 있는 단서를 찾아본다.

엔비디아와 SK하이닉스를 연결고리로 하는 HBM(고대역폭메모리) 테마에서 한미반도체, 이오테크닉스, HPSP, 한화비전 등이 핵심 관련 종목으로 부각되고 있다. 따라서 이들 종목의 상대속도를 모노파동 관점에서 비교 분석하는 작업이 필수적이다.

이러한 분석은 소부장(소재·부품·장비) 섹터 내에서 순환매 전략을 수립하는 데 있어 핵심적이며, 특히 4등분법칙을 함께 적용할 경우 현재 실전에서 '집중해야 할 종목'과 '관망해야 할 종목'을 명확히 구분할 수 있게 된다.

여기서는 SK하이닉스 밸류체인 종목과 삼성전자 밸류체인 종목을 구분하고, 엔비디아의 상승·하락 흐름과 연계해 각 밸류체인 간 파동 변화를 살펴봐야 한다. 이를 통해 연계 종목의 변동성을 일정 기간 비교하며 상대 속도 차이를 구분하는 감각이 필요하다.

한미반도체 모노파동 분석

자료 6-1 한미반도체 파동 흐름 (일봉)

한미반도체는 한 시대를 풍미한 대표적인 종목 중 하나다. 하지만 반대로 말하면, '소부장 주도주'라는 믿음만으로 15만~19만 원 구간에 막차를 탄 투자자들에게는 가장 큰 고통을 안긴 종목이기도 하다. 따라서 투자자는 반드시 다음과 같은 매매 기준 원칙을 세워야 한다.

"어느 단가 이상으로 이미 급등한 종목은, 시장이 아무리 좋다고 해도 매매하지 않는다."

이러한 기준은 주식 시장에서 장기적으로 살아남기 위한 '생존 투자'의 핵심 원칙이며, 단기 유행이나 시장 분위기에 휩쓸리지 않고 냉정하게 판단하기 위한 필수 기준점이 된다.

자료 6-2 한미반도체 하락삼각형 4등분법칙 (고점 196,200원 기준)

한미반도체		상승률	하락률		
196,200	최고	178%	0%		
		167%	-4%	188,344	75%
		156%	-8%	180,488	50%
		145%	-12%	172,631	25%
164,775	75%	134%	-16%		
		123%	-20%	156,919	75%
		111%	-24%	149,063	50%
		100%	-28%	141,206	25%
133,350	50%	89%	-32%		
		78%	-36%	125,494	75%
		67%	-40%	117,638	50%
		56%	-44%	109,781	25%
101,925	25%	45%	-48%		
		33%	-52%	94,069	75%
		22%	-56%	86,213	50%
		11%	-60%	78,356	25%
70,500	최저	0%	-64%		

한미반도체는 고점 196,200원에서 약 64% 급락한 70,500원(2024년 12월 10일 기준)에서 강한 되반등 에너지가 나타났다. 이 구간은 실전에서 많은 투자자들이 소부장(소재·부품·장비) 종목을 추격매수했다가 상투를 잡은 시점이기도 하다.

실제로 당시에는 '전쟁의 시대'라는 거시적 흐름을 고려해 '전력설비주, 방산주, 원전주'에 집중 투자했어야 했지만, 많은 투자자들이 한미반도체의 급락 이후 되반등을 '소부장 시대의 재개'로 오판해 소부장 종목 중심의 포트폴리오를 구성했고, 그 결과로 이후 1년 이상 지속된 '고난의 행군'을 감내해야 했다.

이 흐름을 한미반도체의 모노파동 에너지를 기준으로 체크해보자.

당시 시장 상황을 함께 살펴보면 엔비디아 주가는 약 135달러 수준, SK하이닉스는 160,000원 수준, 나스닥 지수는 20,000포인트 이상에서 고공 행진을 이어가고 있었다. 그러나 트럼프발 관세 쇼크로 인해 나스닥은 2025년 4월 7일 14,784P까지 급락했고, 엔비디아는 86달러까지 하락했고, 이 과정에서 한미반도체 역시 급락파동이 전개되었다.

당시 한미반도체를 트레이딩 관점에서 성공적으로 대응한 투자자는 2024년 12월 10일 70,000원대에 매수해 2025년 1월 22일 120,000원대 되반등 구간에서 매도한 투자자였다. 반면, 그 이후에도 한미반도체 보유를 쭉 지속했다면 2025년 4월 9일 58,200원까지 급락하는 파동에서 큰 손실을 입었을 것이다.

이러한 흐름을 단일 종목의 에너지 분석에 그치지 않고 한미반도체의 모노파동 에너지와 엔비디아, SK하이닉스의 모노파동 에너지와도 비교해보기 바란다. 또한 'SK하이닉스와 연결된 소부장 종목군'과 '삼성전자와 연결된 소부장 종목군' 간의 흐름을 비교 분석해나가면서 시장 순환 구조에 대한 이해와 실전 트레이딩 감각을 함께 키워가길 바란다.

SK하이닉스 연결고리 소부장 종목 중 대장주는 한미반도체다. 2024년 12월 10일 저점인 70,500원을 기준으로 한미반도체의 상승시스템잣대를 그려보면 다음과 같다.

자료 6-3 한미반도체 상승시스템잣대 (저점 70,500원 기준)

명칭	상승파동비율									
한미반도체	1%	7%	14%	21%	25%	38.20%	50%	61.80%	83.20%	100%
	71,205	75,435	80,370	85,305	88,125	97,431	105,750	114,069	129,156	141,000
매수가										
최저가	₩70,500									
	12월 10일									

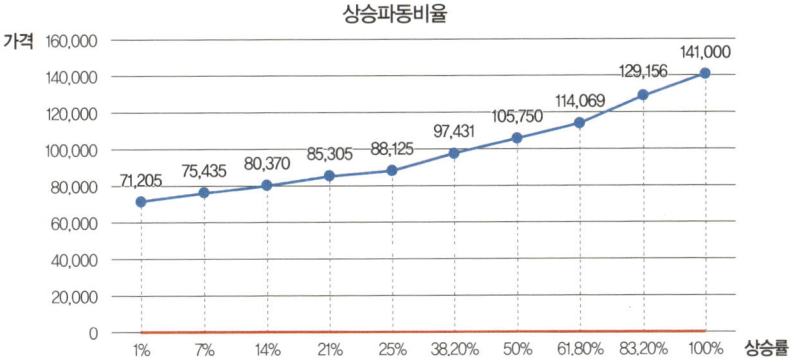

자료 6-4 한미반도체 하락삼각형 4등분법칙 (고점 127,000원 기준)

한미반도체		상승률	하락률		
127,000	최고	80%	0%		
		75%	-3%	123,469	75%
		70%	-6%	119,938	50%
		65%	-8%	116,406	25%
112,875	75%	60%	-11%		
		55%	-14%	109,344	75%
		50%	-17%	105,813	50%
		45%	-19%	102,281	25%
98,750	50%	40%	-22%		
		35%	-25%	95,219	75%
		30%	-28%	91,688	50%
		25%	-31%	88,156	25%
84,625	25%	20%	-33%		
		15%	-36%	81,094	75%
		10%	-39%	77,563	50%
		5%	-42%	74,031	25%
70,500	최저	0%	-44%		

- 75%능선가격: 112,875원
- 50%중심가격: 98,750원
- 25%능선가격: 84,625원

한미반도체는 에너지저장장치 연결고리 종목인 신성에스티, 한중엔시에스와 유사한 파동 에너지를 1차 모노파동에서 보여주었다. 2024년 12월 10일 저점인 70,500원에서 127,000원까지 약 80% 상승하며 강한 상승 1파동이 형성되었으나, 고점 196,200원에서 70,500원까지 하락한 폭의 50%중심가격인 133,000원을 돌파하지는 못했다.

해당 가격대(133,000원 전후)까지 상승한 후 조정파동이 나타났고, 결국 새로운 저점이 붕괴되는 에너지가 형성되었다. 그래서 해당 상황이 발생하기 전에 직관적으로 예측하는 능력이 필요한데, 그 판단의 핵심 변수는 엔비디아가 150달러에서 86달러까지 급락한 흐름이었다고 볼 수 있다. 즉 '엔비디아의 급락'이 한미반도체 하락파동을 유도한 결정적인 계기가 된 것이다.

이후 엔비디아는 86달러 저점에서 직전 고점인 154달러를 돌파한 후 170달러대까지 급등하며 새로운 고점을 형성했다. 하지만 한미반도체는 이 에너지를 온전히 따라가지 못하고 있는 실정이다.

한편 SK하이닉스는 15만~16만 원대 저점에서 30만 원까지 100% 상승하며 강한 회복세를 보였지만, 한미반도체는 경쟁업체인 한화비전의 부상과 함께 SK하이닉스와의 연결고리 약화, 즉 수요 연계성 둔화 등 복합적인 요인으로 인해 되반등 에너지가 점점 약화되고 있는 흐름을 보이고 있다. 결과적으로 한미반도체는 127,000원에서 2025년 4월 9일 기준 58,200원까지 다시 급락하는 파동을 겪게 되었다.

하락삼각형 4등분법칙 기준을 적용해보면, 주요 기준 가격은 다음과 같다.

자료 6-5 한미반도체 하락삼각형 4등분법칙 (고점 127,000원 기준)

한미반도체		상승률	하락률		
127,000	최고	118%	0%		
		111%	-3%	122,700	75%
		103%	-7%	118,400	50%
		96%	-10%	114,100	25%
109,800	75%	89%	-14%		
		81%	-17%	105,500	75%
		74%	-20%	101,200	50%
		66%	-24%	96,900	25%
92,600	50%	59%	-27%		
		52%	-30%	88,300	75%
		44%	-34%	84,000	50%
		37%	-37%	79,700	25%
75,400	25%	30%	-41%		
		22%	-44%	71,100	75%
		15%	-47%	66,800	50%
		7%	-51%	62,500	25%
58,200	최저	0%	-54%		

- 75%능선가격: 109,800원
- 50%능선가격: 92,600원
- 25%능선가격: 75,400원

2025년 4월 9일 저점인 58,200원을 기준으로 상승시스템을 그려보면, 그 결과는 다음과 같다.

자료 6-6 한미반도체 상승시스템잣대 (저점 58,200원 기준)

명칭	상승파동비율									
한미반도체	1%	7%	14%	21%	25%	38.20%	50%	61.80%	83.20%	100%
	58,782	62,274	66,348	70,422	72,750	80,432	87,300	94,168	106,622	116,400
매수가										
최저가	₩58,200									
	04월 09일									

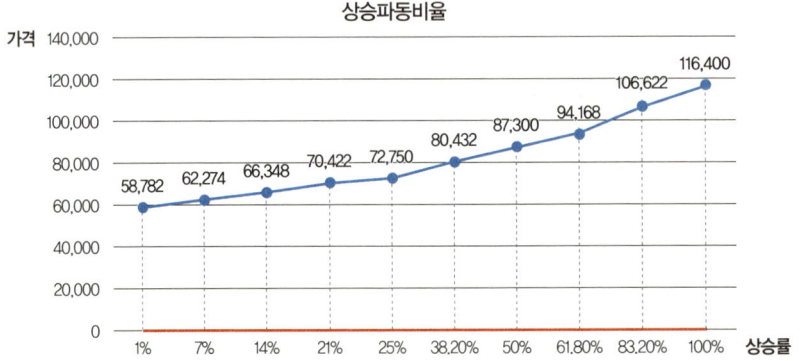

실제로 2025년 4월 9일 저점인 58,200원을 기준으로 형성된 모노파동 에너지는, 6월 26일 고점인 109,000원까지 이어지며 약 87% 상승을 기록했다.

자료 6-7 한미반도체 상승삼각형 4등분법칙 (고점 109,000원 기준)

한미반도체		상승률	하락률		
109,000	최고	87%	0%		
		82%	-3%	105,825	75%
		76%	-6%	102,650	50%
		71%	-9%	99,475	25%
96,300	75%	65%	-12%		
		60%	-15%	93,125	75%
		55%	-17%	89,950	50%
		49%	-20%	86,775	25%
83,600	50%	44%	-23%		
		38%	-26%	80,425	75%
		33%	-29%	77,250	50%
		27%	-32%	74,075	25%
70,900	25%	22%	-35%		
		16%	-38%	67,725	75%
		11%	-41%	64,550	50%
		5%	-44%	61,375	25%
58,200	최저	0%	-47%		

- 75%능선가격: 96,300원
- 50%중심가격: 83,600원
- 25%능선가격: 70,900원

4등분법칙상, 50%중심가격인 83,600원을 강하게 지지해야 새로운 고점을 만들 가능성이 높아진다. 반대로, 이 50%중심가격이 붕괴될 경우에는 엔비디아 또는 SK하이닉스에서 급락 에너지가 나타난 것으로 판단할 수 있다.

실제 파동을 보면 6월 26일 SK하이닉스가 30만 원, 한미반도체가 105,000원 고점을 형성했다. 이후 엔비디아는 상승세를 이어갔지만 두 종목은 하락파동이 전개되었다. 2025년 8월 5일 현재 한미반도체는 87,100원이며, 향후 50%중심가격 지지 여부가 두 종목 파동의 향방을 좌우할 것이다.

이오테크닉스 모노파동 분석

자료 6-8 이오테크닉스 파동 흐름 (일봉)

자료 6-9 이오테크닉스 상승삼각형 4등분법칙 (저점 113,500원 기준)

이오테크닉스		상승률	하락률		
281,000	최고	148%	0%		
		138%	-4%	270,531	75%
		129%	-7%	260,063	50%
		120%	-11%	249,594	25%
239,125	75%	111%	-15%		
		101%	-19%	228,656	75%
		92%	-22%	218,188	50%
		83%	-26%	207,719	25%
197,250	50%	74%	-30%		
		65%	-34%	186,781	75%
		55%	-37%	176,313	50%
		46%	-41%	165,844	25%
155,375	25%	37%	-45%		
		28%	-48%	144,906	75%
		18%	-52%	134,438	50%
		9%	-56%	123,969	25%
113,500	최저	0%	-60%		

이오테크닉스는 고점 대비 약 60% 하락한 뒤, 2024년 11월 29일 113,000원에서 저점을 형성하고 되반등에 들어섰다. 대부분의 소부장 종목들이 2024년 11~12월 저점 형성 후 2025년 1~2월 되반등 에너지를 보인 흐름과 궤를 같이한다.

자료 6-10 **이오테크닉스 상승시스템잣대** (저점 113,500원 기준)

명칭	상승파동비율									
이오테크닉스	1%	7%	14%	21%	25%	38.20%	50%	61.80%	83.20%	100%
	114,635	121,445	129,390	137,335	141,875	156,857	170,250	183,643	207,932	227,000
매수가										
최저가	₩113,500									
	11월 29일									

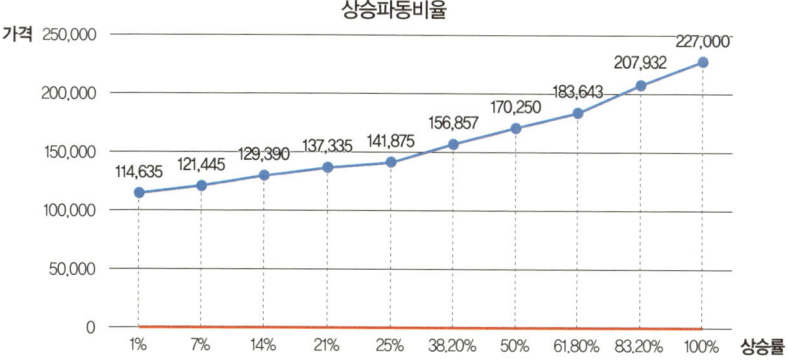

- 38.2% 상승 목표수치: 156,857원
- 50% 상승 목표수치: 170,250원
- 61.8% 상승 목표수치: 183,643원

실제 모노파동 흐름은 2024년 11월 29일 저점 113,500원에서 시작되어, 2025년 1월 7일 고점 175,400원까지 크게 상승하며 상승 목표수치를 대부분 달성했다.

이 흐름을 바탕으로, 4등분법칙 기준을 적용해보면 다음과 같다.

자료 6-11 이오테크닉스 상승삼각형 4등분법칙 (저점 113,500원 기준)

이오테크닉스		상승률	하락률		
175,400	최고	55%	0%		
		51%	-2%	171,531	75%
		48%	-4%	167,663	50%
		44%	-7%	163,794	25%
159,925	75%	41%	-9%		
		37%	-11%	156,056	75%
		34%	-13%	152,188	50%
		31%	-15%	148,319	25%
144,450	50%	27%	-18%		
		24%	-20%	140,581	75%
		20%	-22%	136,713	50%
		17%	-24%	132,844	25%
128,975	25%	14%	-26%		
		10%	-29%	125,106	75%
		7%	-31%	121,238	50%
		3%	-33%	117,369	25%
113,500	최저	0%	-35%		

- 75%능선가격: 159,925원
- 50%중심가격: 144,450원
- 25%능선가격: 128,975원

실제 파동에서는 50%중심가격인 144,450원 지지에 실패하면서 새로운 저점이 형성될 가능성이 높아지는 국면으로 해석되었다. 그러나 실제로는 2025년 4월 17일, 직전 저점과 유사한 수준인 110,500원에서 쌍바닥 패턴이 나타나며 지지 흐름이 확인되었다.

다시, 2025년 4월 17일 저점인 110,500원을 기준으로 상승시스템의 잣대를 재구성해보면 다음과 같다.

자료 6-12 이오테크닉스 상승시스템잣대 (저점 110,500원 기준)

명칭	상승파동비율										비고
이오테크닉스	1%	7%	14%	21%	25%	38.20%	50%	61.80%	83.20%	100%	138.20%
	111,605	118,235	125,970	133,705	138,125	152,711	165,750	178,789	202,436	221,000	263,211
매수가											
최저가	₩110,500										
	04월 17일										

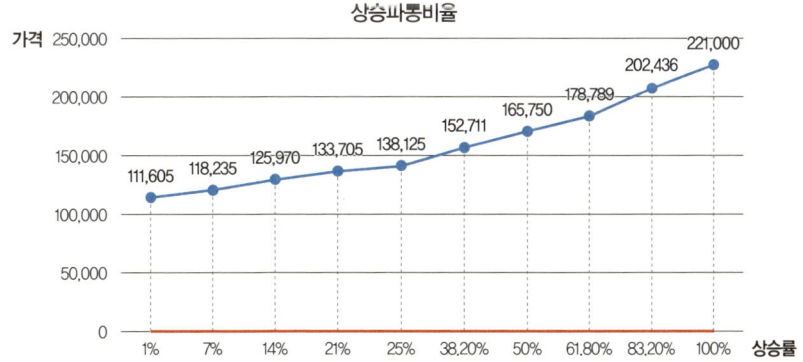

실제 상승파동에서는, 2025년 4월 17일 저점 110,000원에서 시작해 7월 18일 고점 229,000원까지 상승하며 약 107%의 급등 에너지를 기록했다.

이오테크닉스는 이번 파동에서 SK하이닉스-HBM 연결고리 종목 중에서 가장 강력한 상승 흐름을 보여준 대표 주자로 부각되었다.

이제 4등분법칙을 적용해, 이오테크닉스가 추가 상승 흐름을 이어갈 것인지, 혹은 조정 구간에 진입할 것인지에 대한 주요 맥점(핵심 구간)을 점검해봐야 한다.

자료 6-13 이오테크닉스 상승삼각형 4등분법칙 (저점 110,500원 기준)

이오테크닉스		상승률	하락률		
229,000	최고	107%	0%		
		101%	-3%	221,594	75%
		94%	-6%	214,188	50%
		87%	-10%	206,781	25%
199,375	75%	80%	-13%		
		74%	-16%	191,969	75%
		67%	-19%	184,563	50%
		60%	-23%	177,156	25%
169,750	50%	54%	-26%		
		47%	-29%	162,344	75%
		40%	-32%	154,938	50%
		34%	-36%	147,531	25%
140,125	25%	27%	-39%		
		20%	-42%	132,719	75%
		13%	-45%	125,313	50%
		7%	-49%	117,906	25%
110,500	최저	0%	-52%		

- 75%능선가격: 199,375원

- 50%중심가격: 169,750원

- 25%능선가격: 140,125원

엔비디아의 실적 발표가 2025년 8월 27일로 예정되어 있는 만큼, 그 시점까지는 SK하이닉스, 엔비디아, 이오테크닉스 등으로 연결되는 종목들을 중심으로 50%중심가격 지지 여부를 지속적으로 체크해보는 것이 중요하다.

이오테크닉스는 6월 26일 SK하이닉스 고점 형성 시 176,000원이었으며, 이후 상승세를 이어가 8월 8일 236,500원 고점을 기록했다. 이에 따라 새로운 상승삼각형 4등분 분석 기준을 설정할 필요가 있다.

HPSP 모노파동 분석

자료 6-14 HPSP 파동 흐름 (일봉)

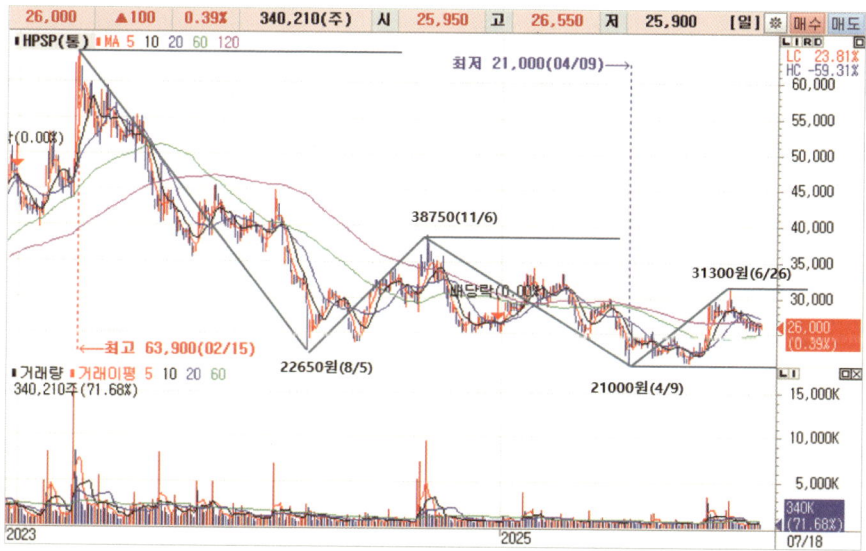

자료 6-15 HPSP 하락삼각형 4등분법칙 (저점 22,650원 기준)

HPSP		상승률	하락률		
63,900	최고	182%	0%		
		171%	-4%	61,322	75%
		159%	-8%	58,744	50%
		148%	-12%	56,166	25%
53,588	75%	137%	-16%		
		125%	-20%	51,009	75%
		114%	-24%	48,431	50%
		102%	-28%	45,853	25%
43,275	50%	91%	-32%		
		80%	-36%	40,697	75%
		68%	-40%	38,119	50%
		57%	-44%	35,541	25%
32,963	25%	46%	-48%		
		34%	-52%	30,384	75%
		23%	-56%	27,806	50%
		11%	-61%	25,228	25%
22,650	최저	0%	-65%		

2024년 8월 5일 저점인 22,650원을 기준으로 상승시스템을 구성해보면 다음과 같다.

자료 6-16 HPSP 상승시스템잣대 (저점 22,650원 기준)

명칭	상승파동비율									
HPSP	1%	7%	14%	21%	25%	38.20%	50%	61.80%	83.20%	100%
	22,877	24,236	25,821	27,407	28,313	31,302	33,975	36,648	41,495	45,300
매수가										
최저가	₩22,650									
	08월 05일									

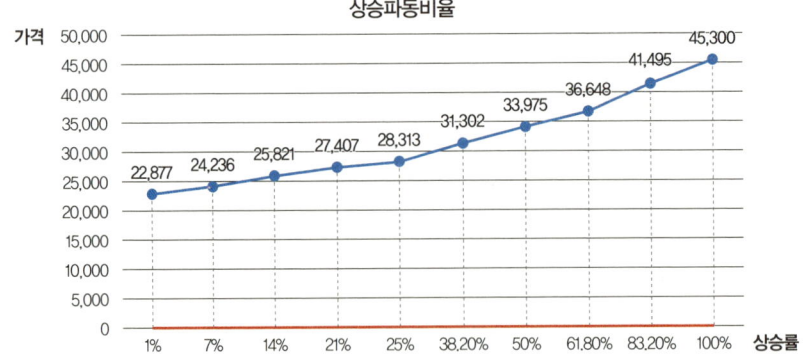

2024년 8월 5일 저점인 22,650원을 기점으로, HPSP는 2024년 11월 6일 38,750원까지 상승했다. 이 과정에서 모노파동 기준 61.8% 상승 목표수치인 36,648원에 도달한 후, 주가는 조정 국면으로 전환되었다.

자료 6-17 HPSP 상승삼각형 4등분법칙 (저점 22,650원 기준)

HPSP		상승률	하락률		
38,750	최고	71%	0%		
		67%	-3%	37,744	75%
		62%	-5%	36,738	50%
		58%	-8%	35,731	25%
34,725	75%	53%	-10%		
		49%	-13%	33,719	75%
		44%	-16%	32,713	50%
		40%	-18%	31,706	25%
30,700	50%	36%	-21%		
		31%	-23%	29,694	75%
		27%	-26%	28,688	50%
		22%	-29%	27,681	25%
26,675	25%	18%	-31%		
		13%	-34%	25,669	75%
		9%	-36%	24,663	50%
		4%	-39%	23,656	25%
22,650	최저	0%	-42%		

- 75%능선가격: 34,725원
- 50%중심가격: 30,700원
- 25%능선가격: 26,675원

2024년 11월 6일 고점인 38,750원에서 A파동이 시작되어, 2024년 12월 30일에는 25,150원까지 하락하면서 1차 조정이 진행되었다. 이후 2025년 1월 24일에는 34,200원까지 반등하며 B파동을 형성했으나, C파동에서 직전 A파동 저점(25,150원)을 붕괴했고, 2025년 4월 9일에는 21,000원까지 하락하면서 새로운 저점이 형성되었다.

이 지점에서 다시 하락 삼각형에 4등분법칙을 적용해 주요 지지·저항 구간을 체크해볼 수 있다.

자료 6-18 HPSP 하락삼각형 4등분법칙 (저점 21,000원 기준)

HPSP		상승률	하락률		
38,750	최고	85%	0%		
		79%	-3%	37,641	75%
		74%	-6%	36,531	50%
		69%	-9%	35,422	25%
34,313	75%	63%	-11%		
		58%	-14%	33,203	75%
		53%	-17%	32,094	50%
		48%	-20%	30,984	25%
29,875	50%	42%	-23%		
		37%	-26%	28,766	75%
		32%	-29%	27,656	50%
		26%	-31%	26,547	25%
25,438	25%	21%	-34%		
		16%	-37%	24,328	75%
		11%	-40%	23,219	50%
		5%	-43%	22,109	25%
21,000	최저	0%	-46%		

- 75%능선가격: 34,313원
- 50%중심가격: 29,875원
- 25%능선가격: 25,438원

하락삼각형의 4등분법칙을 기준으로 되반등 에너지를 실제로 체크해보면, 2025년 6월 26일 SK하이닉스가 300,000원으로 고점을 찍은 날에 HPSP 역시 31,300원에서 고점이 형성되었다.

자료 6-19 HPSP 상승삼각형 4등분법칙 (저점 21,000원 기준)

HPSP		상승률	하락률		
31,300	최고	49%	0%		
		46%	-2%	30,656	75%
		43%	-4%	30,013	50%
		40%	-6%	29,369	25%
28,725	75%	37%	-8%		
		34%	-10%	28,081	75%
		31%	-12%	27,438	50%
		28%	-14%	26,794	25%
26,150	50%	25%	-16%		
		21%	-19%	25,506	75%
		18%	-21%	24,863	50%
		15%	-23%	24,219	25%
23,575	25%	12%	-25%		
		9%	-27%	22,931	75%
		6%	-29%	22,288	50%
		3%	-31%	21,644	25%
21,000	최저	0%	-33%		

이제 다음 파동의 핵심 맥점은, 어디서 지지를 받고 순환 상승 흐름으로 전환되는지를 동태적으로 추적해보는 것이다.

2025년 7월 18일 기준으로 HPSP는 26,000원대에 위치해 있으며, 이는 상승삼각형 기준으로 50%중심가격 수준이다. 따라서 현 구간(26,000원대)에서 되반등이 형성될 것인지, 아니면 추가 하락을 통해 25%능선가격인 23,575원 또는 직전 저점인 21,000원 수준에서 지지를 받는지를 체크해야 한다.

이 과정에서는 단일 종목에만 국한하지 말고, SK하이닉스, 삼성전자, 엔비디아 등과의 연결고리 속에서 섹터 간 에너지 흐름을 비교 분석하며 대응 전략을 수립하는 것이 중요하다. HPSP도 SK하이닉스가 고점 찍은 6월 26일에 31,300원으로 고점을 형성하며 SK하이닉스-한미반도체-HPSP가 형제 같이 움직이고 있다. 7월 23일 24,300원까지 하락파동 형성 후 8월 8일 현재 26,850원이다.

한화비전 모노파동 분석

자료 6-20 한화비전 파동 흐름 (일봉)

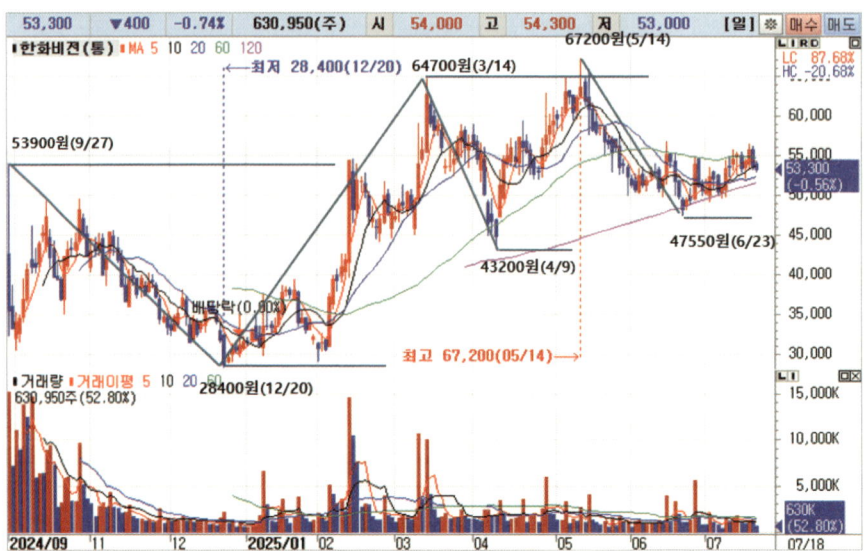

자료 6-21 한화비전 하락삼각형 4등분법칙 (고점 53,900원 기준)

한화비전		상승률	하락률		
53,900	최고	90%	0%		
		84%	-3%	52,306	75%
		79%	-6%	50,713	50%
		73%	-9%	49,119	25%
47,525	75%	67%	-12%		
		62%	-15%	45,931	75%
		56%	-18%	44,338	50%
		51%	-21%	42,744	25%
41,150	50%	45%	-24%		
		39%	-27%	39,556	75%
		34%	-30%	37,963	50%
		28%	-33%	36,369	25%
34,775	25%	22%	-35%		
		17%	-38%	33,181	75%
		11%	-41%	31,588	50%
		6%	-44%	29,994	25%
28,400	최저	0%	-47%		

한화비전은 2024년 9월 27일 상장 이후, 고점 53,900원에서 2024년 12월 20일 28,400원까지 약 47% 급락했다. 이는 당시 대부분의 소부장 종목들과 마찬가지로, 2024년 12월에 저점을 형성한 뒤 2025년 1~2월에 반등 흐름이 전개된 전형적인 패턴과 유사하다.

특히 2025년 2월 3일 29,100원에서 쌍바닥 패턴을 완성한 이후에는, 한미반도체가 하락 조정 구간에 진입한 것과 달리 오히려 한화비전은 급등하는 대조적인 흐름을 보였다. 이는 한미반도체와의 특허 소송 분쟁 및 SK하이닉스의 발주 구조 변화로 인해, 한미반도체와 한화비전 간의 '롱-숏 구조'가 형성되는 전환점이 되었다. 이는 SK하이닉스와 한미반도체 관계 악화의 핵심 변수로 한화비전이 부각된 결과라고 할 수 있다.

자료 6-22 한화비전 상승삼각형 4등분법칙 (고점 64,700원 기준)

한화비전		상승률	하락률		
64,700	최고	128%	0%		
		120%	-4%	62,431	75%
		112%	-7%	60,163	50%
		104%	-11%	57,894	25%
55,625	75%	96%	-14%		
		88%	-18%	53,356	75%
		80%	-21%	51,088	50%
		72%	-25%	48,819	25%
46,550	50%	64%	-28%		
		56%	-32%	44,281	75%
		48%	-35%	42,013	50%
		40%	-39%	39,744	25%
37,475	25%	32%	-42%		
		24%	-46%	35,206	75%
		16%	-49%	32,938	50%
		8%	-53%	30,669	25%
28,400	최저	0%	-56%		

- 75%능선가격: 55,625원
- 50%중심가격: 46,550원
- 25%능선가격: 37,475원

한미반도체가 조정 구간에 진입한 동안, 한화비전은 2025년 3월 14일 64,700원까지 무려 128% 급등하는 강한 상승 흐름을 보였다.

이후 조정이 나타났지만, 2025년 4월 9일 저점은 43,200원으로 제한적이었다. 동일 시기에 다수의 소부장 종목들이 52주 최저가를 기록한 것과 비교하면, 한화비전은 상승삼각형 기준 50%중심가격인 46,550원 부근에서 지지를 받으며 다시 상승 전환하는 강세 흐름을 유지했다.

또한 실제 파동에서는, 고점(3월 14일의 고점인 64,700원)을 돌파한 5월 14일에 67,200원을 기록하며 신고점을 경신한 후, 현재는 조정 흐름 중에 있다.

자료 6-23 한화비전 상승삼각형 4등분법칙 (고점 67,200원 기준)

한화비전		상승률	하락률		
67,200	최고	137%	0%		
		128%	-4%	64,775	75%
		120%	-7%	62,350	50%
		111%	-11%	59,925	25%
57,500	75%	102%	-14%		
		94%	-18%	55,075	75%
		85%	-22%	52,650	50%
		77%	-25%	50,225	25%
47,800	50%	68%	-29%		
		60%	-32%	45,375	75%
		51%	-36%	42,950	50%
		43%	-40%	40,525	25%
38,100	25%	34%	-43%		
		26%	-47%	35,675	75%
		17%	-51%	33,250	50%
		9%	-54%	30,825	25%
28,400	최저	0%	-58%		

- 75%능선가격: 57,500원
- 50%중심가격: 47,800원
- 25%능선가격: 38,100원

한화비전은 6월 23일에 상승 삼각형의 50%중심가격인 47,800원 부근에서 지지를 받은 후, 7월 18일 현재 53,300원 수준에 위치해 있다. 이 구간에서 75%능선가격이 저항으로 작용하고 있으며, 앞으로의 흐름은 다시 50%중심가격 또는 25%능선가격으로 조정파동이 전개될지, 아니면 50%중심가격을 강하게 지지하면서 새로운 고점을 돌파하는 에너지가 나올지 여부를 체크해야 한다.

이 판단은 SK하이닉스, 삼성전자, 엔비디아의 실적 발표 이후 전개될 시장 흐름을 통해 확인해볼 수 있을 것이다.

한화비전은 SK하이닉스가 고점 찍은 6월 26일 49,600원 저점에서 급등으로 전환해 7월 29일 71,400원까지 오른 뒤, 8월 8일 현재 57,100원으로 조정중이다.

소부장 핵심 종목군의 상대 에너지 비교

여기서는 소부장(소재·부품·장비) 종목 중 HBM(고대역폭메모리) 연결고리 종목, 시스템반도체 관련 종목, 온디바이스(On-Device AI) 관련 종목을 대상으로, 2024년 12월을 기준점으로 삼아 2025년 7월 18일까지 약 120일간의 주가 흐름을 분석해본다.

이 기간 동안 상승한 종목과 하락한 종목을 각각 구분해 살펴봄으로써, 테마 내 상대 강도, 순환 매매 흐름, 에너지 분산 여부 등을 파악할 수 있으며, 향후 실전 투자 전략 수립에 있어 중요한 인사이트를 도출할 수 있다.

자료 6-24 HBM 연결고리 종목의 120일간 주가 흐름 (기준일: 2025년 7월 18일)

구성종목명	현재가	대비	등락률(%)	기간 등락률(%)	거래량	전일동시간 거래대비율(%)
레이저쎌	3,415 ▲	50	1.49	-19.46	63,105	6.38%
엠케이전자	8,300 ▲	110	1.34	19.94	87,484	60.71%
이오테크닉스	227,500 ▲	3,000	1.34	43.81	111,187	-46.72%
삼성전자	67,100 ▲	400	0.60	24.95	23,853,052	-38.71%
SK하이닉스	269,000 ▼	500	-0.19	25.41	5,245,613	-43.41%
아이엠티	10,360 ▼	20	-0.19	-16.45	23,019	-58.53%
오픈엣지테크놀로	13,370 ▼	30	-0.22	-4.84	55,737	-41.54%
큐알티	13,450 ▼	30	-0.22	-0.30	17,278	-54.18%
제우스	12,730 ▼	40	-0.31	-10.67	75,872	-54.97%
한화비전	53,500 ▼	200	-0.37	42.67	410,161	-47.26%
고영	15,200 ▼	60	-0.39	61.70	443,265	-50.38%
한미반도체	87,800 ▼	500	-0.57	-21.96	329,941	-52.89%
테크윙	29,100 ▼	200	-0.68	-39.69	268,374	-32.90%
윈팩	497 ▼	4	-0.80	-35.71	176,103	-48.38%
워트	7,800 ▼	70	-0.89	-17.11	21,330	-52.88%
에스티아이	19,270 ▼	240	-1.23	-11.61	129,776	-45.33%
와이씨켐	21,000 ▼	350	-1.64	-2.33	78,750	-5.42%

HBM(고대역폭 메모리) 연결고리 종목들의 최근 120일간 주가 흐름을 분석해보면(기준일: 2025년 7월 18일), 2024년 12월 중순을 기준으로 상승 종목과 하락 종목이 뚜렷하게 구분된다.

상승 종목으로는 고영이 약 61% 상승하며 가장 강한 에너지를 보였고, 이오테크닉스(43%), 한화비전(42%), SK하이닉스(25%), 삼성전자(24%), 엠케이전자(19%) 등이 뒤를 이었다. 이들 종목은 모두 HBM 테마 내에서 상대적으로 강한 추세를 이어간 종목들로 분류된다.

반면, 테크윙은 약 39% 하락, 윈팩은 약 35% 하락하며 120일 기준으로 30% 이상 하락한 종목군으로 나타났다.

이러한 흐름은 HBM 연결고리 종목들 내부에서도 강세군과 약세군이 명확히 구분되는, 이른바 '종목 간 에너지 분화' 현상이 진행되고 있음을 시사한다.

자료 6-25 시스템반도체 또는 반도체 공정 관련 소부장 종목군의 120일간 주가 흐름

구성종목명	현재가		대비	등락률(%)	기간 등락률(%)	거래량	전일동시간 거래대비율(%)
와이씨켐	21,000	▼	350	-1.64	-2.33	78,750	-5.42%
미래반도체	18,860	▼	330	-1.72	59.70	145,907	-40.97%
디아이	14,350	▼	260	-1.78	-21.58	151,551	-68.98%
디아이티	13,840	▼	260	-1.84	-16.68	162,413	-50.34%
예스티	18,700	▼	350	-1.84	40.60	80,718	-35.13%
피에스케이홀딩스	34,550	▼	650	-1.85	-35.78	143,210	-34.13%
케이씨텍	27,400	▼	700	-2.49	-19.88	55,652	-6.35%
마이크로투나노	8,200	▼	250	-2.96	18.50	72,843	225.54%
와이씨	11,340	▼	350	-2.99	-2.16	1,411,858	-73.26%
오로스테크놀로지	19,950	▼	650	-3.16	-9.52	34,437	21.27%
제너셈	7,110	▼	240	-3.27	-8.96	25,338	-18.67%

구성종목명	현재가		대비	등락률(%)	기간 등락률(%)	거래량	전일동시간 거래대비율(%)
%앤씨앤	695	▲	18	2.66	-32.85	57,080	534.57%
코아시아	3,880	▲	65	1.70	-9.87	97,306	-30.34%
DB하이텍	47,300	▲	650	1.39	40.56	153,337	-23.49%
아이텍	6,100	▲	40	0.66	10.71	252,020	79.60%
삼성전자	67,100	▲	400	0.60	24.95	23,853,052	-38.71%
하나마이크론	11,140	▲	60	0.54	-9.94	346,329	-41.83%
아나패스	18,230	▲	30	0.16	-13.19	14,948	-60.77%
동운아나텍	18,420	▲	20	0.11	-1.97	93,803	-52.94%
SFA반도체	3,225		0	0.00	-3.59	274,062	-16.73%
시지트로닉스	6,250		0	0.00	26.26	35,276	-21.51%
아진엑스텍	6,600	▼	10	-0.15	-9.47	6,259,842	17,255.67%
파두	12,180	▼	20	-0.16	-17.54	51,695	-40.77%
SK하이닉스	269,000	▼	500	-0.19	25.41	5,245,613	-43.41%
오픈엣지테크놀로	13,370	▼	30	-0.22	-4.84	55,737	-41.54%
큐알티	13,450	▼	30	-0.22	-0.30	17,278	-54.18%
LX세미콘	65,500	▼	200	-0.30	4.80	31,437	42.40%
고영	15,200	▼	60	-0.39	61.70	443,265	-50.38%
라닉스	1,997	▼	8	-0.40	-34.74	51,291	-37.13%
한미반도체	87,800	▼	500	-0.57	-21.96	329,941	-52.89%
테크윙	29,100	▼	200	-0.68	-39.69	268,374	-32.90%
엠디바이스	10,700	▼	80	-0.74	0.00	33,937	-62.85%
윈팩	497	▼	4	-0.80	-35.71	176,103	-48.38%
넥스트칩	6,010	▼	50	-0.83	-54.50	97,553	-20.54%
케이알엠	4,540	▼	40	-0.87	12.94	25,771	-22.16%
텔레칩스	13,590	▼	120	-0.88	-15.22	48,244	-36.74%
아이에이	206	▼	2	-0.96	-19.22	712,099	-31.51%
리노공업	50,000	▼	500	-0.99	19.48	309,222	-61.69%
지니틱스	999	▼	11	-1.09	-9.84	126,643	75.93%
%알파칩스	8,050	▼	90	-1.11	-14.81	8,290	-44.34%
LB세미콘	3,870	▼	45	-1.15	-4.21	320,908	-43.75%
아이씨티케이	13,380	▼	170	-1.25	47.68	158,499	-22.73%
아이앤씨	1,889	▼	26	-1.36	7.57	14,246	37.40%
아이언디바이스	3,175	▼	50	-1.55	-16.23	68,867	-8.98%

시스템반도체 또는 반도체 공정 관련 소부장 종목군에서도, 최근 120일 기준으로 에너지 흐름의 차별화가 뚜렷하게 나타나고 있다.

미래반도체는 약 59% 상승하며 가장 강한 상승 탄력을 보였고, 예스티(40%), 마이크로나노(18%) 또한 상승 흐름을 이어갔다. 이들 종목은 시스템반도체 관련 수혜 기대감이 반영된 종목군으로 해석할 수 있다.

반면, 피에스케이홀딩스는 약 35% 하락해, 같은 테마 내에서도 상대적으로 약세 흐름을 보인 종목으로 분류된다.

이러한 흐름은 동일한 테마 내에서도 종목별 에너지와 상대 강도에서 뚜렷한 차이가 존재함을 보여준다.

자료 6-26 온디바이스 연결고리 종목의 120일간 주가 흐름

구성종목명	현재가	대비	등락률(%)	기간 등락률(%)	거래량	전일동시간 거래대비율(%)
지니틱스	999 ▼	11	-1.09	-9.84	126,643	75.93%
※알파칩스	8,050 ▼	90	-1.11	-14.81	8,290	-44.34%
LB세미콘	3,870 ▼	45	-1.15	-4.21	320,908	-43.75%
아이씨티케이	13,380 ▼	170	-1.25	47.68	158,499	-22.73%
아이앤씨	1,889 ▼	26	-1.36	7.57	14,246	37.40%
아이언디바이스	3,175 ▼	50	-1.55	-16.23	68,867	-8.98%
사피엔반도체	27,550 ▼	450	-1.61	98.92	46,213	-20.99%
시그네틱스	636 ▼	11	-1.70	-29.33	288,682	136.49%
미래반도체	18,860 ▼	330	-1.72	59.70	145,907	-40.97%
에이엘티	7,360 ▼	130	-1.74	-1.87	21,810	-50.50%
디아이	14,350 ▼	260	-1.78	-21.58	151,551	-68.98%
이미지스	1,205 ▼	22	-1.79	-66.06	108,555	-22.07%
네패스아크	14,140 ▼	290	-2.01	14.96	59,869	-19.51%
네패스	11,630 ▼	250	-2.10	59.32	52,392	-33.54%
어보브반도체	11,470 ▼	250	-2.13	34.47	79,009	-28.31%
가온칩스	45,000 ▼	1,050	-2.28	-4.46	44,536	-28.98%
오디텍	3,315 ▼	85	-2.50	7.46	12,429	-48.29%
칩스앤미디어	17,500 ▼	470	-2.62	-6.02	470,567	64.15%
에스앤에스텍	47,900 ▼	1,350	-2.74	62.10	112,789	-22.20%
퀄리타스반도체	14,820 ▼	440	-2.88	48.94	79,883	-51.31%
!매커스	20,200 ▼	650	-3.12	117.20	196,704	-66.52%
피에스케이	20,200 ▼	650	-3.12	6.32	204,774	-51.10%
싸이닉솔루션	11,060 ▼	400	-3.49	0.00	4,551,725	23.68%
에이직랜드	33,000 ▼	1,350	-3.93	-15.92	84,620	-51.65%
자람테크놀로지	48,700 ▼	2,300	-4.51	7.03	49,763	13.75%
두산테스나	28,800 ▼	1,500	-4.95	-12.33	331,654	-60.85%
에이디테크놀로지	22,250 ▼	1,900	-7.87	13.40	327,613	-49.13%

자료 6-27 상승·하락 종목 분포 개념도 (120일 기준)

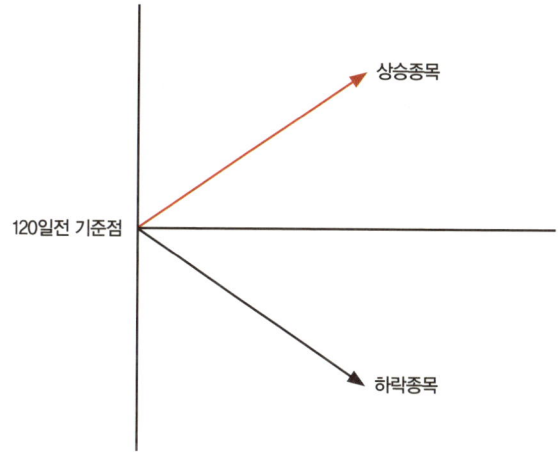

반면, 하락한 종목은 하락삼각형 4등분법칙을 적용해 중심가격이 어느 구간에서 저항 또는 지지로 작용하는지를 추적하고, 이를 통해 상승 전환의 가능성이 있는지, 혹은 하락추세가 지속되고 있는지를 점검함으로써 시장의 흐름을 읽어가는 것이다.

조선주 모노파동

이 칼럼은 조선업종에 속한 주요 종목들의 흐름을 모노파동 관점에서 분석한 것이다. 조선 산업의 특성을 반영해, 상승 흐름이 어떤 패턴으로 이어졌는지를 구체적으로 살펴본다.

조선주 분석을 위한 시장 기준일 에너지 진단

시장을 주도했던 조선주의 모노파동 분석에서는, 종합지수 기준 D-20일, D-60일, D-120일, D-240일 대비 현재 위치에서 어느 정도의 에너지가 발생했는지를 체크해보자.

- D-240일: 2024년 7월 19일, 종합지수 2763P
- D-120일: 2025년 1월 20일, 종합지수 2520P
- D-60일: 2025년 4월 16일, 종합지수 2480P
- D-20일: 2025년 6월 23일, 종합지수 3050P

자료 7-1 KOSPI 기준일별 상승에너지 분석 (D-20, 60, 120, 240일 기준)

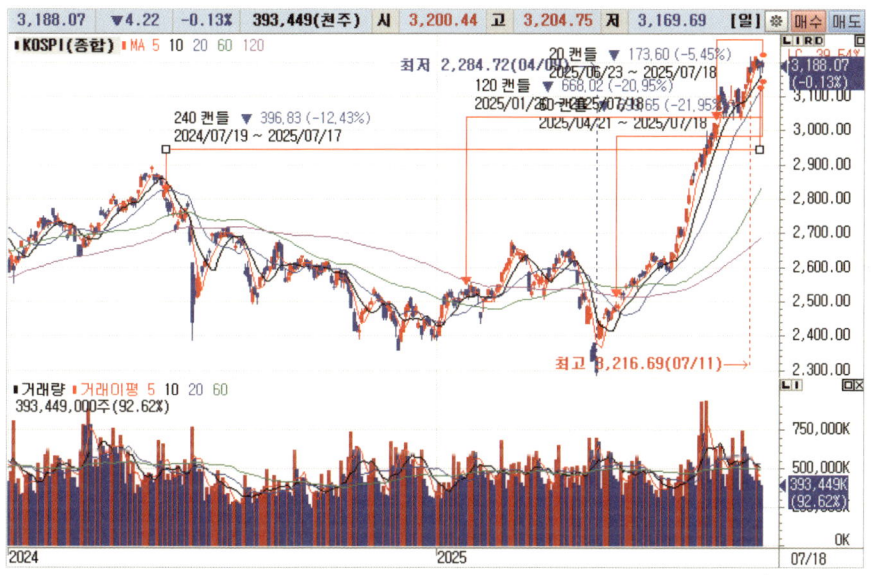

자료 7-2 D-20일의 조선주

구성종목명	현재가	대비	등락률(%)	기간 등락률(%)	거래량	전일동시간 거래대비율(%)
HD현대미포	200,000 ▲	4,100	2.09	8.11	269,561	-37.17%
HD현대중공업	405,500 ▲	5,000	1.25	-8.47	116,930	-18.57%
HD한국조선해양	331,500 ▼	500	-0.15	-11.72	139,184	-11.99%
한화오션	80,400 ▼	300	-0.37	-9.26	1,353,803	-52.98%
삼성중공업	18,790 ▼	120	-0.63	11.38	4,459,262	-69.08%
HJ중공업	7,360 ▼	100	-1.34	-0.94	389,556	-19.16%

　조선주의 상승에너지가 D-20일 전부터 약화되기 시작한 흐름이 실제 수치를 통해 확인된다.

자료 7-3 D-60일의 조선주

구성종목명	현재가	대비	등락률(%)	기간 등락률(%)	거래량	전일동시간 거래대비율(%)
HD현대미포	200,000 ▲	4,100	2.09	49.03	269,561	-37.17%
HD현대중공업	405,500 ▲	5,000	1.25	12.80	116,930	-18.57%
HD한국조선해양	331,500 ▼	500	-0.15	46.68	139,184	-11.99%
한화오션	80,400 ▼	300	-0.37	2.55	1,353,803	-52.98%
삼성중공업	18,790 ▼	120	-0.63	29.41	4,459,262	-69.08%
HJ중공업	7,360 ▼	100	-1.34	-6.00	389,556	-19.16%

자료 7-4 D-120일의 조선주

구성종목명	현재가	대비	등락률(%)	기간 등락률(%)	거래량	전일동시간 거래대비율(%)
HD현대미포	200,000 ▲	4,100	2.09	55.88	269,561	-37.17%
HD현대중공업	405,500 ▲	5,000	1.25	30.81	116,930	-18.57%
HD한국조선해양	331,500 ▼	500	-0.15	36.14	139,184	-11.99%
한화오션	80,400 ▼	300	-0.37	58.58	1,353,803	-52.98%
삼성중공업	18,790 ▼	120	-0.63	38.77	4,459,262	-69.08%
HJ중공업	7,360 ▼	100	-1.34	16.27	389,556	-19.16%

자료 7-5 D-240일의 조선주

구성종목명	현재가	대비	등락률(%)	기간 등락률(%)	거래량	전일동시간 거래대비율(%)
HD현대미포	200,000 ▲	4,100	2.09	106.19	269,561	-37.17%
HD현대중공업	405,500 ▲	5,000	1.25	146.80	116,930	-18.57%
HD한국조선해양	331,500 ▼	500	-0.15	90.41	139,184	-11.99%
한화오션	80,400 ▼	300	-0.37	167.11	1,353,803	-52.98%
삼성중공업	18,790 ▼	120	-0.63	78.10	4,459,262	-69.08%
HJ중공업	7,360 ▼	100	-1.34	118.40	389,556	-19.16%

HD현대중공업 모노파동 분석

자료 7-6 HD현대중공업 파동 흐름 (일봉)

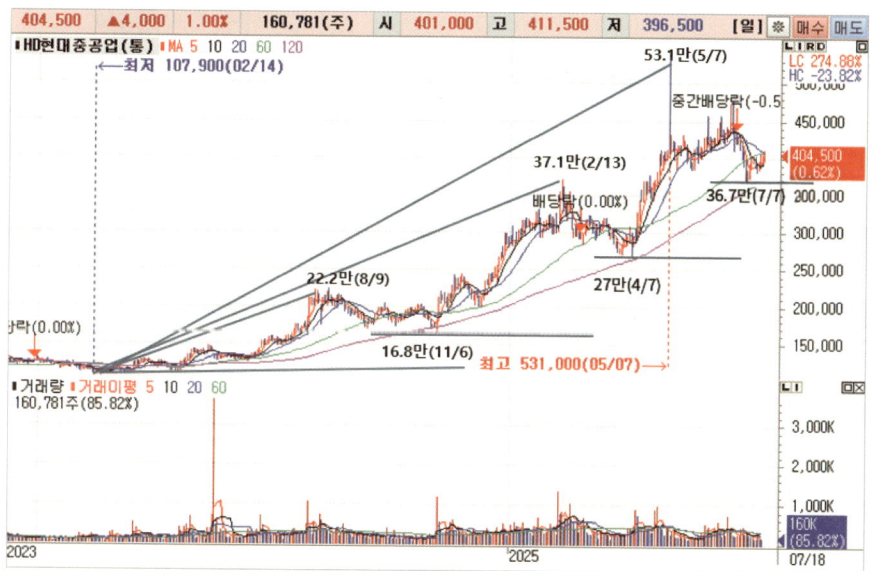

　　HD현대중공업은 2024년 2월 14일 저점인 107,900원에서 2024년 8월 9일 고점인 222,000원까지 상승하며, 상승삼각형의 1차 파동을 완성한 흐름을 보였다. 이 구간을 기준으로 4등분법칙을 적용하면, 다음과 같은 결과가 나온다.

자료 7-7 HD현대중공업 상승삼각형 4등분법칙 (저점 107,000원 기준)

HD현대중공업		상승률	하락률		
222,000	최고	107%	0%		
		101%	-3%	214,813	75%
		94%	-6%	207,625	50%
		87%	-10%	200,438	25%
193,250	75%	81%	-13%		
		74%	-16%	186,063	75%
		67%	-19%	178,875	50%
		60%	-23%	171,688	25%
164,500	50%	54%	-26%		
		47%	-29%	157,313	75%
		40%	-32%	150,125	50%
		34%	-36%	142,938	25%
135,750	25%	27%	-39%		
		20%	-42%	128,563	75%
		13%	-45%	121,375	50%
		7%	-49%	114,188	25%
107,000	최저	0%	-52%		

- 75%능선가격: 193,250원

- 50%중심가격: 164,500원

- 25%능선가격: 135,750원

2024년 11월 6일에 주가는 168,000원에서 지지를 받은 후 상승으로 전환되었으며, 50%중심가격을 지지하는 흐름 속에서 새로운 고점을 형성했다.

HD현대중공업은 2025년 2월 13일 371,000원까지 상승파동을 보였다. 이를 기준으로 상승삼각형 4등분법칙을 적용하면 다음과 같다.

자료 7-8 HD현대중공업 상승삼각형 4등분법칙 (저점 107,000원 기준)

HD현대중공업		상승률	하락률		
371,000	최고	247%	0%		
		231%	-4%	354,500	75%
		216%	-9%	338,000	50%
		200%	-13%	321,500	25%
305,000	75%	185%	-18%		
		170%	-22%	288,500	75%
		154%	-27%	272,000	50%
		139%	-31%	255,500	25%
239,000	50%	123%	-36%		
		108%	-40%	222,500	75%
		93%	-44%	206,000	50%
		77%	-49%	189,500	25%
173,000	25%	62%	-53%		
		46%	-58%	156,500	75%
		31%	-62%	140,000	50%
		15%	-67%	123,500	25%
107,000	최저	0%	-71%		

- 75%능선가격: 305,000원
- 50%중심가격: 239,000원
- 25%능선가격: 173,000원

실제 파동은 2025년 4월 7일 27만 원에서 지지받은 후 다시 상승세로 전환되며 고점을 돌파했다. 이는 고점 대비 약 23.9% 하락한 수준에서 반등이 시작된 것으로, 50%중심가격을 지지한 후 상승이 재개된 흐름을 보여준다.

상승삼각형의 저점을 2024년 11월 6일 168,000원으로 재설정한 뒤, 4등분법칙을 적용해보면 다음과 같다.

자료 7-9 HD현대중공업 상승삼각형 4등분법칙 (저점 168,000원 기준)

HD현대중공업		상승률	하락률		
371,000	최고	121%	0%		
		113%	-3%	358,313	75%
		106%	-7%	345,625	50%
		98%	-10%	332,938	25%
320,250	75%	91%	-14%		
		83%	-17%	307,563	75%
		76%	-21%	294,875	50%
		68%	-24%	282,188	25%
269,500	50%	60%	-27%		
		53%	-31%	256,813	75%
		45%	-34%	244,125	50%
		38%	-38%	231,438	25%
218,750	25%	30%	-41%		
		23%	-44%	206,063	75%
		15%	-48%	193,375	50%
		8%	-51%	180,688	25%
168,000	최저	0%	-55%		

- 75%능선가격: 320,250원
- 50%중심가격: 269,500원
- 25%능선가격: 218,750원

여기서도 50%중심가격(269,500원) 위에서 조정이 마무리된 후, 상승 전환이 이루어진 흐름을 확인할 수 있다.

2025년 5월 7일 고점 531,000원을 기준으로 4등분법칙을 적용하면 다음과 같다.

자료 7-10 HD현대중공업 상승삼각형 4등분법칙 (저점 107,000원 기준)

HD현대중공업		상승률	하락률		
531,000	최고	396%	0%		
		371%	-5%	504,500	75%
		347%	-10%	478,000	50%
		322%	-15%	451,500	25%
425,000	75%	297%	-20%		
		272%	-25%	398,500	75%
		248%	-30%	372,000	50%
		223%	-35%	345,500	25%
319,000	50%	198%	-40%		
		173%	-45%	292,500	75%
		149%	-50%	266,000	50%
		124%	-55%	239,500	25%
213,000	25%	99%	-60%		
		74%	-65%	186,500	75%
		50%	-70%	160,000	50%
		25%	-75%	133,500	25%
107,000	최저	0%	-80%		

- 75%능선가격: 425,000원
- 50%중심가격: 319,000원
- 25%능선가격: 213,000원

실제 조정 눌림목은 2025년 7월 7일 367,500원을 저점으로 형성한 뒤 반등이 전개되었으며, 이 글을 작성하는 2025년 7월 18일 현재 404,000원을 기록하고 있다.

저점을 2025년 4월 8일 282,000원으로 재설정해 4등분법칙을 적용해보면 다음과 같다.

자료 7-11 HD현대중공업 상승삼각형 4등분법칙 (저점 282,000원 기준)

HD현대중공업		상승률	하락률		
531,000	최고	88%	0%		
		83%	-3%	515,438	75%
		77%	-6%	499,875	50%
		72%	-9%	484,313	25%
468,750	75%	66%	-12%		
		61%	-15%	453,188	75%
		55%	-18%	437,625	50%
		50%	-21%	422,063	25%
406,500	50%	44%	-23%		
		39%	-26%	390,938	75%
		33%	-29%	375,375	50%
		28%	-32%	359,813	25%
344,250	25%	22%	-35%		
		17%	-38%	328,688	75%
		11%	-41%	313,125	50%
		6%	-44%	297,563	25%
282,000	최저	0%	-47%		

- 75%능선가격: 468,750원
- 50%중심가격: 406,500원
- 25%능선가격: 344,250원

2025년 5월 7일 고점인 531,000원 형성 이후 조정이 진행되면서, 이번에는 50%중심가격이 붕괴되었고, 거의 25%능선가격인 344,250원에 근접한 370,000원까지 하락한 뒤 반등이 나타났다.

상승파동의 초기 기점인 2024년 2월 14일 저점(107,000원)에서 약 390% 상승한 흐름이며, 해당 저점을 기준으로 설정한 상승삼각형에서는 50%중심가격(319,000원)은 아직 유지되고 있으나, 75%능선가격(425,000원)은 이탈한 상태다.

조선주 대장주인 HD현대중공업은 차익 매물 출회로 인해 120일 이동평균선 수준까지 하락했으며, 향후 2분기 실적 발표 이후에도 이 120일 평균선을 지지하고 상승 전환이 가능한지 여부가 중요 포인트다.

만약 120일 이동평균선을 이탈하고, 고점이 점차 낮아지는 패턴이 반복된다면, 이는 주도주의 상승에너지가 훼손되는 신호로 해석할 수 있다.

그런데 실제 파동은 7월 7일 367,000원(120일 이동평균선 부근)에서 지지에 성공하면서 상승파동으로 전환되었고, 7월 31일 트럼프 관세 협상에서 '조선주 펀드 1,500억 달러 조성' 재료가 등장하면서 513,000원까지 급등했다.

한화오션 모노파동 분석

자료 7-12 한화오션 파동 흐름 (일봉)

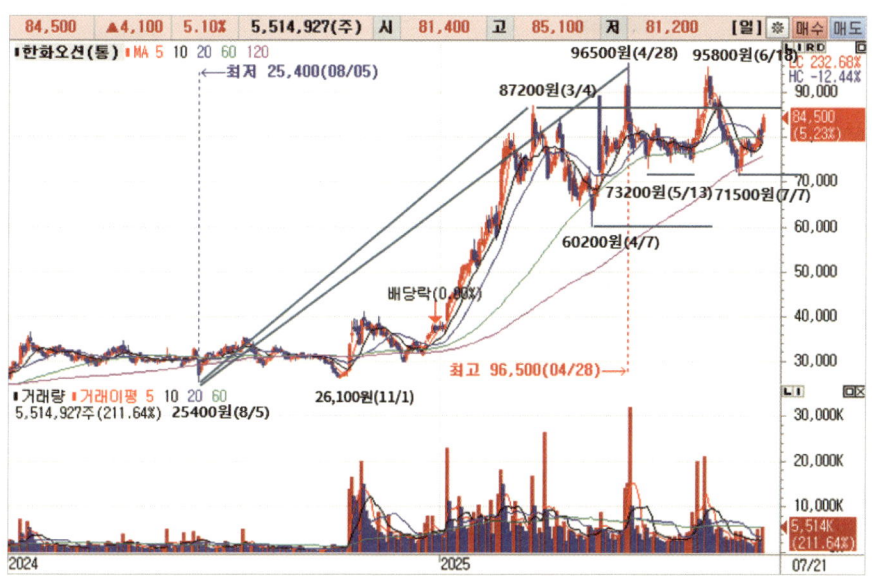

한화오션은 2024년 8월 5일 25,400원, 11월 1일 26,100원에서 쌍바닥을 형성한 후, 2025년 3월 4일에는 87,200원까지 급등하는 파동이 전개되었다.

해당 구간을 기준으로 상승삼각형 4등분법칙을 적용하면, 다음과 같은 기준 가격이 도출된다.

자료 7-13 한화오션 상승삼각형 4등분법칙 (저점 25,400원 기준)

한화오션		상승률	하락률		
87,200	최고	243%	0%		
		228%	-4%	83,338	75%
		213%	-9%	79,475	50%
		198%	-13%	75,613	25%
71,750	75%	182%	-18%		
		167%	-22%	67,888	75%
		152%	-27%	64,025	50%
		137%	-31%	60,163	25%
56,300	50%	122%	-35%		
		106%	-40%	52,438	75%
		91%	-44%	48,575	50%
		76%	-49%	44,713	25%
40,850	25%	61%	-53%		
		46%	-58%	36,988	75%
		30%	-62%	33,125	50%
		15%	-66%	29,263	25%
25,400	최저	0%	-71%		

- 75%능선가격: 71,750원
- 50%중심가격: 56,300원
- 25%능선가격: 40,850원

한화오션은 일차 상승파동의 저점인 2024년 8월 5일 25,400원을 기준으로, 2025년 3월 4일에는 87,200원까지 약 243% 급등했다. 이후 고점 대비 약 31% 하락하며, 2025년 4월 7일에는 60,200원까지 조정이 진행되었다. 이 과정에서 75%능선가격인 71,750원은 이탈했으나, 50%중심가격인 56,300원 이상에서 눌림목이 형성된 후 다시 상승 전환되었다. 이후 직전 고점이었던 3월 4일의 87,200원을 돌파하며, 4월 28일에는 96,500원까지 고점을 갱신했다.

새로운 고점인 2025년 4월 28일 96,500원을 기준으로 상승삼각형을 다시 4등분하면 다음과 같다.

자료 7-14 한화오션 상승삼각형 4등분법칙 (저점 25,400원 기준)

한화오션		상승률	하락률		
96,500	최고	280%	0%		
		262%	-5%	92,056	75%
		245%	-9%	87,613	50%
		227%	-14%	83,169	25%
78,725	75%	210%	-18%		
		192%	-23%	74,281	75%
		175%	-28%	69,838	50%
		157%	-32%	65,394	25%
60,950	50%	140%	-37%		
		122%	-41%	56,506	75%
		105%	-46%	52,063	50%
		87%	-51%	47,619	25%
43,175	25%	70%	-55%		
		52%	-60%	38,731	75%
		35%	-64%	34,288	50%
		17%	-69%	29,844	25%
25,400	최저	0%	-74%		

상승삼각형의 눌림목 저점인 2025년 4월 7일 60,200원을 기준으로 4등분법칙을 적용해보면, 그 결과는 다음과 같다.

자료 7-15 한화오션 상승삼각형 4등분법칙 (저점 60,200원 기준)

한화오션		상승률	하락률		
96,500	최고	60%	0%		
		57%	-2%	94,231	75%
		53%	-5%	91,963	50%
		49%	-7%	89,694	25%
87,425	75%	45%	-9%		
		41%	-12%	85,156	75%
		38%	-14%	82,888	50%
		34%	-16%	80,619	25%
78,350	50%	30%	-19%		
		26%	-21%	76,081	75%
		23%	-24%	73,813	50%
		19%	-26%	71,544	25%
69,275	25%	15%	-28%		
		11%	-31%	67,006	75%
		8%	-33%	64,738	50%
		4%	-35%	62,469	25%
60,200	최저	0%	-38%		

- 75%능선가격: 87,425원
- 50%중심가격: 78,350원
- 25%능선가격: 69,275원

실제 파동은 2025년 4월 28일 고점인 96,500원에서 시작해 5월 13일 73,200원까지 약 24.1% 하락했다. 이 과정에서 상승삼각형의 50%중심가격인 78,350원이 붕괴되었으나, 25%능선가격인 69,275원 위에서 반등에 성공하며 상승 전환이 이루어졌다.

자료 7-16 한화오션과 조선ETF의 '다이아몬드 패턴'

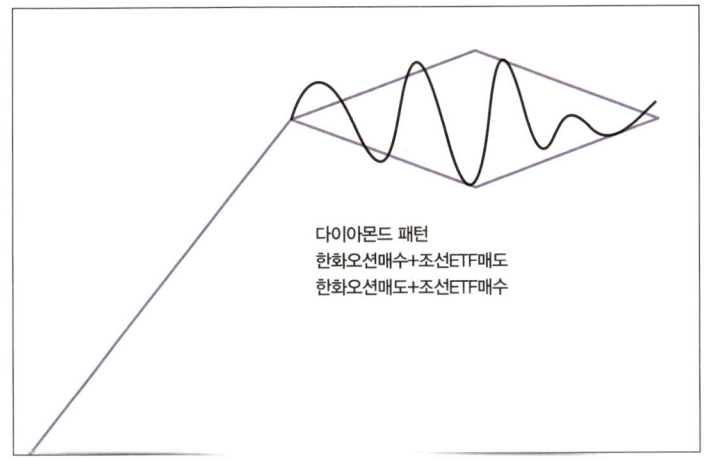

이후 직전 고점 부근인 6월 18일 95,800원까지 되반등했지만, 이전 고점인 96,500원을 돌파하는 데는 실패하며 쌍봉 패턴을 형성했고, 그뒤 다시 하락세가 전개되어 7월 7일에는 71,500원까지 조정이 이어졌다. 다만 이후 7월 21일에는 84,500원까지 재반등하는 흐름을 보이고 있다.

위와 같은 흐름은 이른바 '다이아몬드 패턴(Diamond Pattern)'이라 불린다. 고점과 저점을 연결해보면, 형태가 마치 다이아몬드와 유사하게 나타나기 때문에 이러한 이름이 붙여졌다.

이러한 상황은 고가 구간에서 주가 관리가 개입되는 전형적인 양상으로, 개별 종목인 한화오션과 한화오션이 포함된 조선 ETF 간의 합성 매매가 주를 이루며, 겉으로 드러나지 않게 한화오션을 팔아먹는 패턴에서 자주 나타나는 패턴이다.

- 한화오션 매수 + 조선ETF 매도
- 한화오션 매도 + 조선ETF 매수

실제로, 2025년 3월 4일 고점인 87,200원을 기준으로 7월 21일까지의 외국인 매매 동향을 추적해보면 다음과 같다.

자료 7-17 한화오션 외국인 매매 동향 (2025년 3월 4일~7월 21일)

2025년 3월 4일부터 7월 21일까지 외국인은 총 9,700억 원 규모를 순매도한 것으로 확인된다.

반면, 기타법인은 약 1조 1천억 원을 순매수했으나, 이는 3월 13일 시간외 블록딜을 통한 계열사 간 내부 거래로 파악되며, 실제 한화오션의 수급 에너지에 직접적인 영향을 미친 매매로 보기는 어렵다.

자료 7-18 한화 계열사 간 시간외매매에 따른 지분 변동 공시

5. 변동[변경] 사유

변동방법	특별관계자 간 주식매매계약 체결에 따른 시간외매매
변동사유	주식매매계약 종결에 따른 보유주식 등의 내역 및 특별관계자 변동
변경사유	특별관계자 간 주식매매계약 거래종결 - 체결일: 2025년 02월 10일 - 매도인: Hanwha Impact Partners Inc. 　　　　한화에너지(주) 　　　　Hanwha Energy Corporation Singapore Pte. Ltd. - 매수인: 한화에어로스페이스(주) - 매매대상 주식수: 22,375,216주 - 거래종결일: 2025년 3월 13일

　급등한 종목의 경우, 시장에서는 추가 상승 랠리를 전망하며 강력한 투자 의견 상향 보고서들이 잇따라 발표되는 상황임에도 불구하고, 주가가 예상만큼 강하게 오르지 않고 변동성만 확대되는 사례가 종종 나타난다.

　그런데 한화오션도 7월 7일 120일 이동평균선을 지지하면서 71,500원 저점을 형성한 뒤 상승파동으로 전환되었다. 이후 외국인 매수세가 유입되었고, 7월 31일 '조선주 펀드 1,500억 달러 조성' 재료로 8월 1일 12만 원까지 급등하는 모습을 보였다. 한미 관세 협정에서 조선주가 새로운 주도주로 부상하면서 2025년 3월 24일부터 전개된 다이아몬드 패턴에서 벗어나 상승파동으로 전환된 것이다.

삼성중공업 모노파동 분석

자료 7-19 삼성중공업 파동 흐름 (일봉)

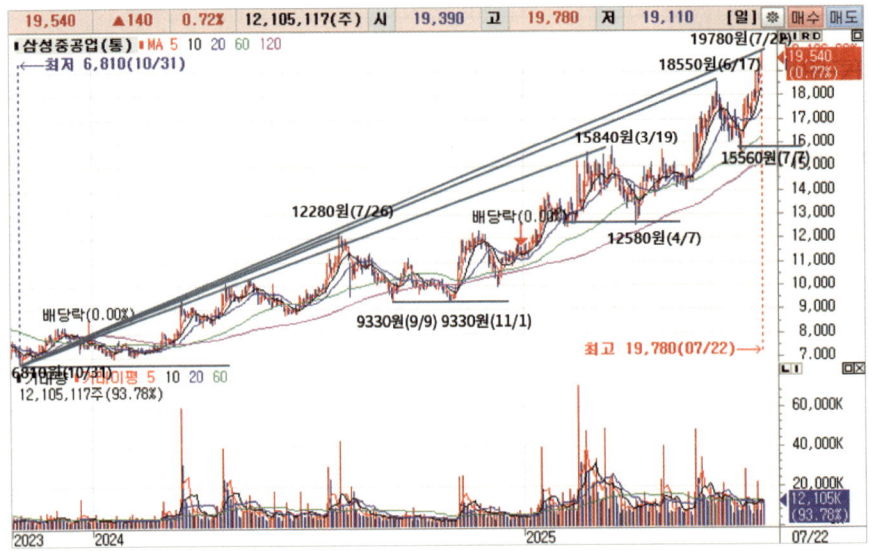

삼성중공업의 상승삼각형 패턴을 기준으로 보면, 현재까지 상승추세의 조건이 유지되고 있는 모습이다.

우선, 2023년 10월 31일 저점 6,810원에서 2024년 7월 26일 고점 12,280원까지의 상승파동을 기준으로, 상승삼각형 4등분법칙을 적용해보자.

자료 7-20 삼성중공업 상승삼각형 4등분법칙 (저점 6,810원 기준)

삼성중공업		상승률	하락률		
12,280	최고	80%	0%		
		75%	-3%	11,938	75%
		70%	-6%	11,596	50%
		65%	-8%	11,254	25%
10,913	75%	60%	-11%		
		55%	-14%	10,571	75%
		50%	-17%	10,229	50%
		45%	-19%	9,887	25%
9,545	50%	40%	-22%		
		35%	-25%	9,203	75%
		30%	-28%	8,861	50%
		25%	-31%	8,519	25%
8,178	25%	20%	-33%		
		15%	-36%	7,836	75%
		10%	-39%	7,494	50%
		5%	-42%	7,152	25%
6,810	최저	0%	-45%		

- 75%능선가격: 10,913원
- 50%중심가격: 9,545원
- 25%능선가격: 8,178원

상승삼각형을 기준으로 실제 파동을 살펴보면, 50%중심가격인 9,545원 부근에서 쌍바닥 패턴이 형성되었다. 2024년 9월 9일 9,330원, 11월 1일 9,330원에서 지지를 받은 이후, 2025년 3월 19일에는 새로운 고점인 15,840원을 기록했다.

이에 따라, 새로운 상승삼각형에 대한 4등분법칙 기준을 다음과 같이 설정해볼 수 있다.

자료 7-21 삼성중공업 상승삼각형 4등분법칙 (저점 6,810원 기준)

삼성중공업		상승률	하락률		
15,840	최고	133%	0%		
		124%	-4%	15,276	75%
		116%	-7%	14,711	50%
		108%	-11%	14,147	25%
13,583	75%	99%	-14%		
		91%	-18%	13,018	75%
		83%	-21%	12,454	50%
		75%	-25%	11,889	25%
11,325	50%	66%	-29%		
		58%	-32%	10,761	75%
		50%	-36%	10,196	50%
		41%	-39%	9,632	25%
9,068	25%	33%	-43%		
		25%	-46%	8,503	75%
		17%	-50%	7,939	50%
		8%	-53%	7,374	25%
6,810	최저	0%	-57%		

- 75%능선가격: 13,583원
- 50%중심가격: 11,325원
- 25%능선가격: 9,068원

저점 대비 133% 상승한 15,840원의 고점을 기록한 이후, 조정 구간에서는 2025년 4월 7일 12,580원까지 하락했다. 이 조정은 75%능선가격은 하회했지만, 50%중심가격인 11,325원 위에서 지지를 받으며 마무리되었다. 즉 고점 15,840원에서 약 18% 하락한 12,980원 수준에서 다시 상승 전환되었고, 6월 17일에는 새로운 고점인 18,550원을 기록했다.

이를 기준으로 상승삼각형 4등분법칙을 다시 적용해보면 다음과 같다.

자료 7-22 삼성중공업 상승삼각형 4등분법칙 (저점 6,810원 기준)

삼성중공업		상승률	하락률		
18,580	최고	173%	0%		
		162%	-4%	17,844	75%
		151%	-8%	17,109	50%
		140%	-12%	16,373	25%
15,638	75%	130%	-16%		
		119%	-20%	14,902	75%
		108%	-24%	14,166	50%
		97%	-28%	13,431	25%
12,695	50%	86%	-32%		
		76%	-36%	11,959	75%
		65%	-40%	11,224	50%
		54%	-44%	10,488	25%
9,753	25%	43%	-48%		
		32%	-51%	9,017	75%
		22%	-55%	8,281	50%
		11%	-59%	7,546	25%
6,810	최저	0%	-63%		

- 75%능선가격: 15,638원
- 50%중심가격: 12,695원
- 25%능선가격: 9,753원

총 173%의 상승 이후, 조정 구간에서는 75%능선가격 수준인 2025년 7월 7일 15,560원에서 지지를 받은 뒤, 2025년 7월 22일에는 19,780원까지 상승하며 새로운 고점을 기록했다.

자료 7-23 삼성중공업 상승삼각형 4등분법칙 (저점 6,810원 기준)

삼성중공업		상승률	하락률		
19,780	최고	190%	0%		
		179%	-4%	18,969	75%
		167%	-8%	18,159	50%
		155%	-12%	17,348	25%
16,538	75%	143%	-16%		
		131%	-20%	15,727	75%
		119%	-25%	14,916	50%
		107%	-29%	14,106	25%
13,295	50%	95%	-33%		
		83%	-37%	12,484	75%
		71%	-41%	11,674	50%
		60%	-45%	10,863	25%
10,053	25%	48%	-49%		
		36%	-53%	9,242	75%
		24%	-57%	8,431	50%
		12%	-61%	7,621	25%
6,810	최저	0%	-66%		

- 75%능선가격: 16,538원
- 50%중심가격: 13,295원
- 25%능선가격: 10,053원

현재까지 삼성중공업은 지속적인 상승추세를 유지하는 흐름을 보이고 있다. 향후 조정파동이 전개될 경우, 1차적으로는 75%능선가격인 16,538원과 50%중심가격인 13,295원에서 지지 여부를 체크해야 할 것이다.

실제 파동도 8월 1일 18,00원을 저점으로 8월 5일 20,200원이라는 새로운 고점을 형성했다. 한미 관세 협정에서 군함, 잠수함 등 MRO 사업 관련주로 한화오션과 HD현대중공업이 급등한 반면 상대적으로 삼성중공업은 약했는데, 앞으로 LNG 수중 및 북극항로 모멘텀으로 상승 탄력을 확보하는지 체크해야 할 것이다.

HJ중공업 모노파동 분석

자료 7-24 HJ중공업 파동 흐름 (일봉)

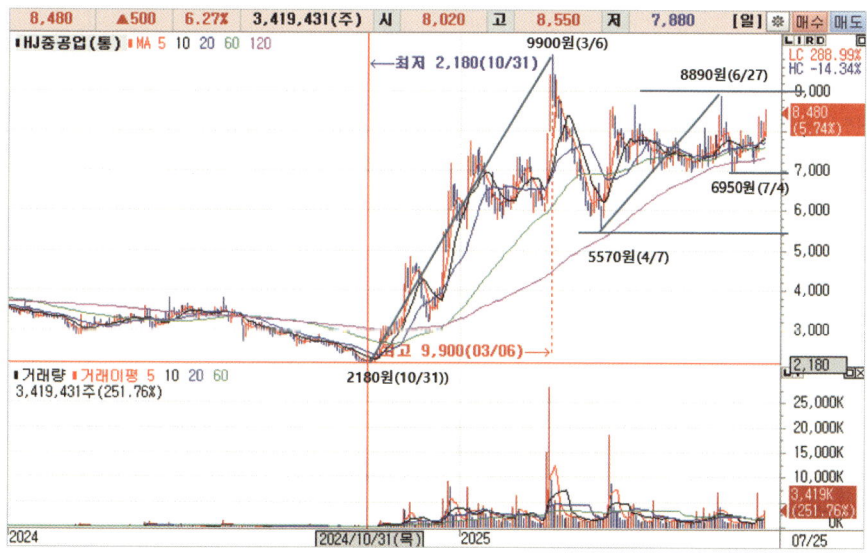

자료 7-25 HJ중공업 상승삼각형 4등분법칙 (저점 2,180원 기준)

HJ중공업		상승률	하락률		
9,900	최고	354%	0%		
		332%	-5%	9,418	75%
		310%	-10%	8,935	50%
		288%	-15%	8,453	25%
7,970	75%	266%	-19%		
		243%	-24%	7,488	75%
		221%	-29%	7,005	50%
		199%	-34%	6,523	25%
6,040	50%	177%	-39%		
		155%	-44%	5,558	75%
		133%	-49%	5,075	50%
		111%	-54%	4,593	25%
4,110	25%	89%	-58%		
		66%	-63%	3,628	75%
		44%	-68%	3,145	50%
		22%	-73%	2,663	25%
2,180	최저	0%	-78%		

HJ중공업의 4등분법칙은 다음과 같다.

- 75%능선가격: 7,970원
- 50%중심가격: 6,040원
- 25%능선가격: 4,110원

HJ중공업은 2024년 10월 31일 2,180원을 저점으로 상승을 시작해, 2025년 3월 6일 고점인 9,900원까지 약 354% 급등하는 흐름을 보였다.

4등분법칙 기준으로 상승폭의 50%중심가격은 6,040원이며, 2025년 4월 7일에는 5,570원까지 조정이 진행되었다. 이 과정에서는 트럼프 대통령의 관세 부과 이슈로 인해 고점 대비 약 43.7% 급락이 발생했으며, 현재는 다시 되반등 흐름이 전개되고 있는 상황이다.

하락파동을 기준으로 4등분하면 다음과 같다.

자료 7-26 HJ중공업 상승삼각형 4등분법칙 (저점 5,570원 기준)

HJ중공업		상승률	하락률		
9,900	최고	78%	0%		
		73%	-3%	9,629	75%
		68%	-5%	9,359	50%
		63%	-8%	9,088	25%
8,818	75%	58%	-11%		
		53%	-14%	8,547	75%
		49%	-16%	8,276	50%
		44%	-19%	8,006	25%
7,735	50%	39%	-22%		
		34%	-25%	7,464	75%
		29%	-27%	7,194	50%
		24%	-30%	6,923	25%
6,653	25%	19%	-33%		
		15%	-36%	6,382	75%
		10%	-38%	6,111	50%
		5%	-41%	5,841	25%
5,570	최저	0%	-44%		

- 75%능선가격: 8,818원
- 50%중심가격: 7,735원
- 25%능선가격: 6,653원

2025년 4월 7일 5,570원을 저점으로 한 되반등파동에서는 하락폭의 75%능선가격을 돌파했으나, 해당 구간이 저항대로 작용하는 흐름을 보이고 있다.

6월 27일 8,890원까지의 되반등 과정에서, 4월 14일 8,620원과 4월 28일 8,650원 등 75%능선가격 부근에서 반복적으로 저항이 형성되었고, 하단 25%능선가격인 6,650원 부근에서는 지지가 나타났다.

자료 7-27 HJ중공업 상승시스템잣대 (저점 6,950원 기준)

명칭	상승파동비율									
HJ중공업	1%	7%	14%	21%	25%	38.20%	50%	61.80%	83.20%	100%
	7,020	7,437	7,923	8,410	8,688	9,605	10,425	11,245	12,732	13,900
매수가										
최저가	₩6,950									
	07월 04일									

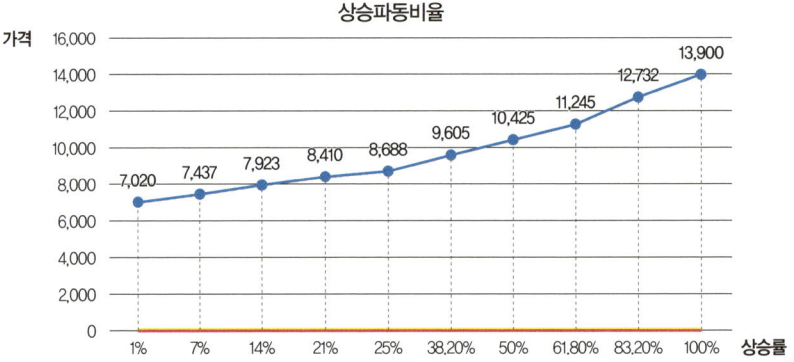

　이로 인해, 급락 이후의 흐름은 25%능선가격과 75%능선가격 사이에서 지그재그파동을 형성하는 양상이다. 현재도 이러한 파동이 이어지고 있으며, 앞으로는 7월 4일 저점인 6,950원을 기준으로 모노파동이 전개되는지를 체크해봐야 한다.

- 38.2% 상승 목표수치: 9,605원
- 50% 상승 목표수치: 10,425원
- 61.8% 상승 목표수치: 11,245원

　모노파동 기준으로 볼 때, HJ중공업은 기본 파동 에너지가 38.2%에서 61.8% 사이의 상승파동으로 전개되는지를 체크하는 것이 중요하다. 특히 직전 고점인 2025년 3월 6일의 9,900원 돌파 여부가 핵심인데, 이를 돌파하려면 38.2% 수준인 9,605원이 저항이 아니라 지지로 전환되어야 하며, 적어도 50~61.8% 수준의 상승에너지가 뒷받침되어야 한다.

7월 25일 현재 주가는 8,480원으로, 그동안 저항대로 작용해온 가격대에 근접해 있는 상황이다. 이 구간을 돌파하기 위해서는 미국 군함 및 잠수함 수주와 관련된 에너지, 그리고 대장주인 HD현대중공업과 HD한국조선해양의 상승에너지가 군집 현상으로 나타나는 흐름이 필요하다.

HJ중공업도 7월 28일 9,850원에서 8월 1일 8,450원까지 조정파동이 나타난 후, 8월 7일 14,750원까지 급등하는 모습을 보였다. MRO 사업의 대장주인 한화오션과 HD현대중공업의 상승 탄력성이 둔화되는 구간에 HJ중공업은 제일 강하게 급등한 것이다.

한편 미국과의 관세 협상 과정에서 군함·잠수함 수주 에너지가 직접적으로 드

자료 7-28 중국의 일대일로에 맞서 인도-태평양 전략을 펴는 미국

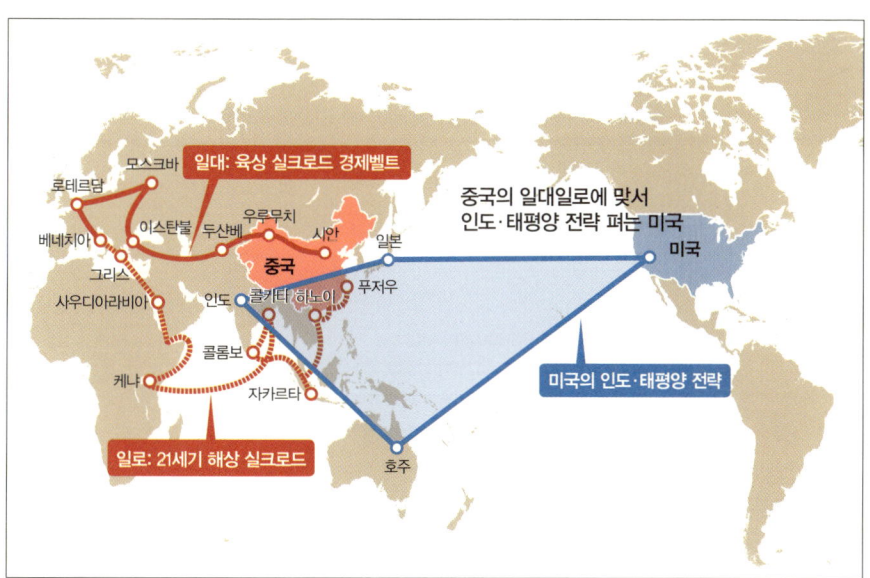

러나지 않더라도, 인도·태평양 동맹이 확대·구체화되며 대한민국이 그 한 축으로 포함되는지 여부가 중요하다. 이는 작용과 반작용의 구조로 전개되며, 대한민국이 인도·태평양 동맹 내에서 일정한 역할을 담당하게 될 경우에는 중국의 공격적 반작용이 나타날 가능성도 존재한다.

따라서 향후 전개 양상은 미국과 대한민국의 관세 협상 과정 속에서 주한미군의 전략적 성격과 대한민국의 군사력을 활용하려는 미국의 정책적 의도가 어떻게 나타나는지에 따라 판단해야 할 것이다.

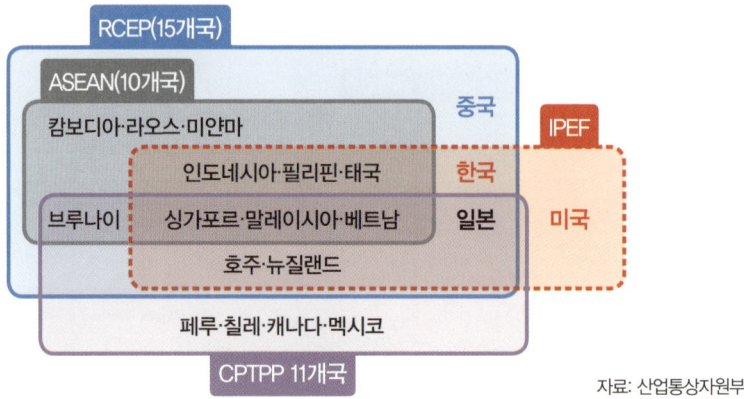

자료 7-29 인도·태평양경제프레임워크(IPEF)

트럼프 집권 1기부터 구체화되기 시작한 인도·태평양 동맹은, 2022년부터 인도태평양경제프레임워크(IPEF)로 이어지며 구조화되었다. 이는 중국이 주도하는 RCEP 및 CPTPP와 일부 영역에서 겹치거나 충돌하는 양상이 나타나기 시작했음을 의미하며, 이러한 미·중 간의 경쟁 구도는 경제적 측면에서도 본격적으로 드러나고 있다.

2025년 7월 25일, 인도·태평양 지역에서 이해관계가 겹치는 태국과 캄보디아가 전쟁에 돌입했다. 같은 해 출범한 트럼프 정부 2기의 핵심 정책 기조는 중국 견제에 있으며, 대만 문제, 남중국해, 대한민국 서해 등이 군사적 요충지로 작용하는지가 향후 조선업 주가 흐름에 새로운 변화를 불러올 핵심 포인트가 될 것이다.

3장

4등분법칙을 통한 대표기업 사례분석

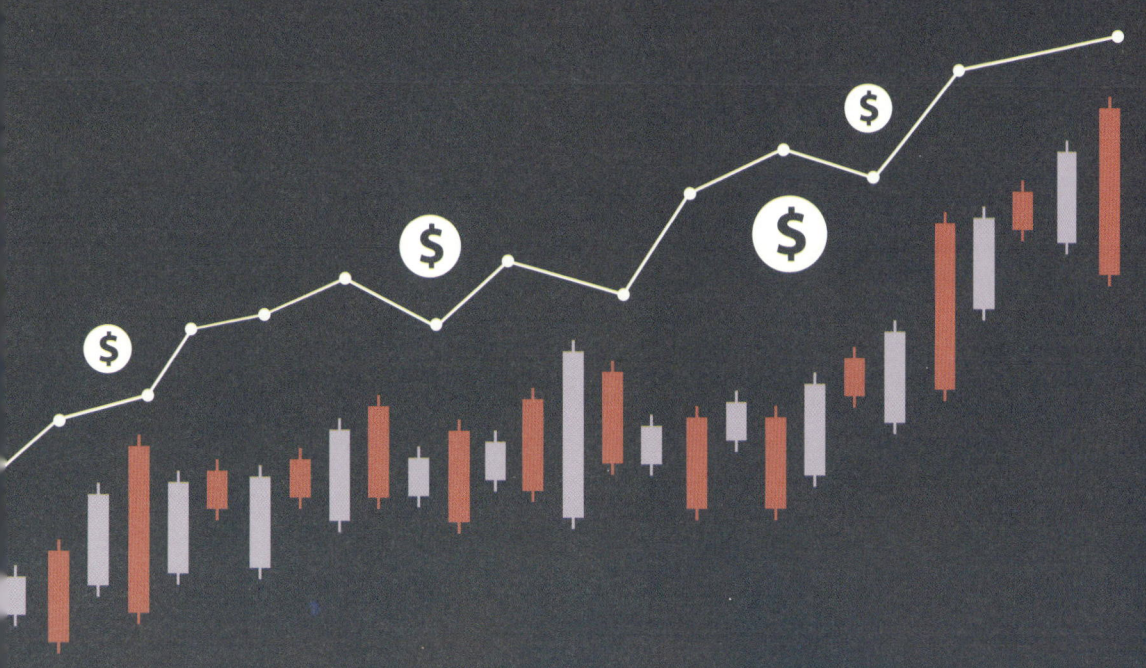

이론을 아무리 잘 이해해도, 실제 종목에 어떻게 적용할 수 있는지를 모르면 매매에 도움이 되지 않는다. 3장은 바로 그 '적용'에 집중했다. 한국과 미국의 대표 종목들을 대상으로, 4등분법칙과 모노파동법칙이 실제 흐름에서 어떻게 작동했는지를 구체적으로 보여준다.

삼성전자, SK하이닉스, LG화학처럼 많은 투자자가 관심을 갖는 한국의 대표 종목들을 분석하면서, 어디서 사고 어디서 팔 수 있었는지를 실제 흐름 위에서 설명한다. 또한 최근 주목받는 미국 대표 기술주들과 드론 관련 성장주까지 분석 범위를 넓혀, 글로벌 종목에도 동일한 기준이 적용될 수 있음을 확인한다.

이 장에서는 단순히 분석을 보여주는 데 그치지 않는다. 각 종목의 파동 구조를 비교하면서, 종목마다 다른 리듬과 기준점 설정 방식이 어떻게 매매 전략에 영향을 주는지를 함께 짚어본다.

3장을 통해 독자는 이론에서 벗어나 실전 감각을 익히게 될 것이다. 종목이 달라져도 일관되게 적용할 수 있는 분석의 기준을 세우는 것이 이 장의 핵심이다.

삼성전자 사례분석

이 칼럼은 삼성전자의 중장기 흐름을 4등분법칙과 모노파동법칙을 통해 분석한 것이다. 대한민국 대표 대형주의 구조적 흐름을 해석함으로써, 실전 매매에서 기준점을 설정하는 구체적 전략을 제시한다.

삼성전자 연봉(2015년)의 기준으로

개인적으로 매매대상을 선정해서 그 기업의 흥망성쇠를 판단할 때 '연봉 차트'를 제일 먼저 반드시 체크해본다. 삼성전자의 경우, 2015년 5월에 이건희 회장이 심근경색으로 쓰러지면서 중대한 변화의 흐름에 들어선다. 같은 해, 삼성에스디에스와 제일모직(삼성에버랜드)이 상장되었고, 이후 2018년 1월 31일 임시 주주총회에서 액면가 5,000원인 주식을 100원으로 분할하는 액면분할이 결정되었다. 즉 1주가 50주로 나뉘는 전례 없는 50:1 액면분할이었다. 따라서 본 장에서는 이건희 회장의 와병 시점인 2015년을 기준으로 삼성전자 연봉을 분석해보고자 한다.

참고로 액면분할이 무엇인지 간단하게 살펴보자. 액면분할은 자본금을 늘리지 않고, 기존 주식의 액면가를 낮춰 주식 수를 늘리는 것을 말한다. 예를 들어 액면가 5,000원짜리 주식을 500원으로 분할하면 주식 수가 10배로 늘어난다. 액면분할의 반대 개념은 '액면병합'이다.

　우리나라에서도 액면분할을 단행한 기업은 의외로 많다. 액면분할은 실제 증자를 하지 않고도 유통 주식 수를 늘릴 수 있기 때문에, 주가가 지나치게 높아져 거래가 활발하지 못한 상황에서 선택된다. 대표적인 예로, 2000년 SK텔레콤의 주가가 500만 원에 육박하자, 액면분할을 통해 주가를 1/10로 낮추고 유통 주식 수를 늘려 거래를 활성화한 바 있다.

　이후 코스닥 시장을 중심으로 액면분할이 활발해졌고, 유가증권시장에서도 조금씩 확산되었다. 과거에는 액면분할이 거래 활성화 기대감과 신규 투자자 유입에 대한 기대 심리로 주가 상승을 이끄는 경우가 많았다. 하지만 최근에는 주식 수 증가에 따른 희석 우려로 주가가 하락하는 사례도 적지 않다. 액면분할은 주식 수만 늘릴 뿐, 기업 가치에는 변화가 없다. 이 점에서 무상증자와는 성격이 조금 다르다.

　국내에서 액면분할을 단행한 주요 기업으로는 삼성생명, 삼성화재, SK텔레콤, 현대글로비스, NHN, 엔씨소프트, 한국타이어 등이 있다. 그리고 마침내 코스피 대장주인 삼성전자도 2018년 5월 4일 50:1의 액면분할을 단행해, 1주당 250만 원이던 주가가 5만 원으로 조정되었다. 이 외에도 롯데지주, 롯데칠성, 아모레퍼시픽, 신세계 등의 기업이 액면분할을 진행한 바 있다.

　다음은 2018년 1월 31일 발표된 신문기사 내용을 발췌한 것이다.

　'삼성전자는 2018년 1월 31일 이사회를 열고, 50대 1의 주식 액면분할을 전격 결정했다. 1주당 액면가는 기존 5,000원에서 100원으로 낮아지고, 그에 따라 유통 주식 수는 50배로 늘어나게 된다. 이날 삼성전자는 공시를 통해, 보통주의 발행 주식 수를 기존 1억 2,838만 6,494주에서 64억 1,932만 4,700주로 늘리기로 했다. 또한 종류주식은 1,807만 주에서 9억 362만 주로 증가하게 된다. 액면분할 이후, 1주당 주가가 약 250만 원이던 기존 가격은 5만 원 안팎으로 조정될 것으로 예상된다. 삼성전자는 이 액면분할안을 3월 23일 예정된 정기 주주총회에서 의결한 후, 구주 변환 절차를 거쳐 5월 16일 신주를 상장할 계획이다.'

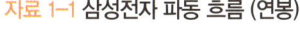
자료 1-1 삼성전자 파동 흐름 (연봉)

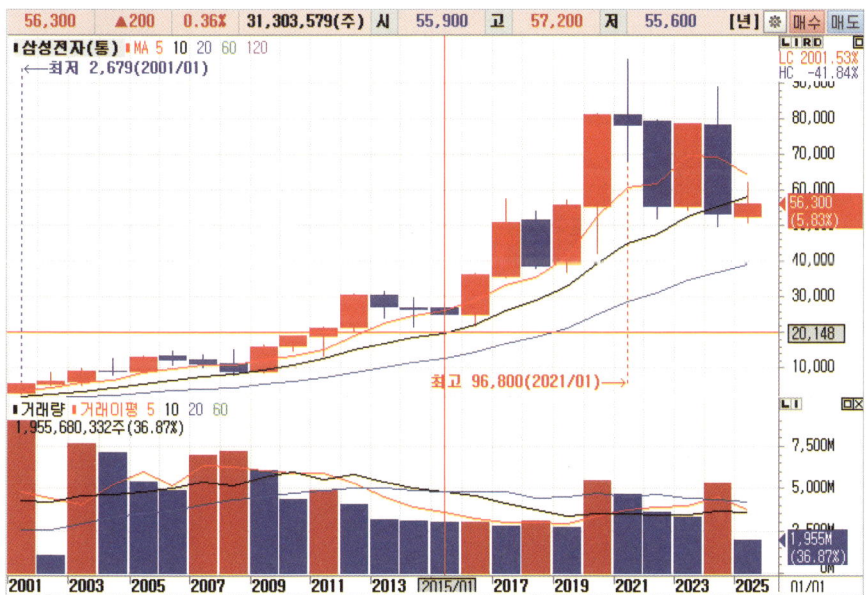

삼성전자에 4등분법칙을 적용해보자. 기준이 되는 저점과 고점은 다음과 같다.

- 2015년 저점: 20,650원
- 2021년 고점: 96,800원

이것을 단순하게 4등분해보자. 이 두 지점을 연결한 전체 상승 구간을 4등분해서 주요 가격 구간을 도출할 수 있다.

자료 1-2 삼성전자 4등분법칙

삼성전자		상승률	하락률		
96,800	최고	369%	0%		
		346%	-5%	92,041	75%
		323%	-10%	87,281	50%
		300%	-15%	82,522	25%
77,763	75%	277%	-20%		
		254%	-25%	73,003	75%
		230%	-30%	68,244	50%
		207%	-34%	63,484	25%
58,725	50%	184%	-39%		
		161%	-44%	53,966	75%
		138%	-49%	49,206	50%
		115%	-54%	44,447	25%
39,688	25%	92%	-59%		
		69%	-64%	34,928	75%
		46%	-69%	30,169	50%
		23%	-74%	25,409	25%
20,650	최저	0%	-79%		

총 상승폭은 '96,800원 − 20,650원 = 76,150원'이다. 이를 기준으로 4등분하면 다음과 같은 구간이 나온다.

- 1차 구간(1/4지점): 39,688원
- 2차 구간(2/4, 즉 중간값): 58,725원
- 3차 구간(3/4지점): 77,763원
- 4차 구간(최종 고점): 96,800원

이처럼 단순한 등분선을 기준으로 놓고, 실제 차트 흐름과 비교해보면 매수·매도 타이밍을 어느 정도 가늠할 수 있다. 물론 가격만으로 판단할 수는 없지만, 심리적 매물대와 조정 강도, 다음 파동의 에너지를 예측하는 데 기초적 기준선으로 작용한다.

　삼성전자는 2015년 저점인 20,650원에서 2021년 1월 고점인 96,800원까지 약 368% 상승했다. 이후 2022년 11월 14일 주가는 49,900원까지 하락하며 고점 대비 약 48.4% 급락했다. 그리고 이 책의 집필을 시작한 2025년 6월 1일 현재 삼성전자의 주가는 56,300원에 머물고 있다.

　삼성전자의 이 상승과 하락 흐름을 꺾은선 그래프로 단순화해 표현하면 아래 그림과 같은 형태가 된다.

자료 1-3 삼성전자의 상승과 하락 흐름을 단순화

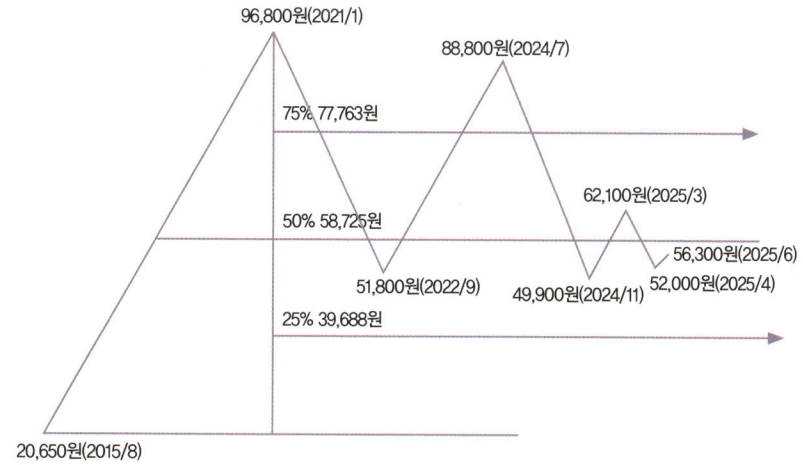

이제 여기에 '봄·여름·가을·겨울'이라는 시간의 개념을 적용해보자.

삼성전자의 긴 흐름을 살펴보면, 2015년 5월 이건희 회장이 쓰러지면서 그룹 내부의 본격적인 변화가 시작됐다. 그 전까지는 이건희 회장이 추진하던 이재용-이부진 남매 간 그룹 분리 시나리오가 유력했지만, 이후로는 비전실과 이재용 중심의 후계 구도, 그리고 이를 뒷받침하는 거버넌스 전략이 본격 가동되기 시작했다. 이 시기와 맞물려 반도체 업황이 개선되면서, 삼성전자의 주가는 2021년 1월 96,800원까지 약 360% 급등했다.

이 과정에서 삼성에스디에스와 삼성에버랜드의 상장, 삼성물산과 제일모직(삼성에버랜드) 간의 합병 과정, 합병 비율 산정 논란, 삼성바이오로직스의 분식회계 의혹, 2016년 박근혜 전 대통령 탄핵 및 국정농단 사태와 이재용 부회장의 구속 등 여러 사건·사고가 '노이즈'로 등장하며 시장에 영향을 주었다.

이제 앞 그래프(자료 1-3)에 '시간'의 개념도 덧붙여보자. 이를 위해 연봉보다는 월봉을 기준으로 해, 전체 흐름에서 봉의 개수를 세어보자.

자료 1-4 삼성전자의 주가 흐름에 '시간'의 개념을 덧붙인 그림

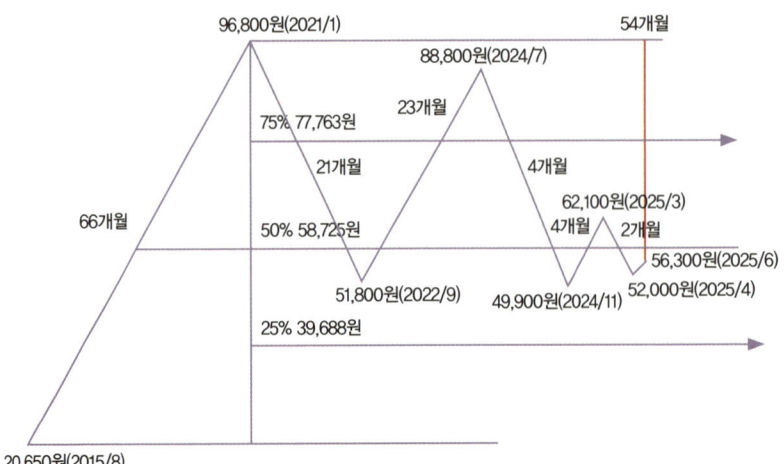

삼성전자는 2015년 8월, 20,650원을 저점으로 약 66개월간 상승세를 이어가며 2021년 1월 96,800원까지 상승했다. 이 기간 동안 주가는 약 369% 상승률을 기록했다. 그러나 이후 21개월간 하락장이 이어지며, 2022년 9월에는 51,800원까지 밀리게 된다. 이러한 상승과 하락 흐름에는 반도체 업황의 흥망성쇠뿐 아니라, 삼성그룹의 내부 거버넌스 이슈도 큰 영향을 미쳤다. 특히 박근혜 전 대통령의 탄핵과 구속, 국정농단 사건과 그에 따른 이재용 회장의 구속, 이건희 회장의 사망과 상속 이슈 등은 시장에 연속적인 '정책·지배구조 리스크'로 작용하며 주가에 적지 않은 충격을 주었다.

주가는 2022년 9월 51,800원 저점 이후 다시 반등해 약 23개월간 상승 흐름을 이어가며 2024년 7월에는 88,800원까지 회복했다. 하지만 삼성전자 주가는 2021년 1월의 고점인 96,800원을 돌파하지는 못했다.

그리고 2024년 11월, 다시 한 번 조정이 심화되며 '5만전자'라는 상징적 지지선이 무너지고 49,900원까지 하락했다. 그 이후 현재까지 삼성전자의 주가는 5만~6만 원 사이의 좁은 박스권에서 지그재그 파동을 반복하고 있다.

이제 삼성전자의 흐름에 4등분법칙을 적용해보자. 대세 상승파동인 2015년 8월(20,650원)부터 2021년 1월(96,800원)까지의 상승 구간을 4등분하면, 전체 상승폭의 50%에 해당하는 중심가격은 58,725원이다. 여기서 주목할 점은, 이 58,725원이 2025년 현재까지 강한 '저항선'으로 작용하고 있다는 것이다.

4등분법칙의 핵심 논리 중 하나는 다음과 같다.

- 상승폭의 75% 지점이 지지되면, 고점 돌파 가능성이 높아진다.
- 50% 지점이 지지되면, 시간이 걸리더라도 상승추세로 전환될 가능성이 있다.
- 50% 지점이 저항으로 작동되면, 조정이 길어지거나 재하락할 가능성이 커진다.

삼성전자의 현재 흐름은 아직까지 이 58,725원이 '지지선'으로 자리 잡았다고 보기 어렵다. 즉 중심가가 지지로 전환되는 신호가 아직 명확히 나타나지 않은 상황이다.

결론적으로, 삼성전자는 58,725원이 '저항선'이 아닌 '지지선'으로 바뀌는 구간에 진입해야, 본격적인 상승추세 전환이 가능하다. 이를 위해서는 2025년 3~4분기의 주가 흐름을 면밀히 관찰하면서, 동시에 분기 매출과 영업이익 등 실적 추이도 함께 점검할 필요가 있다.

삼성전자 주봉의 기준으로

월봉 차트는 삼성전자의 지난 10년 흐름을 조망하는 '장기 관점의 도구'라면, 주봉 차트는 보통 3~5년 정도의 고점과 저점 궤적을 추적하는 '중기 관점의 도구'라고 볼 수 있다.

삼성전자 주봉 차트를 단순화해서 보면, 2022년 9월 저점(51,800원) 이후 상승했다가, 2024년 11월에 다시 49,900원까지 하락하며 직전 저점을 붕괴한 모습을 보여주었다. 이는 기술적으로 '신저점 갱신', 즉 추세 전환의 실패로 해석될 수 있는 구간이다.

4등분법칙의 핵심 논리 중 하나는 '삼각형 패턴'의 해석이다. 특히 하락삼각형에서 되반등이 어느 수준까지 형성되었는지를 분석하는 것이 중요하다. 그리고 새로운 저점이 발생했다면, 이는 단순한 기술적 조정이 아니라 삼성전자의 구조적인 문제 가능성까지 염두에 두고 점검해야 한다. 즉 다음과 같은 질문들에 답할 필요가 있다.

자료 1-5 삼성전자 파동 흐름 (주봉)

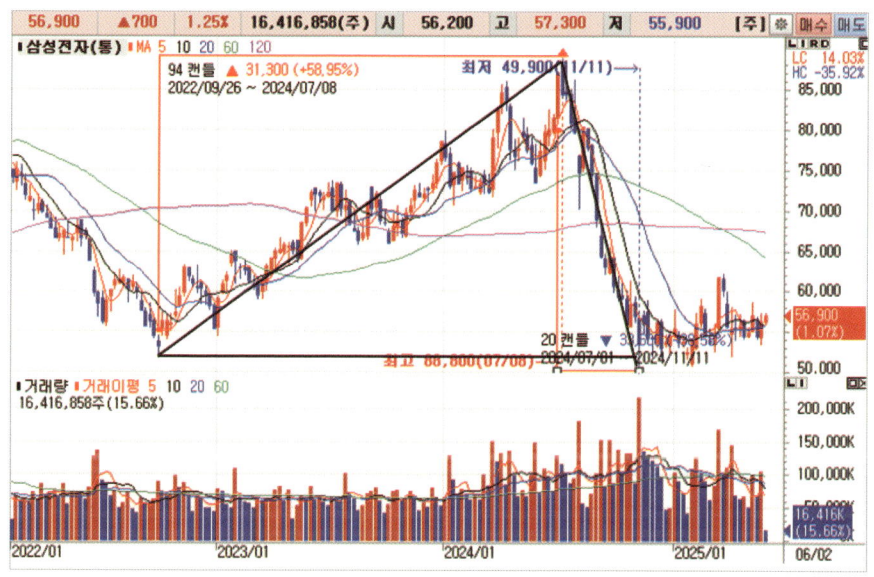

- 왜 하락삼각형 패턴이 나왔는가?
- 왜 신저점이 만들어졌는가?
- 그 저점을 만들어낸 근본적 모멘텀은 무엇인가?

하락삼각형 패턴에서는, 하락한 폭을 4등분해 중심가격(50%선)을 기준으로 분석하는 것이 중요하다. 만약 이 중심가격이 '저항'으로 작동된다면, 직전 저점을 다시 붕괴할 가능성이 크다. 반대로, 중심가격이 '지지'로 작동된다면, 새로운 상승파동이 전개될 가능성이 높아진다.

그런데 여기서, 4등분법칙을 이해하는 데 있어 반드시 짚고 넘어가야 할 핵심 화두가 있다. 바로 다음의 3가지 개념이다.

자료 1-6 삼성전자 파동 흐름을 단순화

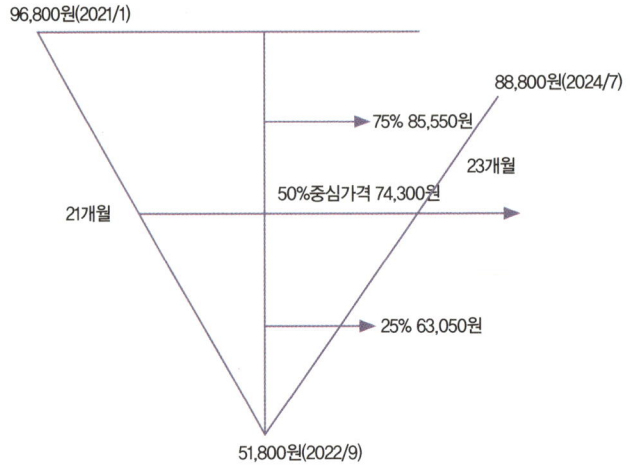

자료 1-7 삼성전자 4등분법칙

삼성전자		상승률	하락률		
96,800	최고	87%	0%		
		81%	-3%	93,988	75%
		76%	-6%	91,175	50%
		71%	-9%	88,363	25%
85,550	75%	65%	-12%		
		60%	-15%	82,738	75%
		54%	-17%	79,925	50%
		49%	-20%	77,113	25%
74,300	50%	43%	-23%		
		38%	-26%	71,488	75%
		33%	-29%	68,675	50%
		27%	-32%	65,863	25%
63,050	25%	22%	-35%		
		16%	-38%	60,238	75%
		11%	-41%	57,425	50%
		5%	-44%	54,613	25%
51,800	최저	0%	-46%		

210

- 시간의 반
- 가격의 반
- 1:1 대등의 법칙

2021년 1월 96,800원에서 2022년 9월 51,800원까지, 삼성전자는 약 21개월간 하락 구간을 거쳤다. 이 구간을 4등분법칙 관점에서 분석하면 다음과 같다.

- 시간의 반: 약 10~11개월
- 가격의 반: 하락폭의 50%에 해당하는 중심가격 74,300원

실제 파동에서 이 중심가격 74,300원을 돌파한 시점은 2022년 9월 저점(51,800원) 이후 약 15개월이 지난 2023년 12월이었다. 시간적으로는 '시간의 반'을 초과한 지점에서 가격의 중심선을 겨우 돌파한 것이다.

그리고 이후 상승은 1:1 대등법칙에도 근접한 모습을 보인다. 하락에 소요된 시간 21개월과 거의 대등한 23개월째인 2024년 7월, 삼성전자는 88,800원 고점을 형성했다.

그러나 새로운 고점을 돌파하기 위한 핵심 조건은 충족되지 않았다. 4등분법칙 기준 '하락파동의 75%능선'인 85,550원이 강하게 지지되어야 고점 돌파가 가능한 구간인데, 실제 흐름에서는 이 지지선이 무너지며 추가 하락이 시작되었다. 이어서 50%중심가격인 74,300원조차 지지하지 못하고, 결국 2024년 11월에 주가는 49,900원까지 급락하게 된다.

이처럼 2022년 9월(저점 51,800원)부터 2024년 7월(고점 88,800원)까지 23개월간 상승한 파동이 불과 4개월 만에 무너지고, 직전 저점마저 붕괴되어 4만 전자(49,900원)를 기록하는 급락으로 이어졌다.

이는 4등분법칙 관점에서 보면, 시간 대비 지나치게 빠른 조정과, 핵심 지지선의 잇단 붕괴가 의미하는 바가 크다. 즉 이는 단순한 조정이 아니라 상승추세의 구조적 실패이자, 방향성 재검토를 요구하는 시점이다.

여기서 다시 상승삼각형과 하락삼각형 구조를 단순화해 각 구간의 '4등분 기준선'과 '시간의 맥점'을 체크해보는 것이 중요하다.

실제 상승파동의 고가와 저가를 기준으로 4등분한 구조는 다음과 같다.

자료 1-8 삼성전자 4등분법칙

삼성전자		상승률	하락률		
88,800	최고	71%	0%		
		67%	-3%	86,488	75%
		63%	-5%	84,175	50%
		58%	-8%	81,863	25%
79,550	75%	54%	-10%		
		49%	-13%	77,238	75%
		45%	-16%	74,925	50%
		40%	-18%	72,613	25%
70,300	50%	36%	-21%		
		31%	-23%	67,988	75%
		27%	-26%	65,675	50%
		22%	-29%	63,363	25%
61,050	25%	18%	-31%		
		13%	-34%	58,738	75%
		9%	-36%	56,425	50%
		4%	-39%	54,113	25%
51,800	최저	0%	-42%		

자료 1-9 삼성전자 파동 흐름을 단순화

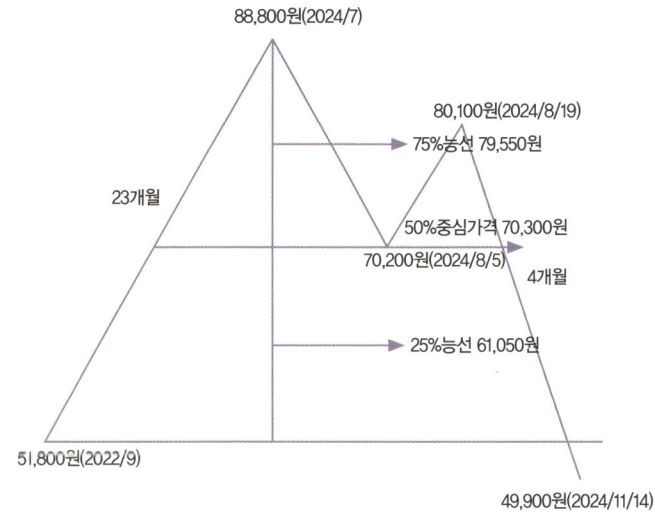

  2022년 9월 51,800원에서 2024년 7월 88,800원까지, 23개월에 걸쳐 올라간 가격을 단 4개월 만에 반납한 '급락파동'이 전개되었다.

자료 1-10 삼성전자 파동 흐름 (일봉)

그 급락 과정에서, 2024년 8월 5일에는 '엔캐리 트레이드 청산' 이슈로 인해 사상 초유의 급락파동이 나타났다. 전일인 8월 2일 코스피 종가가 2,676포인트였는데, 단 하루 만에 290포인트가 빠지며 8월 5일에는 2,386포인트로 마감했다. 이는 종합지수 기준으로도 매우 이례적인 단일 일간 낙폭이다. 당시 파생시장에서 얼마나 하락 변동성이 컸는지는, 위클리 옵션 시장의 수치가 이를 잘 보여준다.

다음 데이터는 2024년 8월 5일, 급락 당시 기록된 위클리 옵션 시장의 실제 수치들이다. '역사적 급락일'로 반드시 기억해두어야 할 데이터다.

이날(8월 5일), 코스피200 선물은 하루 만에 무려 40포인트가 급락했다. 동시에 시가총액 상위종목들에도 일제히 강력한 하락 압력이 쏟아졌다. 삼성전자, SK하이닉스, 포스코홀딩스는 모두 10% 이상 하락했고, LG화학은 단일일 기준으로 무려 12% 급락하는 모습을 보였다. 이는 단순한 조정이 아니라, 시장 전반에 패닉에 가까운 매도세가 출현한 전형적인 급변일이었다.

자료 1-11 삼성전자 일봉 차트 (2024년 8월 5일의 폭락)

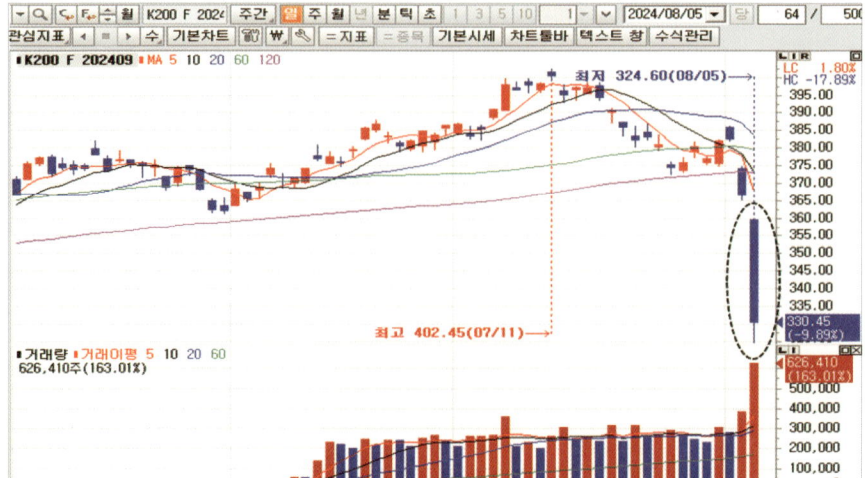

자료 1-12 8월 5일 하루 시가총액 상위종목들의 급락수준

No	종목	현재가	대비	등락률(%)	거래량	매도호가	매수호가	시가총액(억)	비중(%)
1	삼성전자	71,500 ▼	8,100	-10.18	43,541,312	71,600	71,500	4,298,243	21.42
2	SK하이닉스	154,300 ▼	18,900	-10.91	9,048,650	154,300	154,200	1,134,227	5.65
3	LG에너지솔루	320,500 ▼	15,500	-4.61	275,218	321,000	320,500	749,970	3.73
4	삼성바이오로	888,000 ▼	23,000	-2.52	185,052	889,000	888,000	629,889	3.14
5	현대차	222,000 ▼	22,000	-9.02	1,101,665	222,500	222,000	470,139	2.34
6	삼성전자우	56,700 ▼	5,300	-8.55	2,200,461	56,700	56,600	468,222	2.33
7	셀트리온	183,600 ▼	10,000	-5.17	1,426,950	183,600	183,400	398,399	1.98
8	기아	97,000 ▼	10,100	-9.43	1,733,458	97,100	97,000	390,661	1.94
9	KB금융	76,000 ▼	7,200	-8.65	2,525,610	76,000	75,900	307,878	1.53
10	POSCO홀딩스	320,000 ▼	36,500	-10.24	553,997	320,500	320,000	271,473	1.35
11	신한지주	52,600 ▼	4,500	-7.88	2,203,181	52,600	52,500	267,940	1.33
12	NAVER	156,700 ▼	14,700	-8.58	1,083,515	156,800	156,700	257,742	1.28
13	삼성물산	135,100 ▼	11,800	-8.03	277,395	135,500	135,300	241,430	1.20
14	삼성SDI	305,500 ▼	31,000	-9.21	407,749	306,000	305,500	210,763	1.05
15	LG화학	269,500 ▼	39,000	-12.64	509,890	270,000	269,500	189,893	0.94
16	현대모비스	203,500 ▼	14,000	-6.44	224,705	204,000	203,500	189,709	0.94
17	삼성생명	83,300 ▼	6,900	-7.65	407,819	83,400	83,300	167,000	0.83
18	하나금융지주	56,400 ▼	5,600	-9.03	1,244,836	56,500	56,400	165,473	0.82
19	카카오	36,550 ▼	3,000	-7.59	2,015,614	36,550	36,500	162,300	0.80
20	포스코퓨처엠	209,500 ▼	16,500	-7.30	457,539	210,000	209,500	161,510	0.80

자료 1-13 코스피200 선물 지수의 급락 (2024년 8월 5일)

		콜옵션								풋옵션				
저가	고가	시가	거래량	등락률	전일비	현재가	행사가	환산지수	현재가	전일비	등락률	거래량	시가	고가	저가
0.01	0.05	0.04	50,247	-99.44 ↓	1.79	0.01	367.50	2,704.99	32.15 ▲ 28.13		699.75	490	9.27	32.15	9.00
0.01	0.16	0.13	69,040	-99.66 ↓	2.89	0.01	365.00	2,686.59	29.10 ▲ 26.46		1,002.27	1,753	6.70	29.10	6.70
0.01	0.47	0.40	112,503	-99.77 ↓	4.39	0.01	362.50	2,668.19	32.20 ▲ 30.60		1,912.50	1,768	4.43	32.20	4.36
0.01	1.52	1.05	170,515	-99.71 ↓	6.09	0.01	360.00	2,649.78	33.00 ▲ 32.01		3,233.33	4,720	2.70	33.00	2.56
0.01	2.70	2.29	182,421	-99.87 ↓	7.70	0.01	357.50	2,631.38	30.15 ▲ 29.59		5,283.93	10,693	1.42	30.15	1.34
0.01	3.49	3.49	179,645	-99.90 ↓	10.19	0.01	355.00	2,612.98	30.00 ▲ 29.67		8,990.91	29,431	0.67	30.00	0.67
0.01	6.34	6.31	194,047	-99.92 ↓	12.69	0.01	352.50	2,594.58	26.55 ▲ 26.35		13,175.00	39,448	0.38	26.55	0.35
0.01	5.30	5.30	157,262	-99.93 ↓	15.19	0.01	350.00	2,576.18	25.25 ▲ 25.12		19,323.08	77,621	0.20	26.05	0.13
0.01	6.56	6.33	112,317	-99.94 ↓	17.69	0.01	347.50	2,557.78	21.95 ▲ 21.87		27,337.50	109,522	0.09	21.95	0.09
0.01	8.89	8.89	75,147	-99.95 ↓	20.19	0.01	345.00	2,539.38	20.25 ▲ 20.20		40,400.00	123,901	0.05	20.25	0.04
0.01	6.09	5.95	58,278	-99.91 ▼	22.68	0.02	342.50	2,520.98	17.45 ▲ 17.43		87,150.00	88,589	0.02	17.45	0.02
0.03	6.37	6.28	31,167	-99.84 ▼	25.18	0.04	340.00	2,502.57	15.50 ▲ 15.49		154900.00	95,916	0.01	15.50	0.01
0.10	6.57	6.26	17,012	-99.64 ▼	27.60	0.10	337.50	2,484.17	13.00 ▲ 12.99		129900.00	78,238	0.01	13.00	0.01
0.17	4.94	4.89	5,170	-99.44 ▼	30.03	0.17	335.00	2,465.77	10.50 ▲ 10.49		104900.00	67,716	0.01	10.50	0.01

[자료 1-12]의 수치를 보면, 2024년 8월 5일의 급락파동은 사상 유례없는 하방 변동성을 보여주었다. 코스피200 선물 지수는 하루 만에 40포인트 급락했고, 위클리 옵션 하방 행사가격별 변동률은 다음과 같다.

- 풋 340 행사가격: +150,000%
- 풋 337.5 행사가격: +120,000%
- 풋 335 행사가격: +100,000%

이 수치의 의미가 실감 나지 않는다면, 이렇게 이해할 수 있다. 전날 풋 340을 100만 원어치 매수한 투자자는, 하루 만에 1억 원의 수익(1만%)을 거둔 것이다. 100,000% 수익률이라면, 100만 원이 10억 원이 되는 수치다. 이처럼 2024년 8월 5일은 파생시장에서 관측된 역대 최대 변동성일 가능성이 크며, 향후에도 이 정도의 하락에너지가 반복될 수 있을지는 미지수다.

당시 삼성전자의 종가는 70,200원이었다. 이는 상승삼각형 구간(2022년 9월 51,800원~2024년 7월 88,800원)을 4등분했을 때, 정확히 '50%중심가격'인 70,300원과 거의 일치하는 지점이다. 즉 이 구간은 기술적으로도 매우 중요한 '맥점'이자 변곡점이었다.

삼성전자는 8월 5일 70,200원에서 일시적으로 반등해, 2024년 8월 19일에는 80,100원까지 회복했지만, 이후 다시 급락하면서 결국 2024년 11월 49,900원까지 무너지는 파동을 보인 것이다.

결론적으로, '7만전자' 구간은 더 이상 지지선이 아니었다. 8월 5일 엔캐리 청산 급락파동은 이 가격대가 지지에서 '저항'으로 전환된 분기점이었다. 이 날은 기술적 분석과 외부 변동성이 교차한 중요한 맥점으로 잘 기억해야 한다.

앞서 단기 파동에서 주요 변곡점들을 확인했다면, 이제 다시 주봉 차트 기준으로 삼성전자의 '상승삼각형'과 '하락삼각형' 패턴을 구성하는 '시간'과 '가격'의 위치를 단계별로 추적해보자.

자료 1-14 삼성전자 파동 흐름 (주봉)

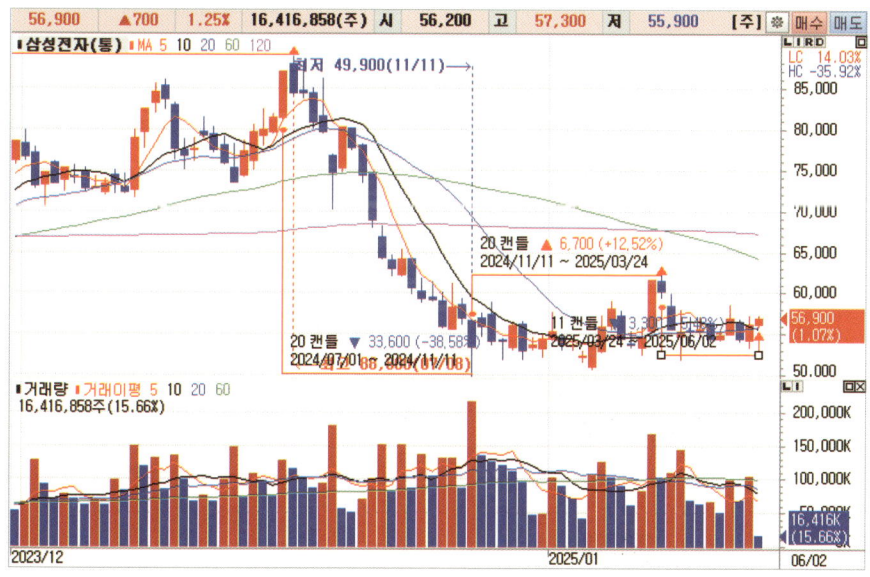

자료 1-15 삼성전자 파동 흐름을 단순화

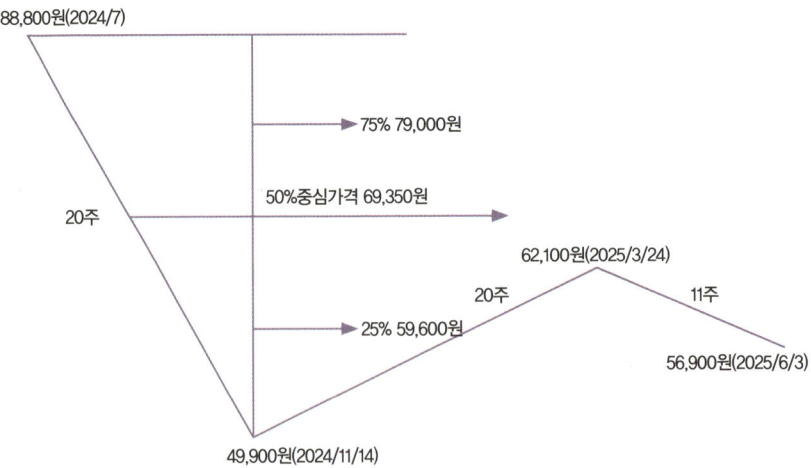

자료 1-16 삼성전자 4등분법칙

삼성전자		상승률	하락률		
88,800	최고	78%	0%		
		73%	-3%	86,369	75%
		68%	-5%	83,938	50%
		63%	-8%	81,506	25%
79,075	75%	58%	-11%		
		54%	-14%	76,644	75%
		49%	-16%	74,213	50%
		44%	-19%	71,781	25%
69,350	50%	39%	-22%		
		34%	-25%	66,919	75%
		29%	-27%	64,488	50%
		24%	-30%	62,056	25%
59,625	25%	19%	-33%		
		15%	-36%	57,194	75%
		10%	-38%	54,763	50%
		5%	-41%	52,331	25%
49,900	최저	0%	-44%		

주봉 흐름으로 보면, 삼성전자는 2024년 7월 88,800원 고점 이후, 2024년 11월 14일까지 49,900원까지 약 20주간 하락했다. 이후 4등분법칙의 1:1 대등원칙에 따라, 같은 기간(20주) 동안 반등 흐름이 전개되어, 2025년 3월 24일에는 62,100원까지 상승했다.

그러나 현재는 11주째 조정중이며, 반등 흐름은 아직까지 '되돌림의 힘'이 부족한 상태다. 특히 기술적으로 중요한 점은 다음과 같다.

- 하락 20주의 에너지 이후, 4등분법칙 기준 50%중심가격인 69,350원까지의 반등이 나타나지 않았다.
- 반등의 최대치는 25%능선 수준인 62,100원에 불과했으며, 이 역시 20주 반등 시점에 겨우 형성되었다.
- 이후 주가는 다시 수차례 하단 지지선을 시험하는 흐름을 보였고, 현재는 5만~6만 원 사이의 '지그재그 터널형 파동'만 전개되고 있는 상황이다.

결론적으로, 50%중심가격인 69,350원을 돌파해서 '7만전자' 회복 구간에 진입하는 시점이야말로, 삼성전자가 본격적으로 하락파동의 늪에서 벗어나는 변곡점으로 해석할 수 있다. 이 가격 돌파 여부는 단기 반등과 중기 추세 전환을 가르는 핵심 지표가 된다.

삼성전자 일봉의 기준으로

자료 1-17 삼성전자 파동 흐름 (일봉)

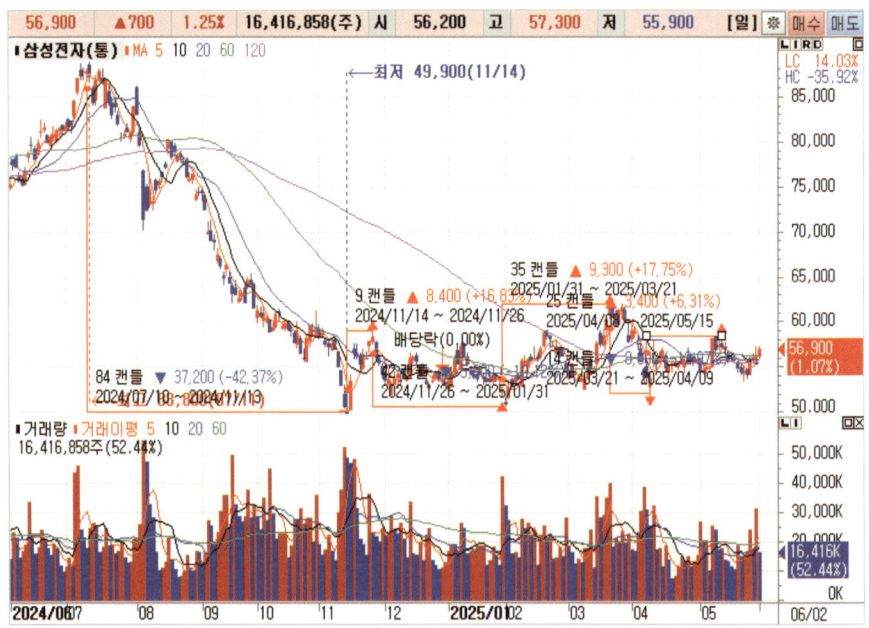

일봉 기준의 시간 감각으로 보면, 삼성전자는 2024년 7월 고점 88,800원에서 2024년 11월 14일 저점 49,900원까지 총 84개의 캔들이 형성된 후 '9일 상승, 43일 하락, 34일 상승' 이런 식으로 지그재그파동이 전개중이다. 이것을 단순하게 그려본 것이 [자료 1-18]이다.

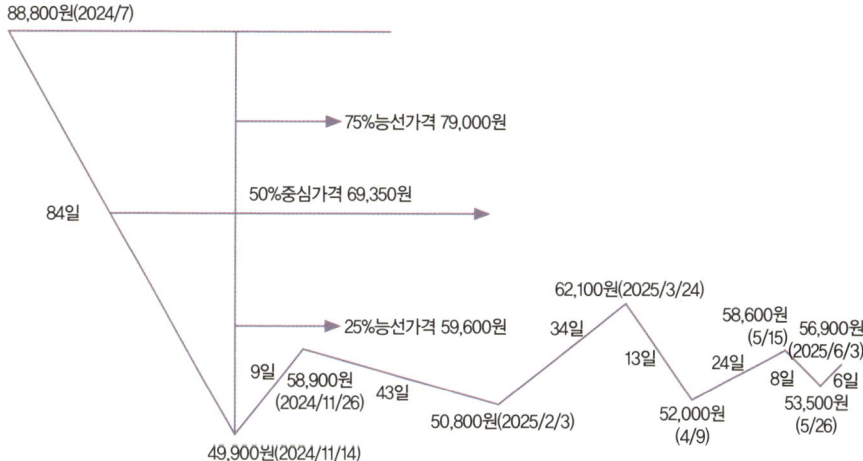

자료 1-18 삼성전자 지그재그파동을 단순화

　2024년 11월 14일 저점 49,900원에서 2025년 3월 24일 62,100원까지 반등한 이후, 2025년 4월 9일에는 다시 52,000원까지 조정파동이 전개되었다. 이후 주가는 5만~6만 원 사이의 좁은 박스권에서 주기가 점점 짧아지는 지그재그 파동만을 반복하고 있다. 무언가 에너지와 파동이 점점 수렴해가는 흐름을 보여주고 있으며, 추세 분출 전 특유의 압축 구조가 형성되는 모습이다.

　여기서 삼성전자의 흐름을 판단하는 데 개인적으로 활용하는 하나의 도구를 추가로 소개한다. 바로 'P-MAX/P-MIN파동'이라는 개념이다. 이는 4등분법칙과 병행해 사용하는 틀이다. 단, 액면분할 이전의 삼성전자 주가 데이터는 현재와 비교 분석할 때 반드시 1/50로 나누어 생각해야 한다. 이제 이 개념을 2025년 6월 현재 시점의 가격 흐름에도 적용해보자.

　벤저민 그레이엄이나 워런 버핏의 투자 아이디어를 실전에 적용하려면, 최소 3년 이상의 투자 호흡은 기본이고, 평균적으로는 10년 단위의 장기 관점이 필요하다. 하지만 초보 투자자에게 그런 시간적 인내를 요구하는 투자 방식은 거의 불가능에 가깝다.

뿐만 아니라 기본분석에 필요한 지식과 기업 분석 능력 또한 상당한 학습이 필요하다. 철저한 가치 투자자로 성장하려면, 적어도 3~4년간 집중적인 공부가 선행되어야 한다. 이렇듯 진입장벽이 높은 가치투자 대신, 많은 초보자들은 자연스럽게 기술적 분석에 기반한 트레이딩 매매로 빠르게 끌려가게 된다.

이에 필자는 두 개의 계좌를 병행 운영할 것을 권한다. 첫 번째 계좌는 기술적 분석을 바탕으로 실전 트레이딩을 하며 매매 철학과 전략을 배우는 '트레이딩 훈련 계좌'이다. 두 번째 계좌는 최소 3~4년을 전제로 한 '시간여행 가치투자 계좌'로, 가치 투자 종목을 선정해 기업 분석을 반복하며 내공을 쌓는 용도다. 이 두 계좌를 병행하다 보면, 마치 뇌가 두 개로 갈라지는 듯한 혼란(멘붕)을 겪을 수도 있다. 하지만 진정한 주식 창업가로 성장하려면, 이 과정 또한 반드시 거쳐야 할 훈련이다. 결국 투자에서 중요한 것은 기술과 기본을 융합하는 감각이다. '과거 수치 → 현재 수치 → 미래 예측 수치'로 이어지는 흐름을 따라가며, 지금 이 주가가 미래에 어떻게 움직일지를 추적해보는 것이다. 언뜻 어려워 보이지만, 접근 방식은 의외로 단순하다.

- 분기별로 데이터를 나누어 매출액과 영업이익의 변화를 체크하고 우상향/우하향/지그재그 등 패턴을 식별한다.
- 동시에 분기별 주가의 고가·저가·중심가격을 추적해 실적 변화와 함께 주가 변동폭이 어떻게 움직일지를 예측해본다.

이렇게 정리된 기준선을 바탕으로, 현재 시점에서 매수 또는 매도를 판단하는 것이 P-MAX/P-MIN파동 분석의 핵심이다.

이 분석 방법을 삼성전자에 적용하면 다음과 같다.

자료 1-19 **삼성전자 P-MAX/P-MIN파동**

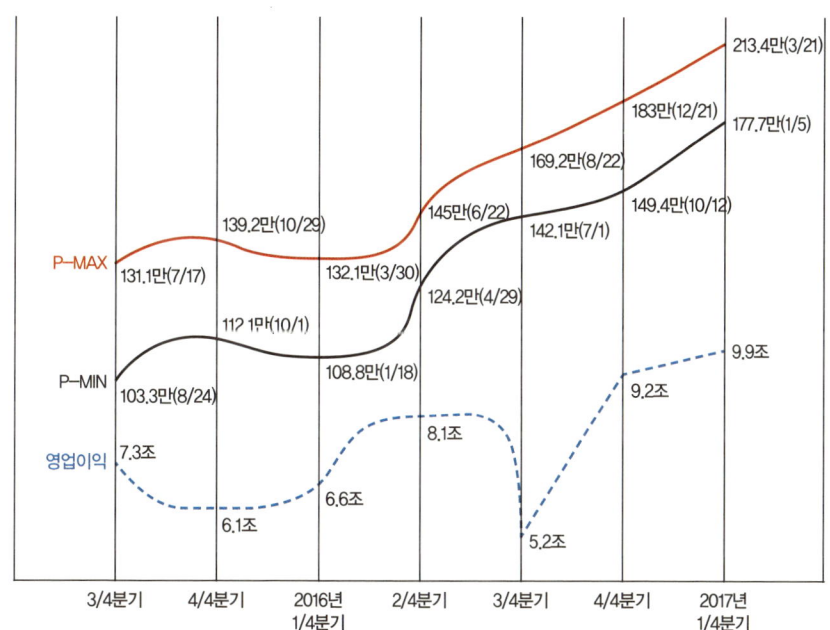

맨 위의 빨간 선은 분기별 '최고가'를 연결한 선이고, 가운데 검은 선은 분기별 '최저가'를 연결한 선이다. 맨 아래의 파란 점선은 분기별 '영업이익'을 나타낸다.

이 그림에서 확인할 핵심은 다음과 같다.

- 고가와 저가의 방향각도 추이를 살펴본다.
- 영업이익의 방향각도 추이가 일치하는지 혹은 엇갈리는지를 살펴본다.
- 분기별 고가와 저가의 간격, 그 중심값(50%가격)이 점점 높아지는지 낮아지는지 살펴본다.

- 나아가 앞으로 전개될 분기의 고가·저가 방향성, 그리고 영업이익의 컨센서스가 실제로 어떻게 발표되는지를 지속적으로 추적해 시장 흐름과 괴리 여부를 판단해야 한다.

이 개념을 삼성전자에 적용한 대표적인 사례가 2016년 3분기다. 당초 8조 원 이상으로 기대됐던 영업이익은, 갤럭시노트7 배터리 폭발 사태로 인해 실제 5.2조 원으로 급감했다. 그러나 삼성바이오로직스 상장 모멘텀, 지주사 분할 가능성, 고배당 정책 기대감이 작용하면서 주가는 오히려 상승세를 이어갔다. 결국 2016년 4분기 영업이익은 9.2조 원을 기록했고, 반도체 슈퍼 사이클에 대한 기대까지 더해지면서 주가는 200만 원까지 급등하는 흐름을 보였다.

하지만 이재용 부회장의 구속 결정으로 인해, 삼성그룹 전반에 CEO 리스크가 발생하게 된다. 이를 시장이 극복하려면, 2017년 1분기 실적이 10조 원 이상 나와야 하며, 차세대 제품인 갤럭시 S8의 시장 반응이 긍정적이어야 한다. 동시에 D램 가격 역시 강세를 유지해야 한다. 즉 스마트폰 부문에서 망가졌던 실적이 회복되고, 반도체 부문의 실적이 견조하게 유지될 때에만 P-MAX/P-MIN 파동은 우상향 패턴을 계속 유지할 수 있다.

따라서 향후 삼성전자 주가에 대한 투자 판단 기준을 세우기 위해서는 다음 3가지 흐름을 집중적으로 추적해야 한다.

- 제품 실적 및 업황 변수: 갤럭시 S8의 시장 실적 반응, D램 가격의 추이
- 지배구조 변화 이슈: 삼성전자의 지주사 분할이 실제로 추진되는가, 혹은 정치·법적 난관에 부딪혀 무산되는가?
- 기술적 흐름 + 수급 분석: 분기별 고가·저가의 50% 중심가격을 기준선 삼아 매매 주체별 수급 흐름(외국인·연기금 등)의 방향성을 파악

특히 2017년 1분기 실적이 발표되는 시점까지는, 삼성전자의 P-MAX/P-MIN 파동 궤적을 밀도 있게 추적해야 한다. 이때는 단순한 가격 흐름만이 아니라, 의미 있는 지지선과 저항선의 형성 여부, 그리고 수급 주체들의 태도 변화가 매우 중요하다. 예를 들어 이런 것들이다.

- 연기금의 매수세가 언제까지 유지되는가?
- 외국인은 순매도 전환했는가, 아니면 비중을 유지하고 있는가?
- 수급의 규모는 일관된가, 단기적 이상 반응인가?

이러한 데이터는 단순 수치가 아닌 '추세'로 파악해야 한다. 이를 위해 다음과 같은 시각적 분석 도구도 활용할 수 있다. 'X축은 종합지수, Y축은 삼성전자 주가'를 기준으로 고점과 저점 구간에서의 궤적을 연결한 후, 그 안에서 매매 주체별 수급 흐름이 어떤 경로로 이어졌는지를 선형적으로 확인한다.

결국 매일매일의 삼성전자 종가 흐름이 종합지수와 어떤 방향성의 관계를 가지는가를 파악함으로써, 주가의 추세 전환 또는 지속 여부에 대한 실질적인 판단이 가능해진다.

앞서 살펴본 2016~2017년 사례는, 삼성전자가 직면한 단기 변수와 분기별 매출·영업이익 추이를 바탕으로 '미래 지도'를 예측해보려는 P-MAX/P-MIN 분석의 대표적 사례였다.

하지만 이제는 시점을 전환할 필요가 있다. 2025년 6월 현재, 삼성전자는 전혀 다른 국면에 놓여 있다. 과거에는 갤럭시 노트7과 S8이 핵심 변수였다면, 지금은 갤럭시 S25 시리즈까지 출시되었고, 삼성전자의 사업 구조는 미·중 패권 전쟁 속에서 크게 흔들리고 있다.

특히 엔비디아의 부상과 함께 AI 반도체 경쟁이 본격화되면서 삼성전자는 더욱 뼈아픈 현실에 직면했다. SK하이닉스는 엔비디아에 HBM(고대역폭 메모리)을 안정적으로 납품하며 AI 시대의 새로운 주역으로 부상하고 있는 반면, 삼성전자는 수율 문제로 아직까지 엔비디아에 HBM을 납품하지 못하고 있다. 이로 인해 영업이익 기준으로 SK하이닉스에게 1위 자리를 내주는 초유의 상황, '만년 2등'이던 SK하이닉스에게 '굴욕적 역전'을 허용하는 현실에 처하게 된 것이다.

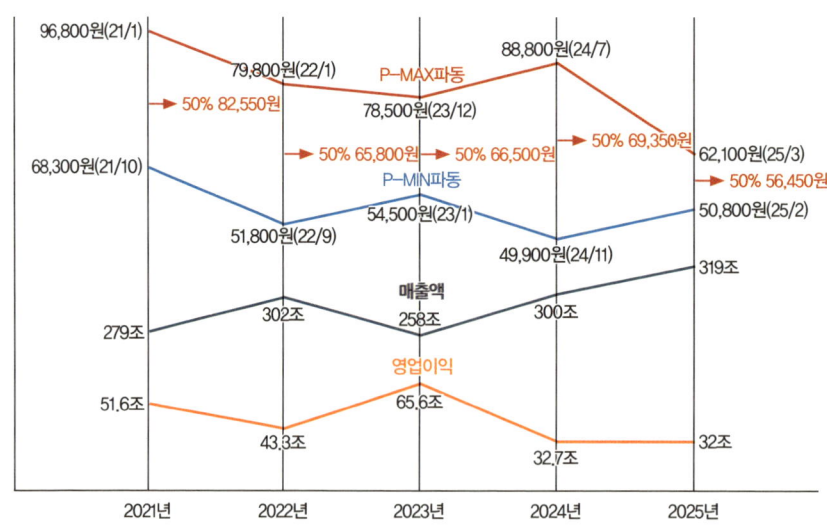

자료 1-20 삼성전자 P-MAX/P-MIN파동 (2021~2025년)

현재 삼성전자의 P-MAX파동은 여전히 하락세를 이어가고 있다. 반면 P-MIN 파동은 2024년을 기점으로 미세한 변화 조짐을 보이고 있다. 다음과 같이 저점이 높아지는 저점 상승 구조가 형성되기 시작한 것이다.

- 2024년 11월 저점: 49,900원
- 2025년 2월 저점: 50,800원

한편 2025년 고점은 3월에 62,100원까지 형성된 이후, 2025년 6월 3일 현재 주가는 56,450원 수준에 머물고 있다.

이제 P-MAX파동과 P-MIN파동의 중심가격(고가·저가의 50%)의 연도별 궤적을 살펴보자.

- 2021년 50%중심가격: 82,550원
- 2022년 50%중심가격: 65,800원
- 2023년 50%중심가격: 66,500원
- 2024년 50%중심가격: 69,350원
- 2025년 50%중심가격: 56,450원(6월 기준)

이처럼 삼성전자의 중심가격은 지속적으로 낮아지고 있다. 중심가격이 저항대를 보이는 구간이 65,800~69,350원인데, 이 구간이 지지대로 전환되는 시기를 체크해야 할 것이다. 이 구간이 지지선으로 전환되면, 삼성전자의 중기 하락파동이 종료되고, 상승파동의 에너지가 복원되기 시작했음을 의미할 수 있다.

삼성전자는 2024년 4분기부터 분기 매출과 영업이익 모두 '박스권 흐름'에 머물고 있다. 분기 매출액 추이(2024년 4분기~2025년 2분기 예상)를 보면, 2024년 4분기부터 75조~79조 원 범위의 일정한 박스 내에서 등락중이다. 분기 영업이익 추이도 마찬가지로 2024년 4분기 6.4조 원, 2025년 1분기 6.6조 원, 2025년 2분기(예상) 6.8조 원 등 6.5조~7조 원 사이에서 수렴중이다.

주가 역시 P-MAX/P-MIN 파동상 박스권 흐름이 선명하다. 주가도 실적도 '횡보 박스'에 갇혀 있는 상황이다.

P-MAX 고점 흐름을 보면, 상단이 6만 원대 초반에 제한적으로 갇혀 있는 모습을 보이고 있다.

- 2024년 10월 2일: 61,900원
- 2025년 3월 24일: 62,100원
- 2025년 4월 1일: 59,600원

P-MIN 저점 흐름을 보면, 하단은 5만 원대에서 안정적으로 지지중이다.

- 2024년 11월 14일: 49,900원
- 2025년 2월 3일: 50,800원
- 2025년 4월 9일: 52,000원

자료 1-21 삼성전자 분기별 P-MAX/P-MIN파동

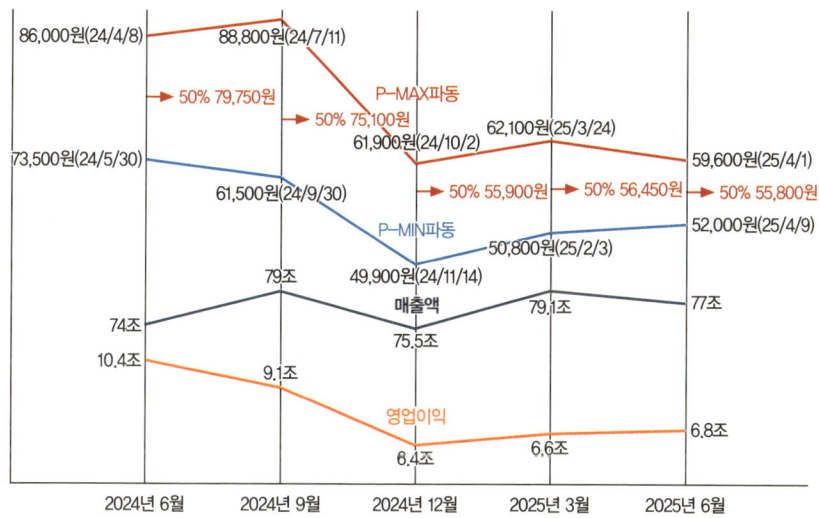

 분기 영업이익도 2024년 4분기부터 6.5조 원과 7조 원 사이에 갇혀 있는데, 분기 영업이익이 7조 원을 '돌파'하는 구간이 전개되기 전까지는 '6만 원대 주가'는 저항선으로 작용할 가능성이 크다.
 분기 영업이익 7조 원 돌파가 확인되는 분기, 그리고 그 기대가 선반영되기 시작하는 구간에서는 6만 원이 '저항선'이 아닌 '지지선'으로 전환될 가능성이 높아진다. 바로 이 지점이 바로 '7만전자'를 향한 상승 시작점이 될 수 있다.

이제, 이 흐름을 상승삼각형 구조 기준으로 정리해보면 다음과 같다.

자료 1-22 삼성전자 파동 흐름을 단순화

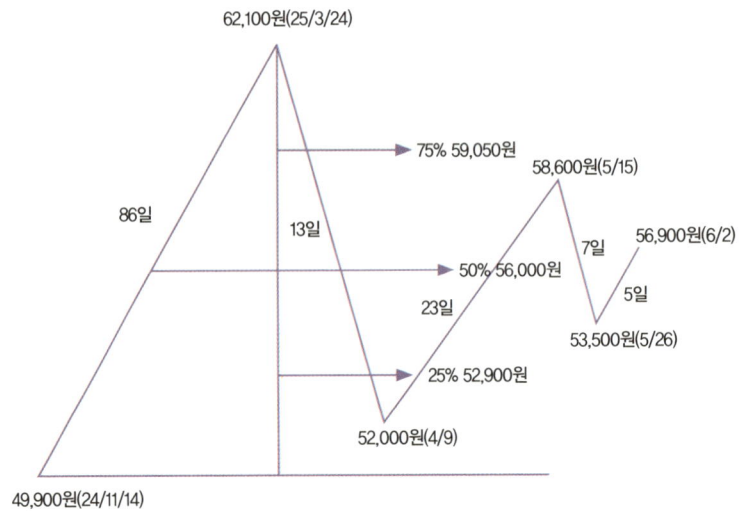

4등분법칙 기준에서 보면, 삼성전자는 2024년 11월 14일 저점 49,900원에서 2025년 3월 24일 고점 62,100원까지 상승하는 데 총 86거래일이 소요되었다. 이제 그에 상응하는 조정파동이 전개되고 있는데, 2025년 6월 2일 기준으로 조정 기간은 48거래일에 불과하다. 1:1 대등법칙에 따라 조정이 완성되려면, 현재 시점에서 약 38거래일이 추가로 더 필요하다. 즉 조정파동의 시간이 아직 부족하다는 점을 기술적으로 인식할 수 있다.

그렇다면 이 남은 조정 기간 내에 어떤 변수가 등장할 수 있는가? 바로 2025년 2분기 실적 확정치 발표, 그리고 3분기 영업이익이 기존 6.5조 원 수준에서 7조 원 이상으로 상향 조정되는 상황이 그것이다. 이런 상황만 나온다면, 2025년 3월 24일 고점인 62,100원을 돌파하는 새로운 상승파동이 나타날 것이다.

삼성전자의 이동평균선 배열 변화 분석

이동평균선 분석 기법의 핵심은 다음 2가지다.

- 단기(5일·10일·20일선)와 중기(60일·120일선)의 이격도
- 이동평균선 자체의 방향성(상승 vs 하락)

이 2가지를 함께 고려해 현재 주가 흐름이 상승파동인지, 하락파동인지를 판단해야 한다.

이제부터 삼성전자의 이동평균선 배열을 실제로 살펴보자. 먼저 기준일은 2024년 11월 14일, 저점 49,900원을 형성한 시점이다. 이 날을 기준으로 각 이동평균선(5·10·20·60·120일선)이 어떤 배열을 보이고 있었는지를 체크해보자.

자료 1-23 삼성전자 파동 흐름 (일봉)

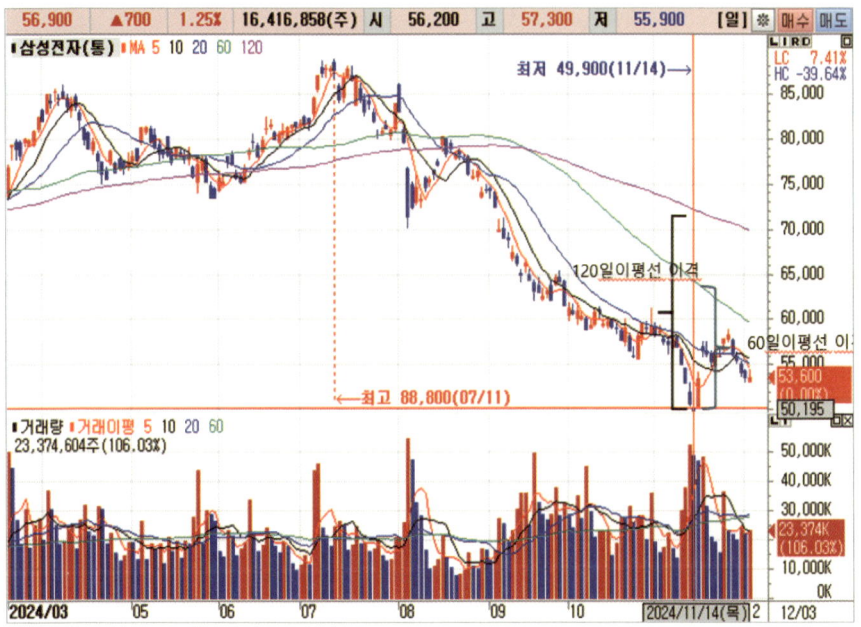

이날 각 이동평균선의 위치는 다음과 같다.

- 5일 이동평균선: 53,100원
- 10일 이동평균선: 55,490원
- 20일 이동평균선: 56,920원
- 60일 이동평균선: 64,240원
- 120일 이동평균선: 72,100원

이격도 분석을 해보면 다음과 같다.

- 120일선과의 이격차: 72,100원 - 49,900원 = 22,200원

  → 장기 이평선 대비 약 30.3% 이탈

- 60일선과의 이격차: 64,240원 - 49,900원 = 14,340원

  → 중기 이평선 대비 약 22.2% 이탈

이처럼 단기뿐 아니라 중장기 이평선과의 괴리도 매우 큰 상태였으며, 이는 기술적으로 '심각한 하락 과매도 구간'을 나타낸다.

이제 2025년 6월 2일 기준으로 이동평균선을 다시 체크해보자. 이 시점에서 이평선 간 압축 혹은 정렬 변화가 있었는지를 비교 분석할 수 있다.

자료 1-24 삼성전자 파동 흐름 (일봉)

2025년 6월 2일 현재, 삼성전자의 5일·10일·20일·60일·120일 이동평균선이 거의 같은 수준에서 밀집되어 있다. 이러한 이동평균선 밀집 구간은 추세 변화의 전조, 또는 에너지 응축 상태에서 곧 방향성이 분출될 가능성을 시사한다.

여기서 이동평균선의 기본 개념을 다시 확인해보자. 5일 이동평균선은 오늘을 기준으로, 최근 5일간의 종가를 더한 후 5로 나눈 평균이다. 120일 이동평균선은 오늘 종가가 들어오고, 동시에 120일 전 종가가 빠져나가면서, 최근 120일간의 종가 평균으로 계산된다. 즉 이동평균선은 '매일 갱신되는 가중치 없는 단순 평균선'이며, 이전 데이터를 빼고 오늘 데이터를 넣는 방식으로 계속 '이동'한다.

그렇다면 지금 시점(6월 2일)을 기준으로, 각 이동평균선에서 빠져나가는 과거 시점의 날짜는 다음과 같이 표시할 수 있다.

자료 1-25 **삼성전자 파동 흐름 (일봉)**

2025년 6월 4일 기준, 새로운 종가가 들어오면 5일 이동평균선에서는 5월 27일 종가 54,200원이 빠져나간다. 그 결과, 최근 5일치 종가의 평균값이 갱신되며 이동평균선의 궤적이 업데이트된다. 120일 이동평균선 역시 마찬가지다. 6월 4일의 새로운 종가가 들어오고, 2024년 12월 2일의 종가 53,600원이 빠져나가면서 최근 120일치의 평균값이 재계산된다.

그런데 현재는 이 모든 이동평균선(5일선, 10일선, 20일선, 60일선, 120일선)이 거의 한 지점에 밀집되어 있는 상태다. 즉 단기 이평선과 중기 이평선의 차이가 거의 없는 상황이며, 이는 곧 크게 오르지도, 크게 내리지도 않는 '에너지 축적기'라는 뜻이다.

이처럼 이동평균선이 좁혀질수록, 조만간 방향성이 강하게 분출되는 경우가 많다. 이평선이 가까워지면 멀어지려는 힘이 작동하고, 이평선이 멀어져 있으면 다시 수렴하려는 힘이 작동한다. 즉 수렴은 항상 확산의 전조이며, 지금 삼성전자는 중요한 전환 시점에 도달하고 있다.

지금까지 삼성전자를 놓고 통계적 수치와 데이터 흐름을 바탕으로 살펴본 내용은 다음과 같다.

- 연봉, 월봉, 주봉, 일봉 기준의 4등분 중심가격 변화
- P-MAX/P-MIN파동의 구조
- 이동평균선 배열 분석 및 이격도 분석

이러한 방식은 단지 삼성전자에만 국한되지 않는다. 코스피200 구성 종목 중 대표주들을 같은 분석 틀로 적용해보면, 그 기업의 업황 흐름, 파동 패턴, 그리고 매수·매도에 적합한 가격대를 데이터 기반으로 해석하고 판단할 수 있게 된다. 즉 기

술적 분석과 통계적 기준이 결합된 4등분법칙과 P-MAX/P-MIN파동, 이동평균선 배열 분석은 실전 투자에서 강력한 전략 도구가 될 수 있다.

뿐만 아니라 이런 분석을 통해 우리는 그 종목이 파동상 '어디에 위치해 있는가', 그리고 '얼마나 에너지를 축적 혹은 소진했는가'를 함께 측정할 수 있다. '위치'는 해당 종목이 상승 또는 하락 사이클의 어느 구간에 있는지를 의미하며, '에너지'는 향후 방향성과 폭을 예측할 수 있는 선행 지표로 작동한다. '위치와 에너지'의 교차 분석은 단순한 추세 확인을 넘어 '어디에서 사야 하고, 어디에서 팔아야 하는가'를 판단하는 실전적 기준이 된다.

삼성전자 중간점검 (2025년 7월 25일 기준)

모노파동 에너지를 측정해가면서 개인적으로 시간 기준을 20일 단위로 기준삼아 위치에너지가 어떻게 변화되었는지를 측정한다. 데이트레이딩 투자호흡을 가진 투자자는 5-10일 단위로 기준 삼아도 좋다.

여기에서 근간이 되는 것은 5일-10일-20일 이동평균선 위치와 그 기간의 모노파동 에너지를 비교하는 것이다. 투자 호흡을 길게 가져갈 수 있는 투자자는 120일-240일 기준을 권한다.

삼성전자의 중요한 변화는 2025년 2분기 실적을 발표하는 7월 8일의 주가 흐름이다. 2분기 매출액은 74조 원으로 전분기대비 6.4% 감소한 반면, 영업이익은 4.6조 원으로 전분기대비 마이너스 31% 감소한 어닝쇼크를 발표했다. 증권사 대부분의 전망치가 6조 원 이상이었던 상황에서 '영업이익 4.6조 원' 발표는 거의 쇼크 수준이었던 것이다. 그런데 삼성전자의 주가는 시가가 저가로 형성되면서 그날 강하게 상승하는 모습을 보였다.

3월 24일 62,100원 고점에서 4월 9일 52,000원 저점을 4등분법칙에 적용해보면 다음과 같다.

자료 1-26 삼성전자 파동 흐름을 단순화

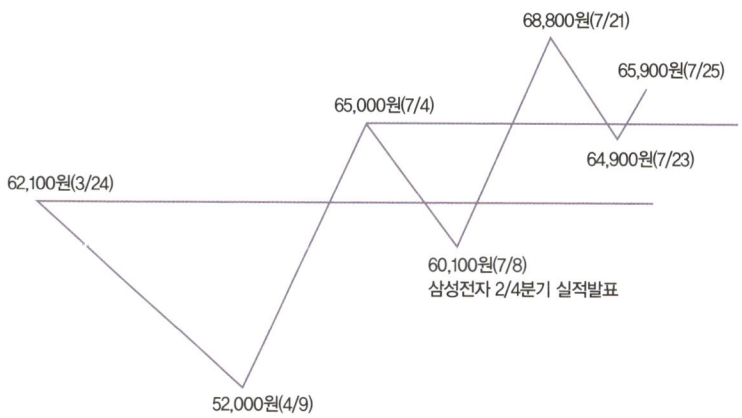

자료 1-27 삼성전자 4등분법칙

삼성전자		상승률	하락률		
62,100	최고	19%	0%		
		18%	-1%	61,469	75%
		17%	-2%	60,838	50%
		16%	-3%	60,206	25%
59,575	75%	15%	-4%		
		13%	-5%	58,944	75%
		12%	-6%	58,313	50%
		11%	-7%	57,681	25%
57,050	50%	10%	-8%		
		8%	-9%	56,419	75%
		7%	-10%	55,788	50%
		6%	-11%	55,156	25%
54,525	25%	5%	-12%		
		4%	-13%	53,894	75%
		2%	-14%	53,263	50%
		1%	-15%	52,631	25%
52,000	최저	0%	-16%		

- 75%능선가격: 59,575원
- 50%중심가격: 57,050원
- 25%능선가격: 54,525원

　3월 24일 고점 62,100원을 돌파한 날은 7월 3일로 이날 64,000원까지 상승하며 직전 고점을 돌파했고, 7월 4일에는 65,000원을 단기 고점으로 기록한 뒤, 7월 8일 삼성전자 2분기 실적을 앞두고 경계성 조정이 나타났다. 실적 발표일인 7월 8일에는 시장 개장 전 영업이익 4.6조 원 발표로 시장은 실적 쇼크로 반응해 개장과 동시에 하락하기 시작했으나, 저점 60,100원에서 강하게 반등하며 7월 8일 종가는 61,600원으로 마감했다. 이후 7월 21일까지 68,800원까지 상승했다.
　4월 9일 저점을 기준으로 삼성전자의 모노파동 에너지를 체크해보면 다음과 같다.

자료 1-28 삼성전자 상승시스템잣대 (저점 52,000원 기준)

명칭	상승파동비율									
삼성전자	1%	7%	14%	21%	25%	38.20%	50%	61.80%	83.20%	100%
	52,520	55,640	59,280	62,920	65,000	71,864	78,000	84,136	95,264	104,000
매수가										
최저가	₩52,000									
	04월 09일									

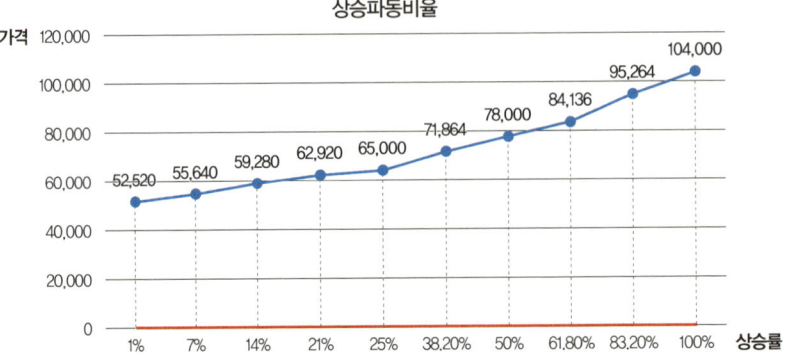

실제 파동은 4월 9일 52,000원에서 7월 21일 68,800원까지 상승하며, 상승률 32.3%의 에너지를 보였다. 시가총액 1~10위 종목의 모노파동 기준을 21~38.2% 잣대로 대응하는데, 삼성전자는 32% 상승에너지를 보인 뒤 현재 조정중이다.

이것을 상승삼각형 4등분법칙에 적용해보면 다음과 같다.

자료 1-29 삼성전자 상승삼각형 4등분법칙 (저점 52,000원 기준)

삼성전자		상승률	하락률		
68,800	최고	32%	0%		
		30%	-2%	67,750	75%
		28%	-3%	66,700	50%
		26%	-5%	65,650	25%
64,600	75%	24%	-6%		
		22%	-8%	63,550	75%
		20%	-9%	62,500	50%
		18%	-11%	61,450	25%
60,400	50%	16%	-12%		
		14%	-14%	59,350	75%
		12%	-15%	58,300	50%
		10%	-17%	57,250	25%
56,200	25%	8%	-18%		
		6%	-20%	55,150	75%
		4%	-21%	54,100	50%
		2%	-23%	53,050	25%
52,000	최저	0%	-24%		

- 75%능선가격: 64,600원
- 50%중심가격: 60,400원
- 25%능선가격: 56,200원

향후 삼성전자는 미국과의 관세 협상 결과에 따라 변동성이 결정될 것으로 보이는데, 현재는 75%능선가격인 64,600원을 지지하고 있다.

이 75%능선가격을 지지하게 되면 직전 고점을 돌파할 확률이 높아지지만, 만약 이 가격이 붕괴된다면 50%중심가격 수준인 60,400원으로 다음 지지선을 변경해 시장 흐름을 확인해야 하는 상황이 발생하게 된다. 최악의 경우, 일본보다 불리한 관세 협상 결과가 나타나 외국인 투자자의 매도 압력이 강화된다면 25%능선가격도 열어두고 대응해야 한다.

8월 10일 기준으로 삼성전자 71,800원, SK하이닉스 257,000원이다. 삼성전자는 '7만전자'를 강하게 지지한 반면, SK하이닉스는 '7월 7일 저점 264,000원, 7월 11일 고점 306,000원' 형성 후 8월 7일에는 25만 원까지 하락해 7월 7일의 264,000원 저점을 붕괴하면서 삼성전자와는 다른 파동을 보이고 있다.

엔비디아가 지속적으로 상승한 구간에서 '삼성전자 롱, SK하이닉스 숏' 전략이 전개되고 있다. 8월 27일 엔비디아 실적 발표 이후 삼성전자와 SK하이닉스의 롱·숏 전략의 변화를 추적해야 한다.

이것을 코스피200 종목 중 대표적인 종목들을 동일한 기준으로 분석해보면, 해당 종목의 업황 흐름과 패턴을 읽어낼 수 있다.

여기서는 SK하이닉스, 현대차, LG에너지솔루션, 한화에어로스페이스, HD현대중공업, NAVER, 신한지주, 두산에너빌리티, 한화오션, 현대모비스 등 코스피200 종목 중 시가총액 상위 20개 종목 가운데 대표적인 종목들을 위의 방식대로 분석해서 현재 위치와 에너지 방향성을 측정하고 이를 실전 매매 전략에 적용하고자 한다.

SK하이닉스 사례분석

이 칼럼은 SK하이닉스의 파동 구조와 추세 흐름을 분석한 것이다. 파동이 전개되는 방식과 상승 흐름의 지속 가능성을 짚어보며, 실전 매매에 활용할 수 있는 기준점을 제시한다.

SK하이닉스 연봉의 기준으로

SK하이닉스도 삼성전자와 동일하게, 2025년 1월을 기준으로 연봉 차트를 출발점 삼아 분석할 수 있다.

먼저 최근 10년간의 연봉 궤적을 살펴본 뒤, 이를 바탕으로 4등분법칙에 따라 주요 중심가격대를 설정해보자.

2015년부터 2025년까지의 10년 궤적을 보면, SK하이닉스는 2016년 1월에 25,800원의 저점을 기록했고, 2024년 7월에는 248,500원의 고점을 형성했다. 이 두 가격대를 기준으로 4등분하면 다음과 같은 수치가 나온다. 삼성전자는 2015년부터 2025년까지 저점과 고점 사이 약 369%의 상승률을 기록했다. 그런데 SK하이닉스는 같은 기간 무려 863%의 상승률을 보여주었다.

자료 2-1 SK하이닉스 파동 흐름 (연봉)

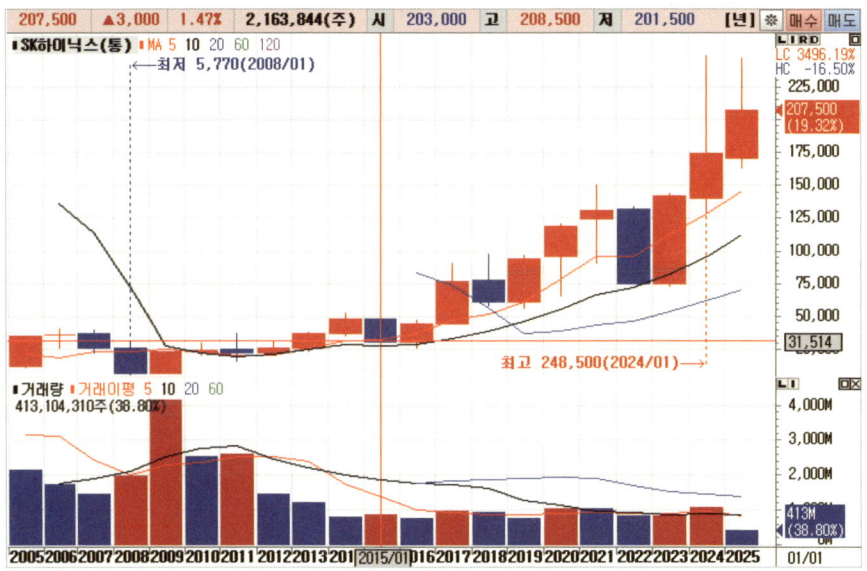

자료 2-2 SK하이닉스 4등분법칙

SK하이닉스		상승률	하락률		
248,500	최고	863%	0%		
		809%	-6%	234,581	75%
		755%	-11%	220,663	50%
		701%	-17%	206,744	25%
192,825	75%	647%	-22%		
		593%	-28%	178,906	75%
		539%	-34%	164,988	50%
		486%	-39%	151,069	25%
137,150	50%	432%	-45%		
		378%	-50%	123,231	75%
		324%	-56%	109,313	50%
		270%	-62%	95,394	25%
81,475	25%	216%	-67%		
		162%	-73%	67,556	75%
		108%	-78%	53,638	50%
		54%	-84%	39,719	25%
25,800	최저	0%	-90%		

자료 2-3 SK하이닉스 파동 흐름을 단순화

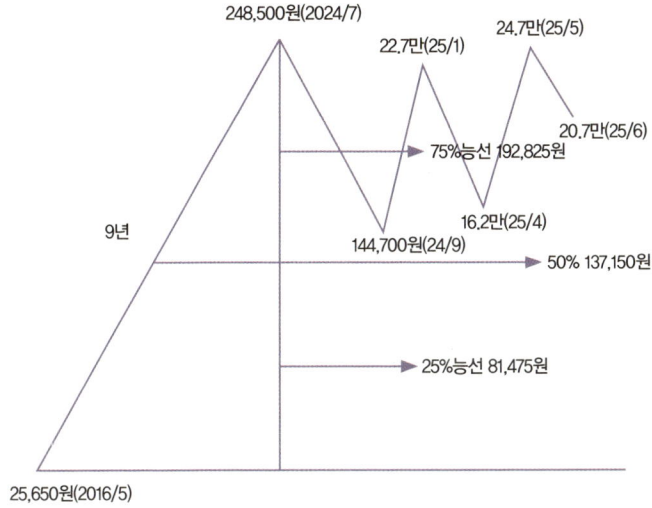

　9년간 무려 860%에 달하는 상승률을 기록한 SK하이닉스는, 2024년 7월 고점 248,500원을 기록한 후 단 두 달 만인 9월에 144,700원까지 급락했다. 고점 대비 41.5%나 빠진 이 하락 이후, 주가는 1년 가까이 지그재그파동을 이어가고 있다.

　이 조정 기간 동안의 저점은 144,700원(2024년 9월)과 162,000원(2025년 4월), 고점은 227,000원(2025년 1월)과 247,000원(2025년 5월)에 형성되었다. 이를 4등분법칙에 따라 보면, 10년간 상승 진폭의 75%능선가격은 192,825원이다. 이 가격을 일시적으로 하회하는 하락파동이 있었지만, 다시 회복력을 보이며 현재 주가는 75%능선 위에 위치해 있다.

　즉 SK하이닉스는 75%능선가격인 192,825원이 지지선으로 작동하면 상승에너지가 유지되겠지만, 이를 지키지 못할 경우 하락파동이 재개될 가능성이 크다. 그 경우엔 '50%중심가격인 137,150원까지 내려갈 수 있다'는 시나리오도 대비해야 한다.

결국 SK하이닉스의 향후 주가 흐름은 '190,000~200,000원' 구간이 지지선이 될지, 저항선이 될지를 확인하는 데 달려 있다. 이 구간이 핵심 전략 가격대다.

SK하이닉스 월봉의 기준으로

자료 2-4 SK하이닉스 파동 흐름 (월봉)

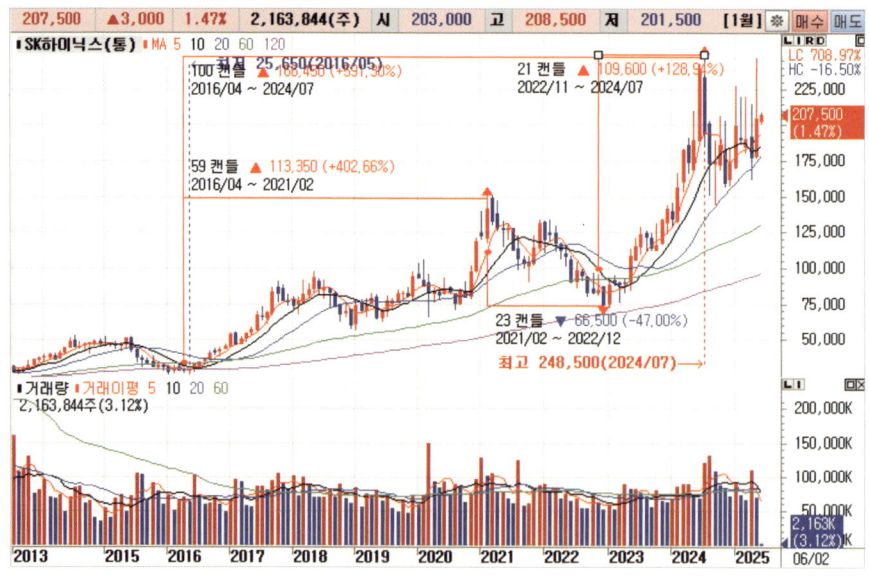

2016년 5월 저점 25,650원에서 2024년 7월 고점 248,500원까지 약 100개월간 상승 흐름이 전개되었다. 이를 시간 기준으로 인수분해하면 다음과 같다.

- 1차 상승: 2016년 5월 → 2021년 3월, 약 59개월간 상승해 150,000원 도달
- 이후 급락: 2021년 3월 → 2022년 12월, 약 23개월간 하락해 73,100원 기록

- 재상승: 2022년 말 → 2024년 7월, 약 21개월간 반등해 248,500원 고점 형성

이렇게 3단계로 구분된 파동 이후, 2024년 7월부터 현재까지 약 1년간은 지그재그 형태의 조정과 변동성이 이어지는 흐름을 보이고 있다.

자료 2-5 2024년 7월 이후의 SK하이닉스 지그재그파동 흐름을 단순화

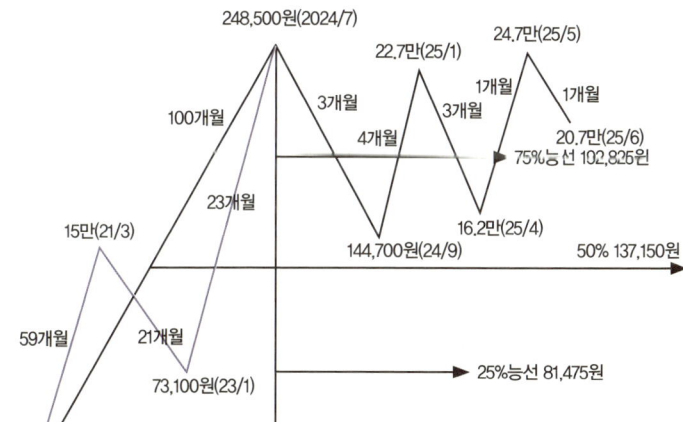

월봉 기준으로 10년 상승폭의 75%능선가격은 192,825원이다. 이 가격대를 붕괴하는 흐름이 2024년 9월 144,700원, 2025년 4월 162,000원에서 여러 차례 나타났지만 매번 반등세가 이어졌다.

한편 2025년 1월 227,000원, 2025년 5월 247,000원 고점은 2024년 7월 형성된 역사적 고점 248,500원을 돌파하지 못한 채 상단이 막힌 박스권 파동이 전개되고 있다.

월봉상 박스권 흐름은, 주봉에서는 더 정교한 파동 구조로 드러난다. 월봉의 흐름을 주봉의 패턴으로 좀 더 세밀하게 들여다보면 다음과 같다.

자료 2-6 SK하이닉스 파동 흐름 (주봉)

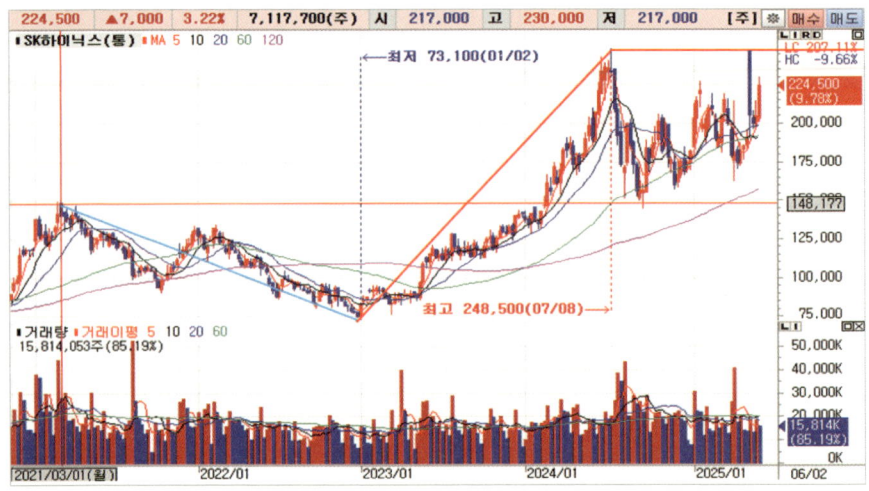

이제 SK하이닉스는 2021년 3월 고점이었던 151,000원이 의미 있는 지지선으로 전환되었다. 그리고 새로운 기준점인 2023년 1월 저점 73,100원과 2024년 7월 고점 248,500원 구간을 4등분법칙으로 나누어 중심가격과 주요 지지·저항 가격대를 다시 설정해야 한다.

4등분법칙 기준으로 볼 때, 이제 SK하이닉스의 50%중심가격은 160,550원이다. 이 50%중심가격만 지지해준다면, 현재 SK하이닉스가 보여주는 상승파동의 에너지는 여전히 계속 유효하다고 판단할 수 있다. 다만 새로운 도약을 위해서는, 고점인 248,000원을 돌파할 수 있을 만큼의 매출 및 영업이익 변화가 반드시 수반되어야 한다.

자료 2-7 SK하이닉스 4등분법칙

sk하이닉스		상승률	하락률		
248,000	최고	239%	0%		
		224%	-4%	237,069	75%
		209%	-9%	226,138	50%
		194%	-13%	215,206	25%
204,275	75%	179%	-18%		
		164%	-22%	193,344	75%
		150%	-26%	182,413	50%
		135%	-31%	171,481	25%
160,550	50%	120%	-35%		
		105%	-40%	149,619	75%
		90%	-44%	138,688	50%
		75%	-48%	127,756	25%
116,825	25%	60%	-53%		
		45%	-57%	105,894	75%
		30%	-62%	94,963	50%
		15%	-66%	84,031	25%
73,100	최저	0%	-71%		

여기서 중요한 전략이 하나 도출된다. SK하이닉스의 75%능선가격인 204,275원 이상에서는 추격 매수를 자제하고, 오히려 같은 밸류체인에 속한 중소형 종목으로의 전환이 더 가성비 높은 전략이 될 수 있다. 반대로, SK하이닉스 자체를 매매할 경우에는 160,000~200,000원 사이의 조정 구간에서 접근하는 것이 효과적인 기준이 된다.

그리고 그 사이, 과연 어느 정도의 실적 변화가 나타나야 고점인 248,000원을 돌파할 수 있을까? 이제 그 판단을 P-MAX/P-MIN파동 분석을 통해 구체적으로 짚어볼 차례다.

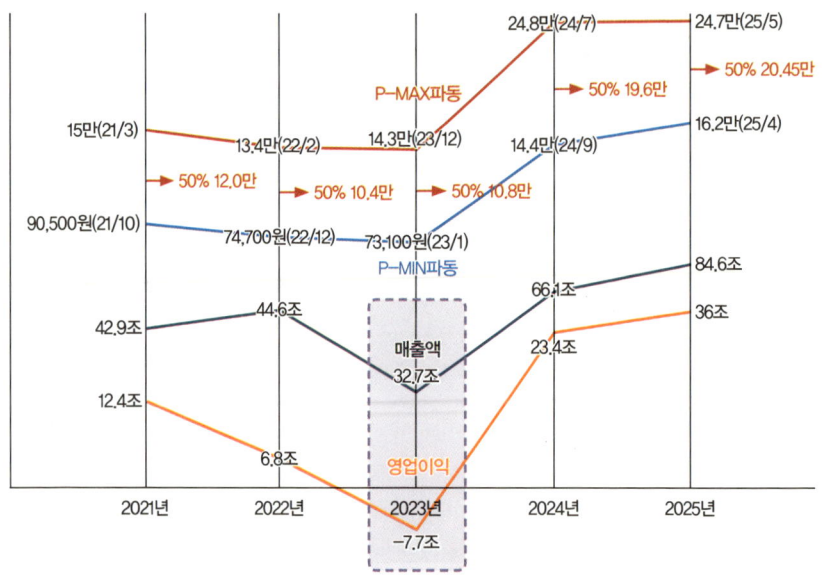

자료 2-8 SK하이닉스의 P-MAX/P-MIN파동 분석

아래 내용은 2023년 2월에 보도된 기사로, SK하이닉스가 2022년 4/4분기에 대규모 적자 전환했다는 내용을 담고 있다. 분기 실적이 10년 만에 적자로 돌아선 것으로, 이를 시작으로 2023년에는 연간 영업이익 기준으로 7.7조 원의 적자를 기록하게 된다.

당시 기사 내용은 다음과 같다.

"SK하이닉스가 역대 최악의 반도체 혹한기에 지난해 4분기 '어닝 쇼크(실적 충격)'를 기록했다. 1조 7,000억 원 규모 영업손실을 내면서 분기 실적이 10년 만에 적자로 돌아섰다. 메모리 반도체 시장에 불어닥친 유례없는 한파에 올 하반기까지 부진한 실적을 지속할 전망이다.

SK하이닉스는 작년 4분기 매출액이 전년 동기 대비 37.8% 감소한 7조 6,985억 원, 영업손실 1조 7,011억 원을 기록했다고 1일 공시했다. SK하이닉스의 분기 영업손익이 적자로 전환한 것은 2012년 3분기 이후 10년 만이다. 당초 1조 원대 안팎 영업손실을 전망했던 증권가 우려보다도 훨씬 부진한 성적이다. 실적의 대부분을 메모리 반도체에 의존하고 있어 더욱 상황이 안 좋았던 것으로 풀이된다. 작년 연간 매출액은 44조 6,481억 원, 영업익은 7조 66억 원이다. 매출은 3.8% 증가했으나 영업이익이 43.5% 대폭 감소했다.

SK하이닉스는 '지난해 하반기부터 메모리 수요가 줄고 제품가격이 큰 폭으로 하락하면서 4분기 경영실적이 적자로 전환됐다'며 '지난해 매출 성장세는 이어졌으나 하반기부터 반도체 다운턴이 지속되면서 연간 영업이익은 전년 대비 감소했다'고 설명했다. 이어 '경영환경 불확실성이 높아짐에 따라 투자와 비용을 줄이고, 성장성 높은 시장에 집중해 업황 악화로 인한 타격을 최소화하기 위해 노력하고 있다'고 덧붙였다.

반도체 수요 절벽에 SK하이닉스는 허리띠를 졸라매고 있다. 올해 투자 규모를 2022년의 절반으로 줄이기로 했다. SK하이닉스는 '지난해 10월 실적 발표에서 밝힌 바와 같이 올해 투자 규모를 2022년 19조 원 대비 50% 이상 줄인다는 기조를 유지하겠다'며 '다만 회사는 DDR5·LPDDR5, HBM3 등 주력제품 양산과 미래성장 분야에 대한 투자는 지속할 것'이라고 말했다."

이러한 적자 전환의 여파로, SK하이닉스의 주가는 2022년 2월 134,000원에서 2023년 1월 73,100원까지, 거의 반 토막 수준으로 급락했다.

그러나 이 시점을 저점으로 SK하이닉스는 본격적인 대세 상승 국면에 진입하게 되며, 그 끝개는 엔비디아의 HBM 수요 확대와 관련 매출 에너지다. 따라서 이 시기의 엔비디아 주가 흐름을 함께 살펴보는 것은 SK하이닉스의 중장기 주가 방향성을 판단하는 데 있어 중요한 기준이 될 수 있다.

자료 2-9 엔비디아 파동 흐름 (월봉)

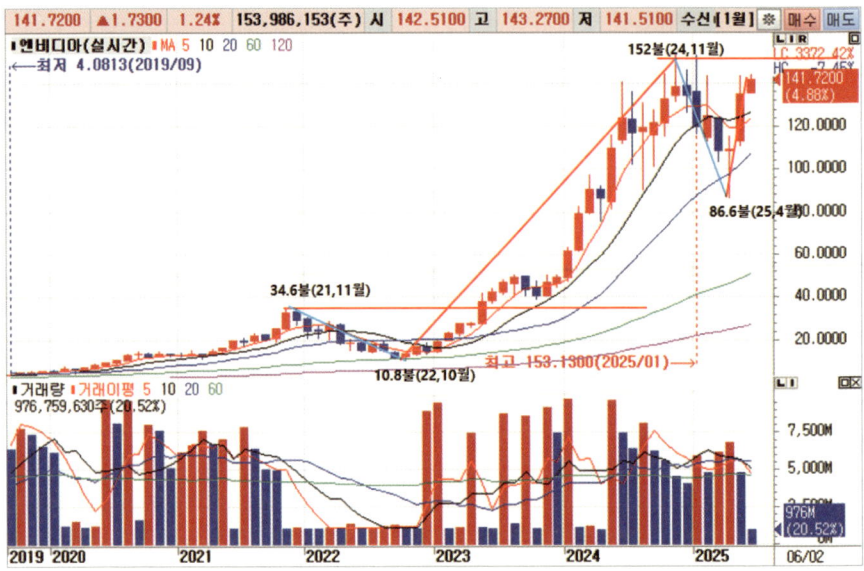

　엔비디아 주가 흐름을 보면, 2021년 11월 34.6달러에서 2022년 10월까지 10.8달러로 거의 3분의 1 토막이 나는 급락이 나타났다. 이 시기에 SK하이닉스 역시 2022년 2월 134,000원에서 2023년 1월 73,100원까지 급락하는 파동을 보였다. 그 과정에서 2023년 SK하이닉스는 매출 32조 7천억 원, 영업이익 -7조 7천억 원이라는 대규모 적자를 기록했다.

　그러나 이후 엔비디아가 10달러에서 2024년 11월 152달러까지 무려 1,500% 상승하는 기염을 토하면서, SK하이닉스도 대세 상승 흐름을 함께 탔다. 반대로 삼성전자는 이 기간 주가가 하락하는 이른바 '흑역사'가 전개되었다.

　한편 2024년 11월 고점 152달러를 기록한 엔비디아는 트럼프발 관세전쟁 여파로 2025년 4월 86.6달러까지 급락했다. 이후 엔비디아는 단기간에 140달러대까지 반등하며 되살아나는 모습을 보였지만, 새로운 고점을 돌파하는 추세 상승에 대해서는 아직 의구심이 많은 상황이다. 즉 SK하이닉스가 2024년 7월 고점인 248,500원을 돌파하고 새로운 주가 역사를 쓰기 위해서는 '엔비디아의 추세적 고점 돌파'가 반드시 동반되어야 한다.

따라서 2025년 3분기와 4분기, 엔비디아의 실적 추이는 핵심적인 관전 포인트가 된다. SK하이닉스 역시 매출과 영업이익이 뚜렷하게 우상향해야 한다는 과제를 안고 있다.

이것을 SK하이닉스의 분기별 실적추이로 세분화시켜보면 다음과 같다.

자료 2-10 SK하이닉스 P-MAX/P-MIN파동 분석

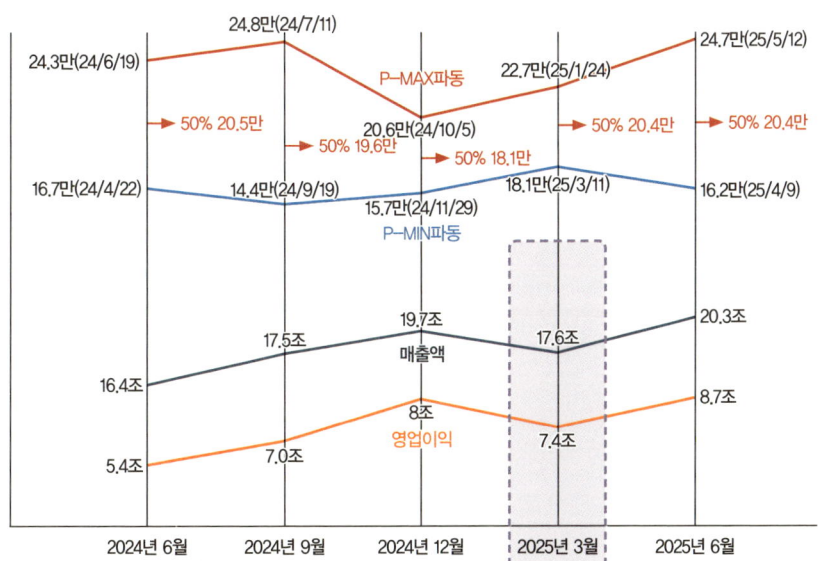

〔2025년 1분기 매출 17.6조 원, 영업이익 7.4조 원〕

- P-MAX: 227,000원(1월 24일)
- P-MIN: 181,000원(3월 11일)
- 50%중심가격: 204,000원

〔2025년 2분기 매출 20.3조 원, 영업이익 8.7조 원〕

- P-MAX: 247,000원(5월 12일)
- P-MIN: 162,000원(4월 9일)
- 50%중심가격: 204,000원

흥미롭게도 1/4분기 중심가격과 2/4분기 중심가격이 동일하게 204,000원으로 나타났다. 이는 20만 원이 지지선이 되어야 하며, 저항선이 되어서는 안 된다는 의미다.

따라서 3/4분기와 4/4분기 실적 발표 과정에서 엔비디아의 고가·저가 흐름과 SK하이닉스의 고가·저가 흐름이 우상향 에너지로 전개되어야 한다. 반대로 고가·저가·중심가격이 하락하는 흐름을 보일 경우, 이는 엔비디아의 분기 매출과 영업이익 에너지가 감소하고 있다는 신호이며, 이러한 변화는 곧바로 SK하이닉스의 흐름에 영향을 미치게 된다.

결국 그 어느 때보다도 엔비디아의 2025년 2/4분기와 3/4분기 실적 흐름이 반도체 시장의 대세를 좌우하게 될 것이다.

SK하이닉스의 이동평균선 배열 변화 분석

이동평균선의 배열은 단기적인 흐름뿐 아니라, 중장기 추세 전환을 미리 포착하는 데 유용한 기술적 도구다. SK하이닉스의 경우, 특히 주봉 기준의 20주 이동평균선이 현재 구간에서 어떤 패턴을 그리는지 면밀히 살펴볼 필요가 있다.

자료 2-11 SK하이닉스 파동 흐름 (주봉)

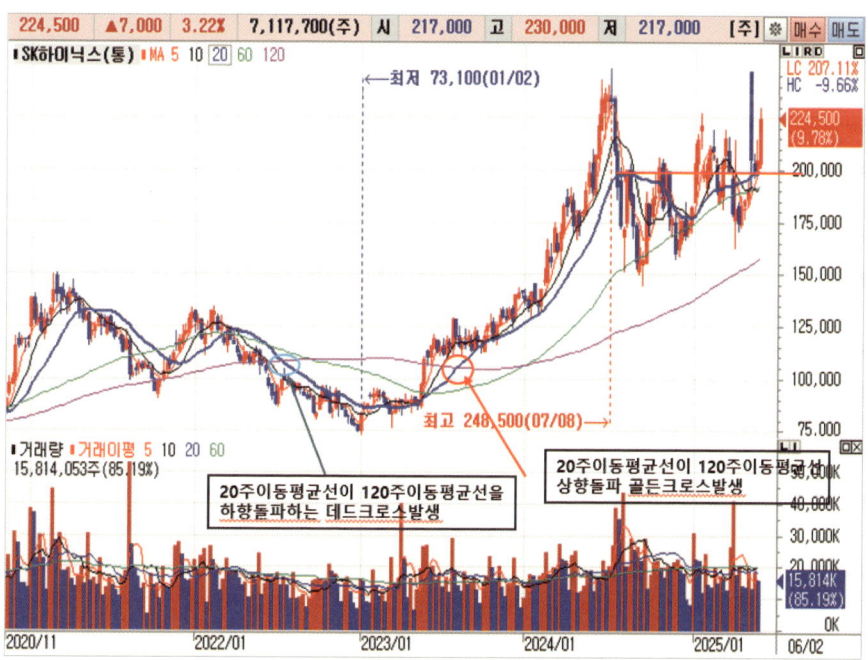

위의 주봉 차트를 보면, 20주 이동평균선이 20만 원대에서 쌍봉 패턴을 보이는 상황은 반드시 피해야 한다. 이 가격대에서 이중고점 형태가 형성되면 강한 저항선으로 작용하며, 이후 하락 전환의 시그널로 해석될 수 있기 때문이다. 반대로, 20

만 원을 지지선으로 확실히 확보한 뒤 20주 이동평균선이 24만 원대를 향해 우상향하는 구조로 전개되어야만, SK하이닉스의 중장기 추세 상승 시나리오가 유효해진다고 볼 수 있다.

이동평균선의 배열 변화를 살피면, SK하이닉스의 중장기 추세 전환 시점을 보다 명확히 이해할 수 있다. 특히 주봉 기준의 20주·120주 이동평균선은 주요 고점과 저점을 설명하는 데 핵심적인 기술적 근거가 된다.

- 20주 이동평균선 데드크로스: 2022년 7월 4일경, 20주 이동평균선이 120주 이동평균선을 하향 돌파하는 데드크로스 패턴을 보였고, 이후 주가는 2023년 1월 73,100원까지 하락하는 하락추세가 전개되었다.
- 20주 이동평균선 골든크로스: 2023년 7월 24일경에는 20주 이동평균선이 120주 이동평균선을 상향 돌파하면서 골든크로스가 발생하였고, 이를 기점으로 중장기 추세 상승에너지가 본격화되기 시작했다.

한편 일봉 차트에서는 이 변화를 좀 더 앞당겨 포착할 수 있다. 즉 20일 이동평균선이 120일 이동평균선을 상향 돌파하는 골든크로스, 혹은 하향 돌파하는 데드크로스가 발생하는지 여부를 미리 체크하는 것이 아주 중요하다.

자료 2-12 SK하이닉스 파동 흐름 (일봉)

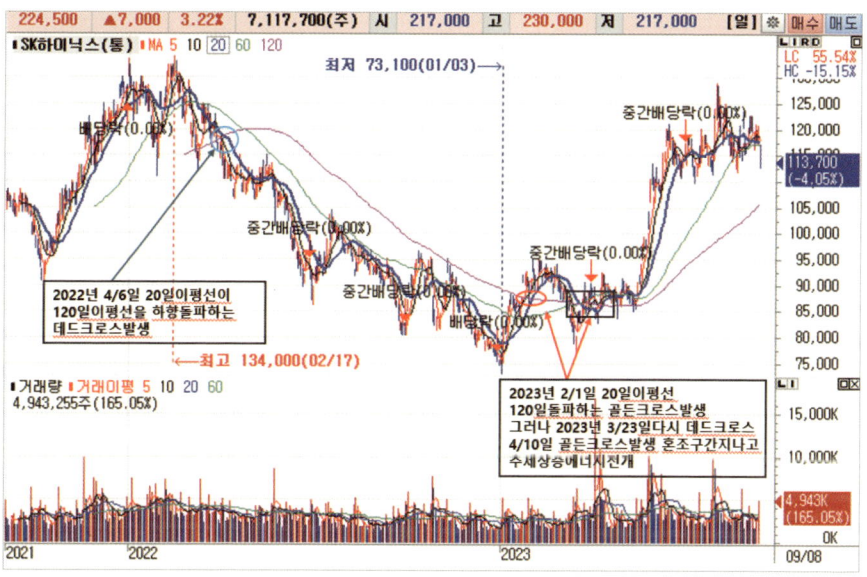

일봉 차트를 활용하면 주봉보다 먼저 골든크로스나 데드크로스를 선행적으로 포착할 수 있다. 이는 단기 추세 변화의 조짐을 빠르게 감지할 수 있다는 의미이며, 매수·매도 타이밍을 더욱 정밀하게 조절하는 데 도움이 된다.

- 2022년 4월 6일, 20일 이동평균선이 120일 이동평균선을 하향 돌파하는 데드크로스가 발생했다.
- 2023년 2월 1일, 20일 이동평균선이 120일선을 상향 돌파하며 골든크로스가 형성되었다.

그러나 이후 2023년 3월 23일에 다시 데드크로스가 나오고, 4월 10일에 또다시 골든크로스가 발생하는 등 혼조 구간을 거치며 추세 전환 여부가 불확실한 흐름을 보였다. 이 구간을 지나면서 비로소 추세 상승에너지가 본격적으로 전개되었다.

하지만 2025년엔 골든크로스와 데드크로스가 빈번히 반복되는 혼조 국면이 나타나고 있다. 이는 SK하이닉스 주가 흐름이 중대한 변곡 구간에 진입했음을 시사한다.

- 2024년 8월 12일: 데드크로스 발생
- 2025년 4월 17일: 데드크로스발생
- 2025년 1월 9일: 골든크로스 발생
- 2025년 5월 22일: 골든크로스 발생

2025년 5월 22일을 기점으로 다시 골든크로스가 발생했다. 이 신호는 반드시 유지되어야 하는 추세 전환의 핵심 기준점이며, 이후 흐름의 지속 여부를 판단하는 데 있어 결정적이다.

자료 2-13 SK하이닉스 파동 흐름 (일봉)

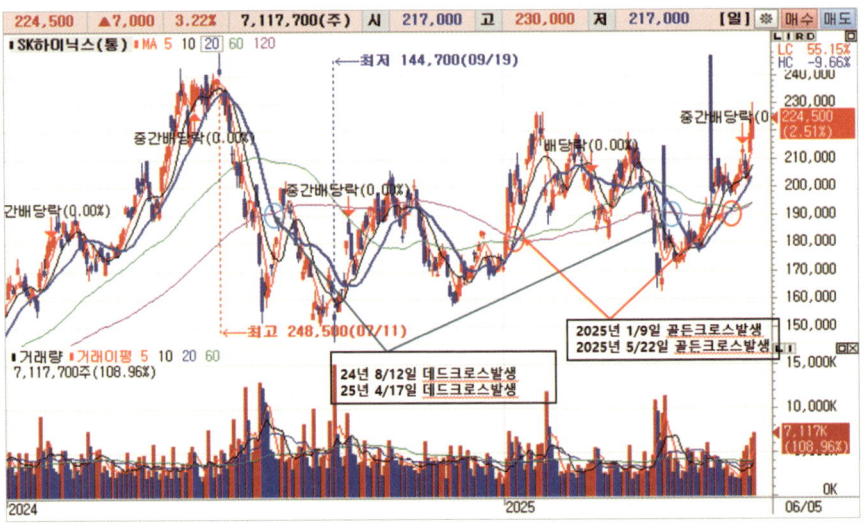

2025년 6월 8일 종가 기준으로 주요 이동평균선의 위치를 보면 다음과 같다.

- 5일 이동평균선: 210,000원
- 10일 이동평균선: 205,000원
- 20일 이동평균선: 201,000원
- 60일 이동평균선: 193,000원
- 120일 이동평균선: 193,000원

위 배열을 보면, 현재 모든 이동평균선이 '5일-10일-20일-60일-120일' 순으로 정배열을 이루고 있다. 이처럼 이동평균선 간의 배열 순서와 간격 이격도를 '이동평균선 에너지'로 해석하면, 지금의 정배열 구조는 상승추세가 아직 건강하게 유지되고 있음을 시사한다.

단기 이동평균선 분석은 주가 흐름을 읽는 가장 기본적인 도구다. 특히 5일-10일-20일 이동평균선의 배열 순서와 위치를 점검해가며, 가장 핵심이 되는 20일 이동평균선과 120일 이동평균선 간의 이격(간격 오차) 변화를 지속적으로 추적하는 것이 SK하이닉스의 중단기 흐름을 이해하는 핵심 포인트다.

특히 SK하이닉스의 실적 발표일 전후에는 반드시 이동평균선의 배열 변화를 체크해야 한다. 이때 엔비디아의 주가 흐름이 결정적인 방향성을 제공하며, 삼성전자의 흐름도 보조 지표로 참고해야 한다. 결국 "시장이 정답이다"라는 말처럼, 수치의 방향과 배열의 에너지가 미래를 말해주는 신호라는 점을 실전 투자에 적용해야 한다.

SK하이닉스 모노파동 중간점검 (2025년 7월 25일 기준)

자료 2-14 SK하이닉스 파동 흐름 (일봉)

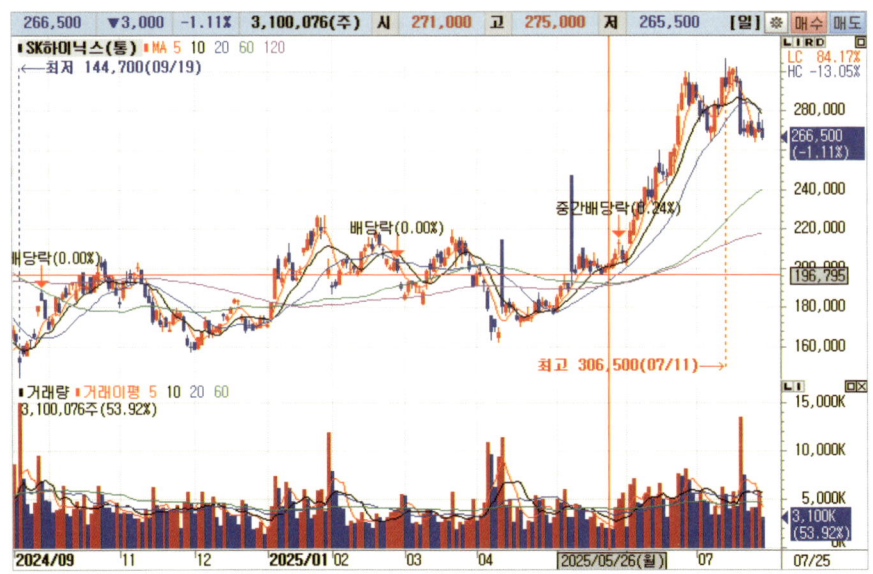

먼저, 저점이었던 4월 9일 162,700원 기준으로 6월 26일 고점 30만 원까지 어느 정도의 상승에너지를 보였는지 체크해보자.

그리고 '6월 26일 30만 원 - 7월 7일 264,000원 - 7월 11일 306,000원' 상승패턴을 보인 후 하락추세로 전환되고 있다. 무엇보다 시세 흐름에서 이상 징후가 나타나고 있는 것이다.

자료 2-15 SK하이닉스 상승시스템잣대 (저점 162,700원 기준)

명칭	상승파동비율									
SK 하이닉스	1%	7%	14%	21%	25%	38.20%	50%	61.80%	83.20%	100%
	164,327	174,089	185,478	196,867	203,375	224,851	244,050	263,249	298,066	325,400
매수가										
최저가	₩162,700									
	04월 09일									

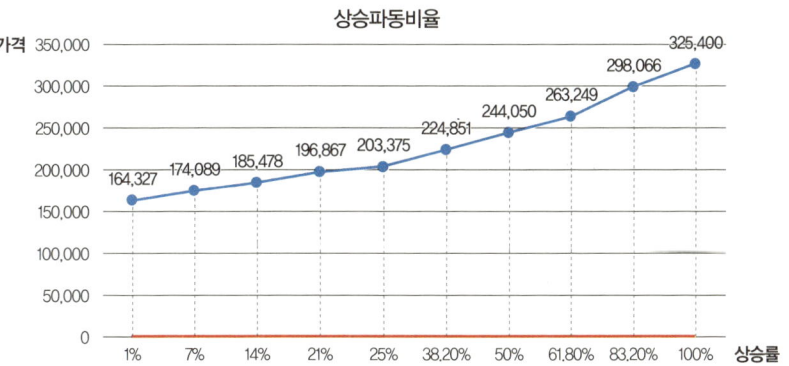

자료 2-16 상승에너지의 강도와 파동 진행 속도

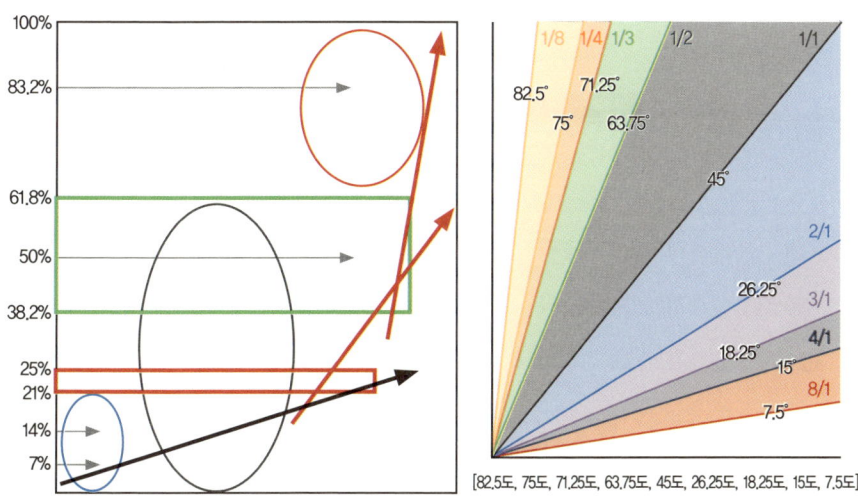

[82.5도, 75도, 71.25도, 63.75도, 45도, 26.25도, 18.25도, 15도, 7.5도]

3장 4등분법칙을 통한 대표기업 사례분석 | 259

저점을 기준으로 약 88%에 달하는 상승률을 기록한 것을 확인할 수 있다. 그 과정에서 1차 고점이 형성된 5월 12일의 247,000원 고점을 기준으로 4등분법칙에 따른 상승삼각형을 적용해보면, 주가가 어느 구간에서 지지를 받은 후 다시 새로운 고점을 향해 움직였는지를 확인해볼 수 있다.

자료 2-17 SK하이닉스의 상승삼각형 4등분법칙

SK하이닉스		상승률	하락률		
247,000	최고	52%	0%		
		49%	-2%	241,731	75%
		45%	-4%	236,463	50%
		42%	-6%	231,194	25%
225,925	75%	39%	-9%		
		36%	-11%	220,656	75%
		32%	-13%	215,388	50%
		29%	-15%	210,119	25%
204,850	50%	26%	-17%		
		23%	-19%	199,581	75%
		19%	-21%	194,313	50%
		16%	-23%	189,044	25%
183,775	25%	13%	-26%		
		10%	-28%	178,506	75%
		6%	-30%	173,238	50%
		3%	-32%	167,969	25%
162,700	최저	0%	-34%		

- 75%능선가격: 225,925원
- 50%중심가격: 204,850원
- 25%능선가격: 183,775원

눌림목 저점은 50%중심가격 수준인 5월 26일 196,900원으로 형성되었고, 이후 다시 상승파동이 전개되면서 직전 고점이었던 5월 12일 247,000원을 돌파한 시점은 6월 16일 251,000원이다. 이후 주가는 가속도를 붙이며 6월 26일에는 300,000원까지 급등하는 파동을 보였다.

이 상승의 동력은 엔비디아의 실적 발표에서 비롯되었다. 5월 28일 발표된 엔비디아의 실적은 시장 기대치를 상회하는 '서프라이즈' 수준이었으며, 이에 따라 모멘텀이 형성되었다. 발표 직후인 5월 29일 엔비디아 주가는 143달러에서 5월 30일 132달러까지 일시적인 차익 실현 매물이 출회되었으나, 이후 빠르게 상승추세로 전환되며 170달러대까지 지속적으로 상승하는 패턴을 보였다.

이러한 엔비디아의 흐름이 모멘텀으로 작용하며, SK하이닉스 역시 직전 고점이었던 247,000원을 돌파하고 30만 원대까지 급등하는 흐름을 연출하게 된 것이다.

엔비디아는 상승추세가 지속적으로 유지되는 중이다.

자료 2-18 **2025년 5월 28일 발표된 엔비디아 실적**

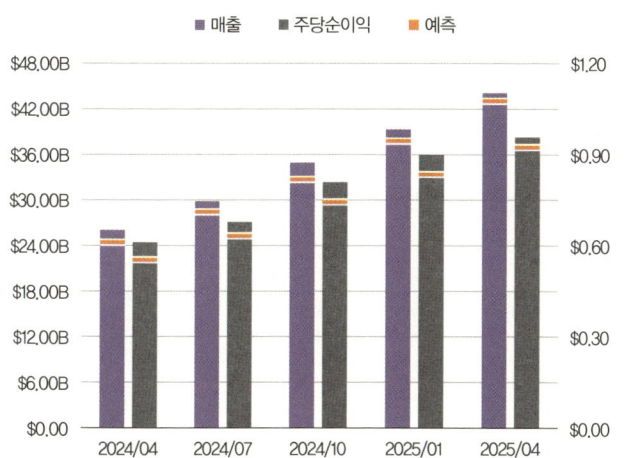

3장 4등분법칙을 통한 대표기업 사례분석 | 261

자료 2-19 엔비디아 파동 흐름 (일봉)

자료 2-20 엔비디아 상승삼각형 4등분법칙

엔비디아		상승률	하락률		
174	최고	102%	0%		
		96%	-3%	169	75%
		90%	-6%	163	50%
		83%	-9%	158	25%
152	75%	77%	-13%		
		70%	-16%	147	75%
		64%	-19%	141	50%
		58%	-22%	136	25%
130	50%	51%	-25%		
		45%	-28%	125	75%
		38%	-32%	119	50%
		32%	-35%	114	25%
108	25%	26%	-38%		
		19%	-41%	103	75%
		13%	-44%	97	50%
		6%	-47%	92	25%
86	최저	0%	-51%		

- 75%능선가격: 152달러
- 50%중심가격: 130달러

실제로 75%능선가격인 152달러가 붕괴되면, 상승추세가 무너지는 것으로 판단한다. 이를 사전에 예측할 수 있는 기준선으로는, 현재까지의 고점인 174달러와 75%능선가격인 152달러 사이의 50%중심가격인 163달러를 중요한 마디 가격으로 설정해 추적하고 있다. 163달러 수준은 엔비디아의 20일 이동평균선이 지나는 자리이기도 하다.

문제는, 엔비디아의 상승추세가 유지되는 가운데 SK하이닉스는 6월 26일 고점 300,000원을 기록한 이후 갑작스러운 급락파동이 나타났다는 점이나. SK하이닉스의 주가는 7월 7일 264,000원까지 급락했다. 이후 엔비디아의 강한 상승에너지에 힘입어 7월 11일에는 306,000원까지 다시 30만 원대를 돌파했지만, 7월 24일 발표된 SK하이닉스의 2/4분기 실적이 영업이익 9조 원대로 시장 컨센서스를 상회

자료 2-21 SK하이닉스 투자자별 매매 동향

했음에도 불구하고, 다시 하락 변동성이 전개되며 7월 25일에는 주가가 266,000원까지 하락한 상태다.

이러한 흐름은 외국인 매매 동향을 통해서도 확인할 수 있다. 6월 26일 30만 원 고점을 기점으로 SK하이닉스에 대한 외국인 매수 에너지는 감소하고 있으며, 오히려 삼성전자에는 외국인 자금이 유입되는 반면에 SK하이닉스는 지속적으로 외국인의 매도세가 나타나는 양상을 보이고 있다.

따라서 현재까지 SK하이닉스의 상승삼각형 4등분법칙 기준을 체크하면 다음과 같다.

자료 2-22 SK하이닉스 상승삼각형 4등분법칙

SK하이닉스		상승률	하락률		
306,500	최고	88%	0%		
		83%	-3%	297,513	75%
		77%	-6%	288,525	50%
		72%	-9%	279,538	25%
270,550	75%	66%	-12%		
		61%	-15%	261,563	75%
		55%	-18%	252,575	50%
		50%	-21%	243,588	25%
234,600	50%	44%	-23%		
		39%	-26%	225,613	75%
		33%	-29%	216,625	50%
		28%	-32%	207,638	25%
198,650	25%	22%	-35%		
		17%	-38%	189,663	75%
		11%	-41%	180,675	50%
		6%	-44%	171,688	25%
162,700	최저	0%	-47%		

- 75%능선가격: 270,550원
- 50%중심가격: 234,600원
- 25%능선가격: 198,650원

현재 SK하이닉스는 이미 75%능선가격을 하회한 상황이다. 7월 7일과 7월 23일, 두 차례에 걸쳐 264,000원에서 쌍바닥을 형성하며 지지하려는 흐름을 보였으나, 이 지지선이 무너질 경우 다음 주요 지지선은 50%중심가격인 234,600원으로 후퇴해야 한다.

따라서 주가가 다시 75%능선가격 위로 회복하고 추세 상승 흐름을 유지해야 300,000원 고점 돌파 가능성이 높아진다. 그러나 그렇지 못하고 외국인의 매도세가 지속적으로 확대되면서 변동성이 커질 경우, 50%중심가격인 234,600원과 25%능선가격인 198,650원 등 의미 있는 가격대를 차례로 점검해야 한다. 이 과정에서는 수급 흐름과 매매 주체별 동향을 함께 분석할 필요가 있다.

무엇보다 중요한 것은, 엔비디아의 상승추세가 무너지지 않아야 한다는 점이다. 엔비디아가 하락추세로 전환될 경우, SK하이닉스 역시 중기 상승 흐름을 유지하기 어려워질 수 있다.

8월 10일 현재 SK하이닉스는 75%능선가격인 27만 원을 붕괴하면서 8월 7일 25만 원까지 하락하는 모습을 보이고 있다. 그 사이 엔비디아는 7월 31일 183달러 고점에서 8월 1일 170달러까지 하락하는 구간에 종합지수는 8월 1일 이후 120p 급락하는 모습도 나타났다. 다행히 엔비디아는 8월 1일 170달러에서 8월 10일 180달러대로 다시 상승중이나 '삼성전자 상승, SK하이닉스 하락' 패턴이 전개중이다. '삼성전자 상승, SK하이닉스 상승' '삼성전자 상승, SK하이닉스 하락' '삼성전자 하락, SK하이닉스 상승' '삼성전자 하락-SK하이닉스 하락'이라는 4가지 패턴 중에서 어느 패턴으로 전개되는지 확인이 필요하다.

LG그룹 사례분석

이 칼럼은 LG에너지솔루션, LG화학 등 LG그룹 주요 종목의 흐름을 분석한 것이다. 그룹 내 종목들의 파동 흐름을 함께 살펴보며, 상승추세가 어떤 방식으로 확산되는지를 분석한다.

LG전자 모노파동 분석

자료 3-1 LG전자 파동 흐름 (일봉)

자료 3-2 LG전자 P-MAX/P-MIN파동 분석

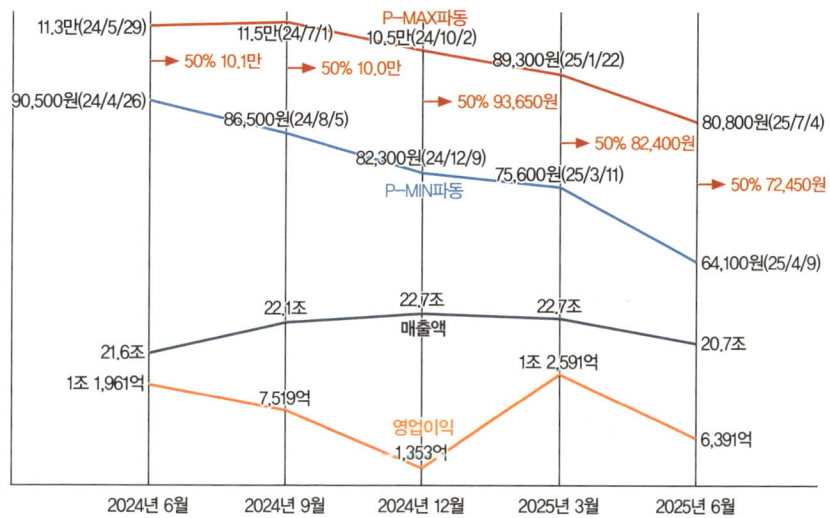

　LG전자의 P-MAX/P-MIN파동을 분석해보면 추세적인 하락 흐름이 진행중임을 확인할 수 있다.

　LG전자는 2025년 7월 7일 2분기 실적을 발표했는데, 매출액은 20.7조 원, 영업이익은 6,391억 원으로 전분기 대비 절반 수준으로 감소했다. 이는 미국의 관세 폭탄 영향이 반영된 것으로 판단된다.

　실제로 관세가 어느 수준까지 부과될지는 여전히 불확실한 상황에서 3분기와 4분기 실적 역시 확인이 필요한 상황이다. 만약 매출과 영업이익이 추세적으로 감소하는 흐름이 이어진다면, 이 종목은 매매 대상에서 제외하는 것이 바람직하다.

　여기서 4등분법칙 관점에서 살펴보자.

자료 3-3 LG전자 4등분법칙

LG전자		상승률	하락률		
115,400	최고	79%	0%		
		74%	-3%	111,819	75%
		69%	-6%	108,638	50%
		65%	-8%	105,456	25%
102,275	75%	60%	-11%		
		55%	-14%	99,094	75%
		50%	-17%	95,913	50%
		45%	-19%	92,731	25%
89,550	50%	40%	-22%		
		35%	-25%	86,369	75%
		30%	-28%	83,188	50%
		25%	-30%	80,006	25%
76,825	25%	20%	-33%		
		15%	-36%	73,644	75%
		10%	-39%	70,463	50%
		5%	-41%	67,281	25%
64,100	최저	0%	-44%		

- 75%능선가격: 102,275원
- 50%중심가격: 89,550원
- 25%능선가격: 76,825원

LG전자는 52주 고가와 저가를 기준으로 한 4등분 분석에서 50%중심가격을 돌파해야 상승 전환의 의미를 가질 수 있다. 그러나 실제 흐름을 보면, 7월 4일 80,800원까지 되반등파동이 진행되며 약 26%의 상승수치를 기록했으나, 이후 실적 악화로 다시 하락하는 양상을 보이고 있다. 이는 되반등파동의 에너지가 일시적으로 작동한 뒤, 모노파동이 다시 하방으로 전개되고 있음을 시사한다.

다음은 2025년 7월 7일 현재, 고점 80,800원을 기준으로 설정한 4등분법칙 분석 결과다.

자료 3-4 LG전자 4등분법칙

LG전자		상승률	하락률		
80,800	최고	26%	0%		
		24%	-1%	79,756	75%
		23%	-3%	78,713	50%
		21%	-4%	77,669	25%
76,625	75%	20%	-5%		
		18%	-6%	75,581	75%
		16%	-8%	74,538	50%
		15%	-9%	73,494	25%
72,450	50%	13%	-10%		
		11%	-12%	71,406	75%
		10%	-13%	70,363	50%
		8%	-14%	69,319	25%
68,275	25%	7%	-16%		
		5%	-17%	67,231	75%
		3%	-18%	66,188	50%
		2%	-19%	65,144	25%
64,100	최저	0%	-21%		

- 75%능선가격: 76,625원
- 50%중심가격: 72,450원
- 25%능선가격: 68,275원

3분기 실적이 발표되는 시점에 이번에 형성된 4월 9일 저점 64,100원을 강하게 지지하는지 여부를 확인하는 과정이 필요하다. 해당 저점이 유지된다면 재차 되반등파동이 발생할 여지가 있으며, 반대로 이탈 시 하락 모노파동이 재차 확장될 가능성도 고려해야 한다.

현재(7월 7일 기준) LG전자의 이동평균선 위치는 다음과 같다.

- 5일 이동평균선: 76,240원
- 10일 이동평균선: 75,680원
- 20일 이동평균선: 74,650원
- 60일 이동평균선: 71,900원
- 120일 이동평균선: 76,560원

50%중심가격인 72,450원과 60일 이동평균선인 71,900원이 동시에 강한 지지선으로 작동한다면, 3분기 실적 개선 가능성을 염두에 둘 수 있다. 하지만 만약 이 두 구간이 지지선이 아닌 저항선으로 작용하게 될 경우에는 직전 저점인 64,100원과 50%중심가격인 72,450원 사이에서 바닥패턴이 형성되는지를 우선적으로 확인해야 한다.

아직까지는 미국과의 관세 협상 비율이 확정되지 않았고 그에 따른 분기 매출도 불확실한 상황이므로, LG전자는 당분간 매매 대상이 아닌 관찰 대상으로만 분류해둘 필요가 있다.

아래 수치는 2025년 7월 25일 기준 LG그룹 주요 종목들의 주가 수준이다.

자료 3-5 LG그룹 모노파동 위치 파악 (20225년 7월 25일 기준)

구성종목명	현재가	대비	등락률(%)	기간등락률	거래량	전일동시간 거래대비율
LX인터내셔널	33,550 ▼	50	-0.15	-0.15	91,934	-43.34
LG	79,400 ▲	200	0.25	0.25	167,876	-26.80
LG이노텍	153,300 ▼	2,200	-1.41	-1.41	102,333	-55.92
LG유플러스	14,670 ▲	80	0.55	0.55	463,830	-43.38
LG디스플레이	10,050 ▲	830	9.00	9.00	12,382,798	1,041.64
HS애드	7,900 ▼	40	-0.50	-0.50	27,391	-37.10
LG헬로비전	2,925 ▼	10	-0.34	-0.34	262,429	-3.54
LG생활건강	327,000 ▼	2,000	-0.61	-0.61	36,435	-19.72
LG화학	307,000 ▲	2,000	0.66	0.66	382,336	-28.78
LG전자	77,100 ▼	800	-1.03	-1.03	431,257	31.37
로보스타	27,100 ▼	100	-0.37	-0.37	23,943	-36.82
LX세미콘	57,300 ▼	5,100	-8.17	-8.17	135,854	496.61
LX하우시스	31,050 ▼	1,700	-5.19	-5.19	91,004	316.32
LG에너지솔루	363,500 ▼	4,500	-1.22	-1.22	379,275	-62.37
LX홀딩스	8,750	0	0.00	0.00	271,813	9.18

이번 분석에서는 LG전자, LG화학, LG에너지솔루션, 이 3개 종목을 중심으로 모노파동의 위치를 파악해보겠다. 다른 종목들도 동일한 방식으로 적용해보면 모노파동 분석이 가능하니, 이후 확장 적용 시 참고하기 바란다.

자료 3-6 LG전자 파동 흐름 (일봉)

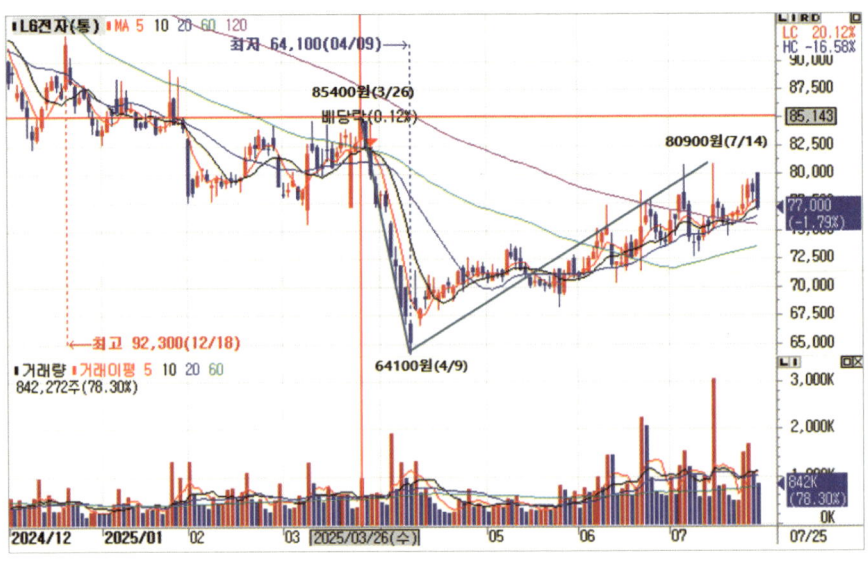

자료 3-7 LG전자 하락삼각형 4등분법칙

LG전자		상승률	하락률		
85,400	최고	33%	0%		
		31%	-2%	84,069	75%
		29%	-3%	82,738	50%
		27%	-5%	81,406	25%
80,075	75%	25%	-6%		
		23%	-8%	78,744	75%
		21%	-9%	77,413	50%
		19%	-11%	76,081	25%
74,750	50%	17%	-12%		
		15%	-14%	73,419	75%
		12%	-16%	72,088	50%
		10%	-17%	70,756	25%
69,425	25%	8%	-19%		
		6%	-20%	68,094	75%
		4%	-22%	66,763	50%
		2%	-23%	65,431	25%
64,100	최저	0%	-25%		

- 75%능선가격: 80,075원
- 50%중심가격: 74,750원
- 25%능선가격: 69,425원

LG전자는 4월 9일 저점 64,100원을 기준으로, 7월 14일 80,900원까지 상승하며 하락폭의 75%능선가격을 돌파한 뒤 조정중인 흐름이다.

현재 가장 중요한 지지선은 50%중심가격인 74,750원이다. 이 가격대를 지지해주는지 여부가 향후 방향성 판단의 핵심 기준이 된다.

만약 50%중심가격이 붕괴될 경우, 다음 지지선은 25%능선가격인 69,425원으로 설정해 대응할 수 있다.

자료 3-8 LG전자 상승시스템잣대 (저점 64,100원 기준)

명칭	상승파동비율									
LG전자	1%	7%	14%	21%	25%	38.20%	50%	61.80%	83.20%	100%
	64,741	68,587	73,074	77,561	80,125	88,586	96,150	103,714	117,431	128,200
매수가										
최저가	₩64,100									
	04월 09일									

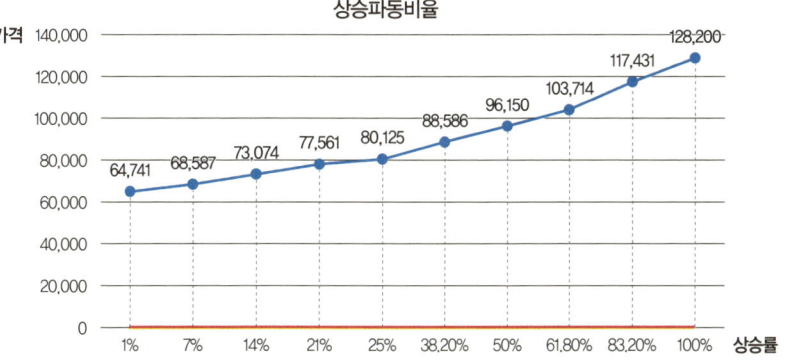

- 21% 상승 목표수치: 77,561원
- 25% 상승 목표수치: 80,125원
- 38.2% 상승 목표수치: 88,586원

자료 3-9 LG전자 상승삼각형 4등분법칙

LG전자		상승률	하락률		
80,900	최고	26%	0%		
		25%	-1%	79,850	75%
		23%	-3%	78,800	50%
		21%	-4%	77,750	25%
76,700	75%	20%	-5%		
		18%	-6%	75,650	75%
		16%	-8%	74,600	50%
		15%	-9%	73,550	25%
72,500	50%	13%	-10%		
		11%	-12%	71,450	75%
		10%	-13%	70,400	50%
		8%	-14%	69,350	25%
68,300	25%	7%	-16%		
		5%	-17%	67,250	75%
		3%	-18%	66,200	50%
		2%	-19%	65,150	25%
64,100	최저	0%	-21%		

상승폭의 50%중심가격인 72,500원을 지지해주는 흐름이 확인되면, 다음 목표가는 38.2% 상승 목표수치인 88,586원으로 설정하고 대응한다.

LG화학 모노파동 분석

자료 3-10 LG화학 파동 흐름 (일봉)

LG화학은 2023년 7월 26일 고점 783,000원을 기록한 이후 장기간 동안 하락세가 전개되고 있으며, 이에 따라 모노파동의 방향성과 에너지 약화 여부를 점검할 필요가 있다.

해당 고점을 기준으로 4등분법칙을 적용하면 다음과 같다.

자료 3-11 LG화학 하락삼각형 4등분법칙

LG화학		상승률	하락률		
783,000	최고	331%	0%		
		311%	-5%	745,406	75%
		290%	-10%	707,813	50%
		269%	-14%	670,219	25%
632,625	75%	249%	-19%		
		228%	-24%	595,031	75%
		207%	-29%	557,438	50%
		186%	-34%	519,844	25%
482,250	50%	166%	-38%		
		145%	-43%	444,656	75%
		124%	-48%	407,063	50%
		104%	-53%	369,469	25%
331,875	25%	83%	-58%		
		62%	-62%	294,281	75%
		41%	-67%	256,688	50%
		21%	-72%	219,094	25%
181,500	최저	0%	-77%		

- 75%능선가격: 632,625원

- 50%중심가격: 482,250원

- 25%능선가격: 331,875원

2023년 11월 24일 고점 537,000원을 기준으로 4등분법칙을 적용해보면, 주요 가격대는 다음과 같다.

자료 3-12 LG화학 파동 흐름 (일봉)

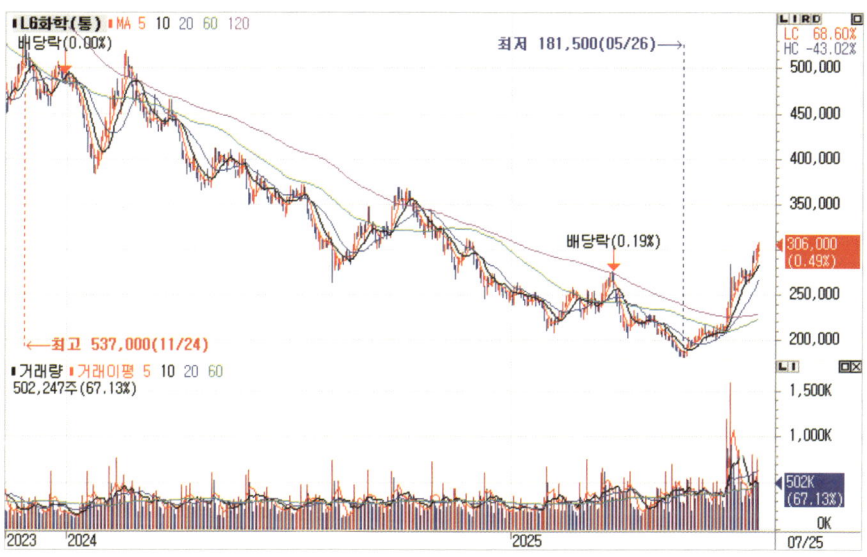

자료 3-13 LG화학 하락삼각형 4등분법칙

LG화학		상승률	하락률		
537,000	최고	196%	0%		
		184%	-4%	514,781	75%
		171%	-8%	492,563	50%
		159%	-12%	470,344	25%
448,125	75%	147%	-17%		
		135%	-21%	425,906	75%
		122%	-25%	403,688	50%
		110%	-29%	381,469	25%
359,250	50%	98%	-33%		
		86%	-37%	337,031	75%
		73%	-41%	314,813	50%
		61%	-46%	292,594	25%
270,375	25%	49%	-50%		
		37%	-54%	248,156	75%
		24%	-58%	225,938	50%
		12%	-62%	203,719	25%
181,500	최저	0%	-66%		

- 75%능선가격: 448,125원
- 50%중심가격: 359,250원
- 25%능선가격: 270,375원

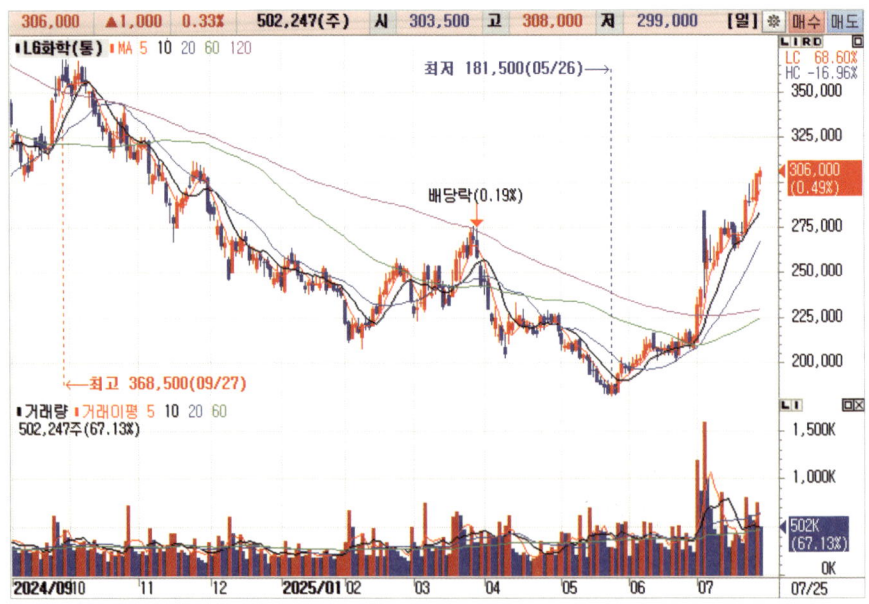

자료 3-14 LG화학 파동 흐름 (일봉)

2024년 9월 27일 고점 368,500원을 기준으로 4등분법칙을 적용해보면, 주요 가격대는 다음과 같다.

자료 3-15 LG화학 하락삼각형 4등분법칙

LG화학		상승률	하락률		
368,500	최고	103%	0%		
		97%	-3%	356,813	75%
		90%	-6%	345,125	50%
		84%	-10%	333,438	25%
321,750	75%	77%	-13%		
		71%	-16%	310,063	75%
		64%	-19%	298,375	50%
		58%	-22%	286,688	25%
275,000	50%	52%	-25%		
		45%	-29%	263,313	75%
		39%	-32%	251,625	50%
		32%	-35%	239,938	25%
228,250	25%	26%	-38%		
		19%	-41%	216,563	75%
		13%	-44%	204,875	50%
		6%	-48%	193,188	25%
181,500	최저	0%	-51%		

- 75%능선가격: 321,750원
- 50%중심가격: 275,000원
- 25%능선가격: 228,250원

LG화학은 2024년 5월 26일 저점 181,500원을 기록한 후, 7월 25일 308,000원까지 반등하며 약 70%의 상승률을 나타냈다.

이는 같은 시기에 이차전지 화학주 전반에서 공통적으로 관찰된 흐름으로, 대부분 5월 26일 또는 27일을 단기 저점으로 형성한 것이 특징이다. LG화학 역시 이 흐름에 포함되며, 특히 포스코퓨처엠과 유사한 강한 상승에너지를 시현한 것으로 판단된다.

자료 3-16 LG화학 상승삼각형 4등분법칙

LG화학		상승률	하락률		
308,000	최고	70%	0%		
		65%	-3%	300,094	75%
		61%	-5%	292,188	50%
		57%	-8%	284,281	25%
276,375	75%	52%	-10%		
		48%	-13%	268,469	75%
		44%	-15%	260,563	50%
		39%	-18%	252,656	25%
244,750	50%	35%	-21%		
		30%	-23%	236,844	75%
		26%	-26%	228,938	50%
		22%	-28%	221,031	25%
213,125	25%	17%	-31%		
		13%	-33%	205,219	75%
		9%	-36%	197,313	50%
		4%	-39%	189,406	25%
181,500	최저	0%	-41%		

- 75%능선가격: 276,375원
- 50%중심가격: 244,750원
- 25%능선가격: 213,125원

LG화학은 75%능선가격인 276,375원만 붕괴하지 않으면 상승추세가 유지되는 것으로 판단하고 투자전략을 수립해야 한다. 하지만 75%능선가격 붕괴 시에는 매도한 후 50%중심가격 244,750원 수준으로 지지선을 하향 조정하는 전략으로 대응해야 한다.

LG에너지솔루션 모노파동 분석

LG에너지솔루션은 2024년 10월 8일 고점 444,000원 이후 장기 조정을 거친 뒤, 2025년 5월 23일 저점 266,000원을 기록하며 모노파동 하락구간을 완성했다. 이후 되반등 흐름을 보이고 있다.

이 구간은 중기 하락 모노파동 이후에 되반등파동이 출현한 국면으로 판단되며, 4등분법칙과 상승파동비율을 기준으로 추세 전환 가능성과 전략적 대응 방안을 모색할 수 있다.

자료 3-17 LG에너지솔루션 파동 흐름 (일봉)

자료 3-18 LG에너지솔루션 하락삼각형 4등분법칙

LG에너지솔루션		상승률	하락률		
444,000	최고	67%	0%		
		63%	-3%	432,875	75%
		59%	-5%	421,750	50%
		54%	-8%	410,625	25%
399,500	75%	50%	-10%		
		46%	-13%	388,375	75%
		42%	-15%	377,250	50%
		38%	-18%	366,125	25%
355,000	50%	33%	-20%		
		29%	-23%	343,875	75%
		25%	-25%	332,750	50%
		21%	-28%	321,625	25%
310,500	25%	17%	-30%		
		13%	-33%	299,375	75%
		8%	-35%	288,250	50%
		4%	-38%	277,125	25%
266,000	최저	0%	-40%		

- 75%능선가격: 399,500원
- 50%중심가격: 355,000원
- 25%능선가격: 310,500원

자료 3-19 LG에너지솔루션 상승삼각형 4등분법칙

LG에너지솔루션		상승률	하락률		
370,000	최고	39%	0%		
		37%	-2%	363,500	75%
		34%	-4%	357,000	50%
		32%	-5%	350,500	25%
344,000	75%	29%	-7%		
		27%	-9%	337,500	75%
		24%	-11%	331,000	50%
		22%	-12%	324,500	25%
318,000	50%	20%	-14%		
		17%	-16%	311,500	75%
		15%	-18%	305,000	50%
		12%	-19%	298,500	25%
292,000	25%	10%	-21%		
		7%	-23%	285,500	75%
		5%	-25%	279,000	50%
		2%	-26%	272,500	25%
266,000	최저	0%	-28%		

- 75%능선가격: 344,000원
- 50%중심가격: 318,000원
- 25%능선가격: 292,000원

LG에너지솔루션의 상승시스템잣대를 설정하면 다음과 같다.

자료 3-20 LG에너지솔루션 상승시스템잣대 (저점 266,000원 기준)

명칭	상승파동비율									
LG에너지솔루션	1%	7%	14%	21%	25%	38.20%	50%	61.80%	83.20%	100%
	268,660	284,620	303,240	321,860	332,500	367,612	399,000	430,388	487,312	532,000
매수가										
최저가	₩266,000									
	05월 23일									

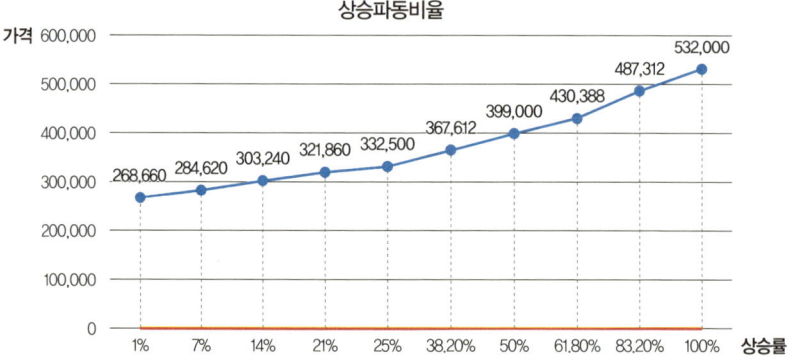

LG에너지솔루션은 5월 23일 저점 266,000원을 기준으로 약 39% 상승해 370,000원 고점을 형성한 뒤 현재는 단기 조정중이다.

75%능선가격인 344,000원이 지지되는 흐름을 유지한다면, 다시금 고점 갱신 시도가 이어질 수 있다. 하지만 해당 구간이 무너질 경우 50%중심가격인 318,000 원까지 지지선을 후퇴시키는 전략이 유효하다.

7월 24일 370,000원을 고점으로 조정 과정에 들어간 LG에너지솔루션은 75% 능선가격인 34만 원대를 강하게 지지하며 추가적인 상승랠리를 이어갔다. 이 상승 에너지는 7월 31일 411,000원까지 급등한 뒤, 현재 370,000~390,000원 구간에서 횡보중이다.

5월 말 이차전지 종목들이 저점을 형성한 이후 포스코퓨처엠, LG에너지솔루션, 삼성SDI 등 대장주가 일제히 상승하며 군집패턴을 나타냈다. 특히 배터리 부분보다는 전력저장장치(ESS) 관련 재료로 주가가 급등하면서 효성중공업, 신성에스티, 한중엔시에스, SK이터너스 등 ESS 관련주가 동반 급등하는 군집현상이 나타났다.

이차전지는 5월 말부터 약 3개월간 상승세를 보이면서 과거 영광의 재현을 기대하는 투자자들을 끌어들였으나, 과거 주도주였던 에코프로와 에코프로비엠의 고점 대비 하락 수준을 감안하면 아직 그 시절로 복귀하기는 요원하다. 그간의 하락폭에 비하면 현재의 상승에너지는 여전히 미약하다.

따라서 이차전지에 크게 물린 투자자라면, 여기서 배운 4등분법칙과 P-MAX/P-MIN파동을 활용해 손실을 극복하는 방법을 체득해야 한다.

미국주식 매그니피션트 7종목 사례분석

이 칼럼은 미국 대표 기술주 7종목의 파동 구조를 분석한 것이다. 글로벌 주도주의 파동 흐름을 바탕으로, 4등분법칙을 해외 종목에 어떻게 적용할 수 있는지를 구체적으로 살펴본다.

'매그니피션트 7(The Magnificent Seven)'은 2023년 이후 인공지능(AI) 상용화의 수혜를 집중적으로 받으며, S&P 500 지수 상승을 주도한 미국의 대표적인 빅테크 7개 종목을 일컫는 신조어다. 이 명칭은 뱅크 오브 아메리카의 수석 애널리스트 마이클 하트넷(Michael Hartnett)이 고전 서부영화 《황야의 7인》(The Magnificent Seven)에서 착안해 명명한 것으로, 이후 금융시장에서 널리 통용되며 'M7' 혹은 'S&P 7'이라는 약칭으로도 불린다.

매그니피션트 7의 해당 종목은 애플(Apple), 마이크로소프트(Microsoft), 알파벳(Alphabet), 아마존(Amazon), 엔비디아(Nvidia), 테슬라(Tesla), 메타(Meta)로 구성되어 있다. 이들 기업은 명실상부한 기술 기반 성장주이자 글로벌 자금 유입의 중심축 역할을 하고 있다.

엔비디아 모노파동 분석

자료 4-1 엔비디아 파동 흐름 (월봉)

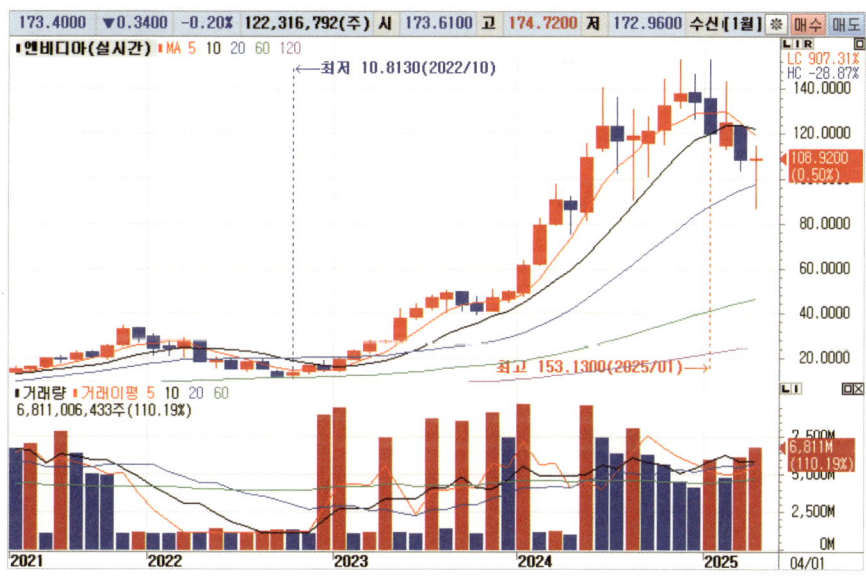

- 75%능선가격: 117.53달러
- 50%중심가격: 81.95달러
- 25%능선가격: 46.38달러

2025년 4월 7일에 86달러까지 하락한 뒤, 엔비디아는 다시 고점 153달러를 돌파했다.

자료 4-2 엔비디아 하락삼각형 4등분법칙 (고점 2025년 1월 153달러 기준)

엔비디아		상승률	하락률		
153.10	최고	1317.59%	0%		
		1235.24%	-5.81%	144.21	75%
		1152.89%	-11.62%	135.31	50%
		1070.54%	-17.43%	126.42	25%
117.53	75%	988.19%	-23.24%		
		905.84%	-29.05%	108.63	75%
		823.50%	-34.85%	99.74	50%
		741.15%	-40.66%	90.84	25%
81.95	50%	658.80%	-46.47%		
		576.45%	-52.28%	73.06	75%
		494.10%	-58.09%	64.16	50%
		411.75%	-63.90%	55.27	25%
46.38	25%	329.40%	-69.71%		
		247.05%	-75.52%	37.48	75%
		164.70%	-81.33%	28.59	50%
		82.35%	-87.14%	19.69	25%
10.80	최저	0.00%	-92.95%		

자료 4-3 엔비디아 파동 흐름 (월봉)

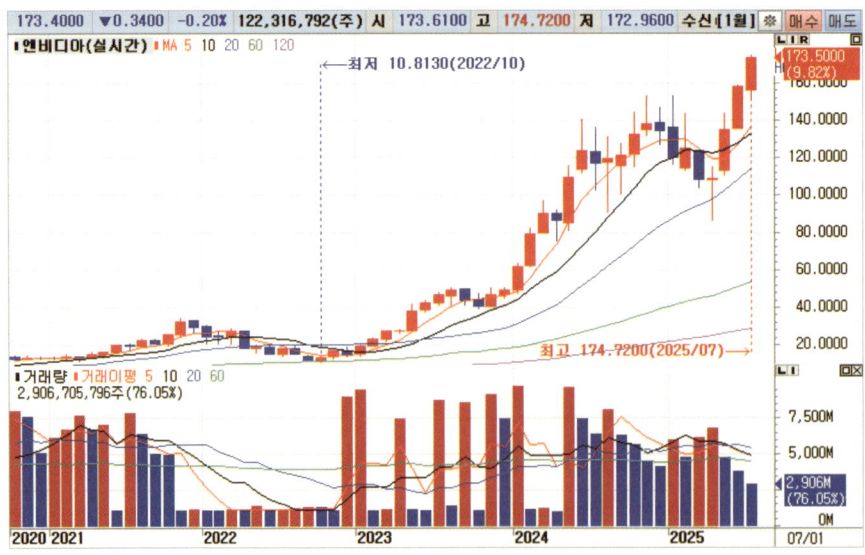

자료 4-4 엔비디아 상승삼각형 4등분법칙 (2025년 7월 25일 174.7달러 고점 기준)

엔비디아		상승률	하락률		
174.70	최고	1517.59%	0%		
		1422.74%	-5.86%	164.46	75%
		1327.89%	-11.73%	154.21	50%
		1233.04%	-17.59%	143.97	25%
133.73	75%	1138.19%	-23.45%		
		1043.34%	-29.32%	123.48	75%
		948.50%	-35.18%	113.24	50%
		853.65%	-41.05%	102.99	25%
92.75	50%	758.80%	-46.91%		
		663.95%	-52.77%	82.51	75%
		569.10%	-58.64%	72.26	50%
		474.25%	-64.50%	62.02	25%
51.78	25%	379.40%	-70.36%		
		284.55%	-76.23%	41.53	75%
		189.70%	-82.09%	31.29	50%
		94.85%	-87.95%	21.04	25%
10.80	최저	0.00%	-93.82%		

- 75%능선가격: 133.73달러

- 50%중심가격: 92.75달러

- 25%능선가격: 51.78달러

자료 4-5 엔비디아 파동 흐름 (일봉)

자료 4-6 엔비디아 상승삼각형 4등분법칙 (저점 4월 7일 86.6달러 기준)

엔비디아		상승률	하락률		
174.70	최고	101.73%	0%		
		95.37%	-3.15%	169.19	75%
		89.02%	-6.30%	163.69	50%
		82.66%	-9.46%	158.18	25%
152.68	75%	76.30%	-12.61%		
		69.94%	-15.76%	147.17	75%
		63.58%	-18.91%	141.66	50%
		57.22%	-22.06%	136.16	25%
130.65	50%	50.87%	-25.21%		
		44.51%	-28.37%	125.14	75%
		38.15%	-31.52%	119.64	50%
		31.79%	-34.67%	114.13	25%
108.63	25%	25.43%	-37.82%		
		19.07%	-40.97%	103.12	75%
		12.72%	-44.13%	97.61	50%
		6.36%	-47.28%	92.11	25%
86.60	최저	0.00%	-50.43%		

- 75%능선가격: 152.68달러
- 50%중심가격: 130.65달러
- 25%능선가격: 108.63달러

자료 4-7 엔비디아 상승시스템잣대 (저점 86.6달러 기준)

명칭	상승파동비율									비고	
LG에너지 솔루션	1%	7%	14%	21%	25%	38.20%	50%	61.80%	83.20%	100%	138.20%	161.80%
	87	93	99	105	108	120	130	140	159	173	206	227
매수가											
최저가	₩87										
	04월 07일										

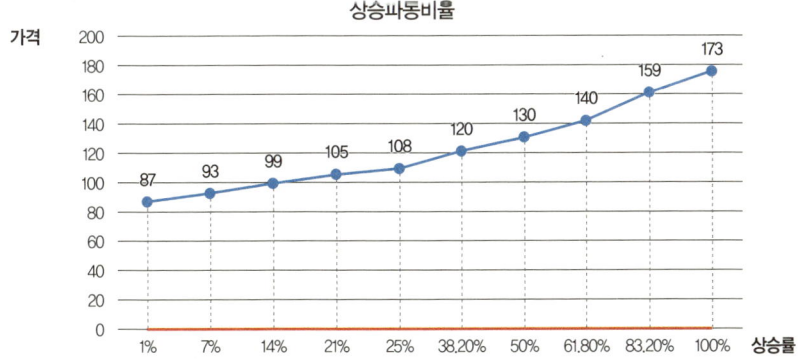

현재 엔비디아는 2025년 7월 25일 고점 174.7달러를 기록한 이후 조정중이다. 75%능선가격인 152달러를 강하게 지지해주는 흐름이 확인되면, 해당 구간을 기반으로 추가 고점 돌파 가능성이 커진다. 이 경우, 다음 목표가는 138.2% 파동비율 기준으로 설정한 206달러가 유력하다.

하지만 75%능선가격이 붕괴될 경우에는 50%중심가격인 130.6달러를 다음 지지선으로 설정해 비중 조절 또는 분할 대응 전략을 고려해야 한다.

테슬라 모노파동 분석

자료 4-8 테슬라 파동 흐름 (월봉)

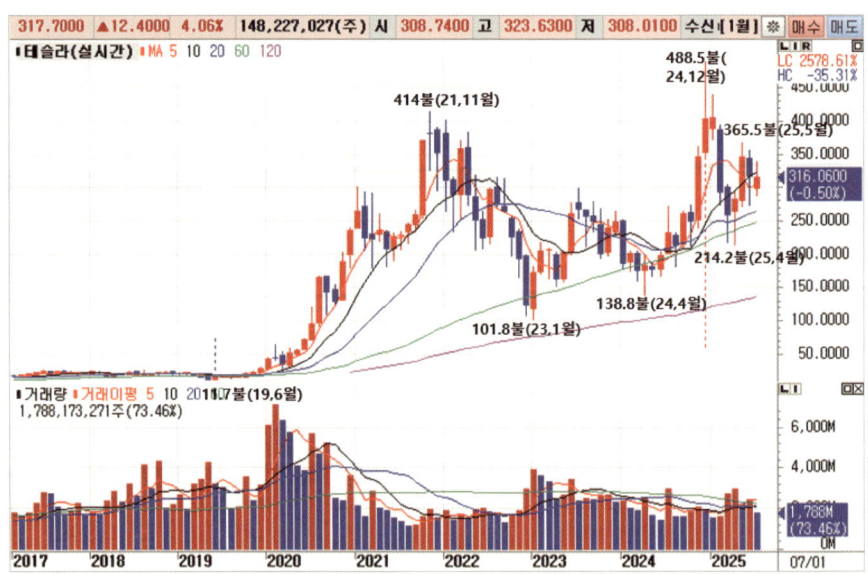

- 75%능선가격: 313.43달러
- 50%중심가격: 212.85달러
- 25%능선가격: 112.28달러

자료 4-9 테슬라 상승삼각형 4등분법칙 (고점 2021년 11월 414달러 기준)

테슬라		상승률	하락률		
414.00	최고	3438.46%	0%		
		3223.56%	-6.07%	388.86	75%
		3008.65%	-12.15%	363.71	50%
		2793.75%	-18.22%	338.57	25%
313.43	75%	2578.85%	-24.29%		
		2363.94%	-30.37%	288.28	75%
		2149.04%	-36.44%	263.14	50%
		1934.13%	-42.51%	237.99	25%
212.85	50%	1719.23%	-48.59%		
		1504.33%	-54.66%	187.71	75%
		1289.42%	-60.73%	162.56	50%
		1074.52%	-66.81%	137.42	25%
112.28	25%	859.62%	-72.88%		
		644.71%	-78.95%	87.13	75%
		429.81%	-85.03%	61.99	50%
		214.90%	-91.10%	36.84	25%
11.70	최저	0.00%	-97.17%		

실제 파동에서는 2023년 1월, 101.8달러까지 하락하며 상승폭의 25%능선가격마저 붕괴하는 강한 하락파동이 출현했다. 이후 주가는 상승으로 전환되었으며, 1차 되반등 과정에서는 414달러에서 101달러까지의 하락폭을 기준으로 산출한 50%중심가격 257달러를 넘어 2023년 7월에는 299달러까지 반등했다.

하지만 이후 다시 하락하면서, 2024년 4월에는 138달러 저점을 형성했다. 이는 101달러(저점)와 299달러(고점) 구간의 상승폭을 기준으로 한 50%중심가격 200달러, 25%능선가격 150달러 모두를 이탈한 것으로, 138달러까지 조정을 동반한 변동성 확대 파동이 시현된 것이다. 현재는 이 구간을 저점으로 다시 상승파동이 전개되고 있는 국면으로 해석된다.

이제 분석 기준점을 2024년 4월 저점 138달러와 2024년 12월 고점 488달러 구간으로 이동해서 새로운 4등분법칙 기준으로 판단해야 한다.

자료 4-10 테슬라 상승삼각형 4등분법칙 (저점 138달러 – 고점 488달러 기준)

테슬라		상승률	하락률		
488.50	최고	251.95%	0%		
		236.20%	-4.47%	466.64	75%
		220.45%	-8.95%	444.79	50%
		204.71%	-13.42%	422.93	25%
401.08	75%	188.96%	-17.90%		
		173.21%	-22.37%	379.22	75%
		157.47%	-26.84%	357.36	50%
		141.72%	-31.32%	335.51	25%
313.65	50%	125.97%	-35.79%		
		110.23%	-40.27%	291.79	75%
		94.48%	-44.74%	269.94	50%
		78.73%	-49.22%	248.08	25%
226.23	25%	62.99%	-53.69%		
		47.24%	-58.16%	204.37	75%
		31.49%	-62.64%	182.51	50%
		15.75%	-67.11%	160.66	25%
138.80	최저	0.00%	-71.59%		

- 75%능선가격: 401.08달러
- 50%중심가격: 313.65달러
- 25%능선가격: 226.23달러

실제 파동에서는 2025년 4월 214달러까지 하락 조정이 나타났으며, 이후 2025년 5월에는 367달러까지 되반등한 바 있다. 현재 주가는 316달러 수준에 머물고 있으며, 이는 50%중심가격에 근접한 위치다.

이후 2025년 상반기 흐름을 기준으로, 고점 488달러를 재설정해 하락삼각형 4
등분법칙을 다시 적용하면 다음과 같다.

자료 4-11 테슬라 파동 흐름 (일봉)

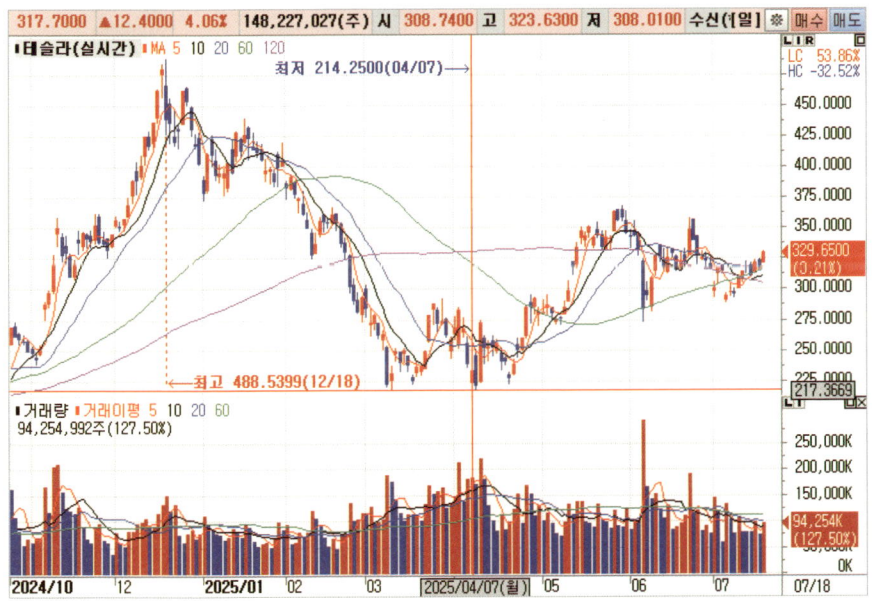

- 75%능선가격: 419.93달러
- 50%중심가격: 351.35달러
- 25%능선가격: 282.78달러

실제 파동에서는 50%중심가격(351.35달러)을 돌파했다가 다시 하락해 25%능
선가격(약 283달러) 부근까지 되밀리는 흐름을 보였다.

자료 4-12 테슬라 하락삼각형 4등분법칙 (고점 488달러 기준)

테슬라		상승률	하락률		
488.50	최고	128.06%	0%		
		120.05%	-3.51%	471.36	75%
		112.05%	-7.02%	454.21	50%
		104.05%	-10.53%	437.07	25%
419.93	75%	96.04%	-14.04%		
		88.04%	-17.55%	402.78	75%
		80.04%	-21.06%	385.64	50%
		72.03%	-24.57%	368.49	25%
351.35	50%	64.03%	-28.08%		
		56.03%	-31.59%	334.21	75%
		48.02%	-35.09%	317.06	50%
		40.02%	-38.60%	299.92	25%
282.78	25%	32.01%	-42.11%		
		24.01%	-45.62%	265.63	75%
		16.01%	-49.13%	248.49	50%
		8.00%	-52.64%	231.34	25%
214.20	최저	0.00%	-56.15%		

    최근 테슬라와 관련된 빅데이터 흐름은 전반적으로 부정적인 신호를 나타내고 있다. 정치적으로는 트럼프 전 대통령과의 갈등 구도 속에서, 일론 머스크가 트럼프의 정책에 공개적으로 반대하며 자체 정당 창당을 준비중인 상황이다. 여기에 더해, 테슬라의 매출과 영업이익 또한 감소추세에 접어들며, 전반적인 투자환경은 점차 악화되는 흐름을 보이고 있다.

    기술적 측면에서도, 앞서 살펴본 4등분법칙 기준에서 25%능선가격인 280달러 수준에서는 강한 지지가 형성되고 있으나, 50%중심가격인 350달러 구간은 뚜렷한 저항선으로 작용하고 있다. 당분간은 이 두 가격대 사이에서 지그재그파동이 반복될 가능성이 높으며, 테슬라가 다시 상승추세로 전환되기 위해서는 실적 회복이나 정책 불확실성 해소와 같은 명확한 트리거 발생이 필요하다.

    이에 따라 테슬라의 투자 전략은 다음과 같이 설정할 수 있다. 25%능선가격

(282.78달러)에 근접할 경우에는 분할매수로 대응하고, 50%중심가격(351.35달러) 돌파 시 일부 매도로 대응하면서 향후 모노파동이 어느 방향으로 수렴해 나가는지를 지속적으로 체크해야 할 것이다.

마이크로소프트 모노파동 분석

자료 4-13 마이크로소프트 파동 흐름 (월봉)

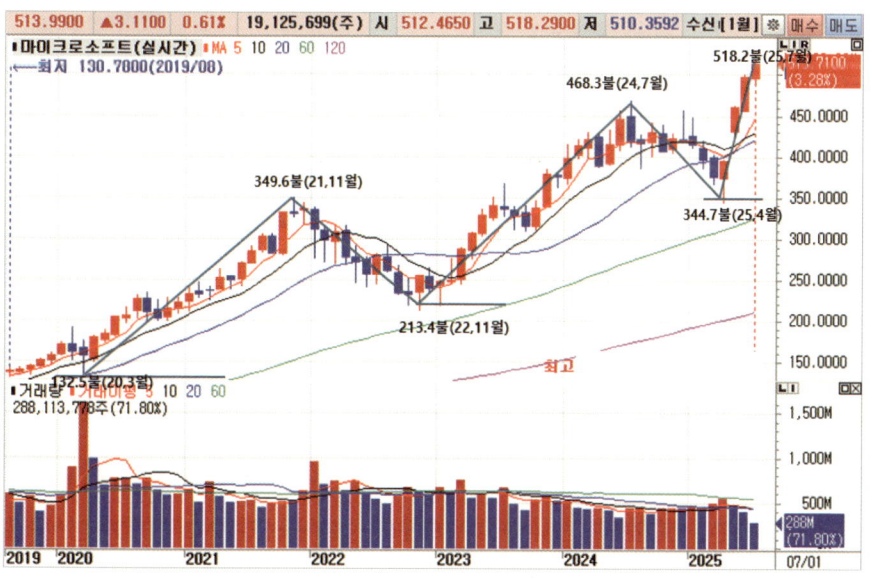

마이크로소프트는 팬데믹 당시의 저점이었던 2020년 3월 132.5달러를 기준으로, 2021년 고점 349달러까지 상승하며 중기적인 상승삼각형 구조를 형성했다. 이 구간에 4등분법칙을 적용하면 다음과 같은 주요 가격대가 도출된다.

자료 4-14 **마이크로소프트 상승삼각형 4등분법칙**

마이크로소프트		상승률	하락률		
349.60	최고	163.85%	0%		
		153.61%	-3.88%	336.03	75%
		143.37%	-7.76%	322.46	50%
		133.13%	-11.64%	308.89	25%
295.33	75%	122.89%	-15.52%		
		112.65%	-19.41%	281.76	75%
		102.41%	-23.29%	268.19	50%
		92.17%	-27.17%	254.62	25%
241.05	50%	81.92%	-31.05%		
		71.68%	-34.93%	227.48	75%
		61.44%	-38.81%	213.91	50%
		51.20%	-42.69%	200.34	25%
186.78	25%	40.96%	-46.57%		
		30.72%	-50.46%	173.21	75%
		20.48%	-54.34%	159.64	50%
		10.24%	-58.22%	146.07	25%
132.50	최저	0.00%	-62.10%		

- 75%능선가격: 295.33달러
- 50%중심가격: 241.05달러
- 25%능선가격: 186.78달러

실제 파동에서는 2022년 11월에 주가가 214달러까지 조정되며 50%중심가격(241.05달러)은 일시적으로 이탈했으나, 25%능선가격인 186.78달러 위에서 지지하며 반등에 성공했다.

특히 당시 214달러는 고점 대비 약 39% 하락한 수준이며, 이는 25%능선가격과 50%중심가격 사이 중간값에 해당하는 기술적 지지선 역할을 하며 상승 전환의 기점이 되었다.

이후 주가는 강한 반등세를 보이며 다시 상승 모노파동으로 전개되었고, 2024

년 7월에는 468.3달러까지 상승 N파동을 완성하며, 팬데믹 이후의 중기 상승 흐름을 다시 한 번 확인시켜주었다.

그렇다면, 2022년 11월 저점 214달러에서 2024년 7월 고점 468달러까지의 구간을 새로운 기준점으로 설정해, 상승삼각형의 4등분법칙을 적용해보면 그 결과는 다음과 같다.

자료 4-15 마이크로소프트 상승삼각형 4등분법칙

마이크로소프트		상승률	하락률		
468.30	최고	119.45%	0%		
		111.98%	-3.40%	452.37	75%
		104.52%	-6.80%	436.44	50%
		97.05%	-10.21%	420.51	25%
404.58	75%	89.59%	-13.61%		
		82.12%	-17.01%	388.64	75%
		74.65%	-20.41%	372.71	50%
		67.19%	-23.81%	356.78	25%
340.85	50%	59.72%	-27.22%		
		52.26%	-30.62%	324.92	75%
		44.79%	-34.02%	308.99	50%
		37.33%	-37.42%	293.86	25%
277.13	25%	29.86%	-40.82%		
		22.40%	-44.23%	261.19	75%
		14.93%	-47.63%	245.26	50%
		7.47%	-51.03%	229.33	25%
213.40	최저	0.00%	-54.43%		

- 75%능선가격: 404.58달러
- 50%중심가격: 340.85달러
- 25%능선가격: 277.13달러

이후 실제 파동에서는 50%중심가격인 340.85달러와 거의 유사한 344.7달러에서 다시 상승 전환이 나타났다. 이 지점은 기술적으로 중심가격 지지 확인 후 상승 전환된 전형적인 패턴으로, 이후 새로운 상승파동이 전개되었다.

실제로 주가는 2025년 4월 344.7달러를 저점으로 반등하여, 2025년 7월 고점 518달러를 형성하면서 새로운 상승삼각형 구조를 완성했다. 이에 따라 해당 구간의 4등분법칙을 적용해보면 다음과 같다.

자료 4-16 마이크로소프트 상승삼각형 4등분법칙

마이크로소프트		상승률	하락률		
518.20	최고	50.33%	0%		
		47.19%	-2.09%	507.36	75%
		44.04%	-4.19%	496.51	50%
		40.90%	-6.28%	485.67	25%
474.83	75%	37.75%	-8.37%		
		34.60%	-10.46%	463.98	75%
		31.46%	-12.56%	453.14	50%
		28.31%	-14.65%	442.29	25%
431.45	50%	25.17%	-16.74%		
		22.02%	-18.83%	420.61	75%
		18.88%	-20.93%	409.76	50%
		15.73%	-23.02%	398.92	25%
388.08	25%	12.58%	-25.11%		
		9.44%	-27.20%	377.23	75%
		6.29%	-29.30%	366.39	50%
		3.15%	-31.39%	355.54	25%
344.70	최저	0.00%	-33.48%		

- 75%능선가격: 474.83달러
- 50%중심가격: 431.45달러
- 25%능선가격: 388.08달러

마이크로소프트의 주가가 현재 상승추세를 유지하기 위해서는 75%능선가격인 474.83달러를 이탈하지 않고 지지하는 흐름이 전개되어야 한다. 해당 가격대가 지지된다면, 고점 갱신 가능성이 열려 있으며, 상승 조건이 충족된 상태에서의 연속 파동이 기대된다.

만약 75%능선가격이 이탈될 경우에는, 50%중심가격인 431.45달러 구간에서 저점이 형성되는지 여부를 확인해야 하며, 이 가격대마저 붕괴된다면 상승 조건이 무너지는 구조로 전환될 수 있으므로 주의가 필요하다.

자료 4-17 **마이크로소프트 파동 흐름 (일봉)**

마이크로소프트의 실적 발표 결과와 무관하게, 생명선이라 할 수 있는 7월 1일 직전 고점 468달러와 75%능선가격 474달러가 동시에 지지되는 흐름이 확인된다면, 추세적인 신고점 경신 가능성이 높아진다고 판단할 수 있다.

반면, 이 두 가격대가 동시에 붕괴되는 경우에는, 50%중심가격인 431.45달러 수준까지 지지선을 하향 조정하며 대응하는 전략이 필요하다.

아마존 모노파동 분석

자료 4-18 아마존 파동 흐름 (월봉)

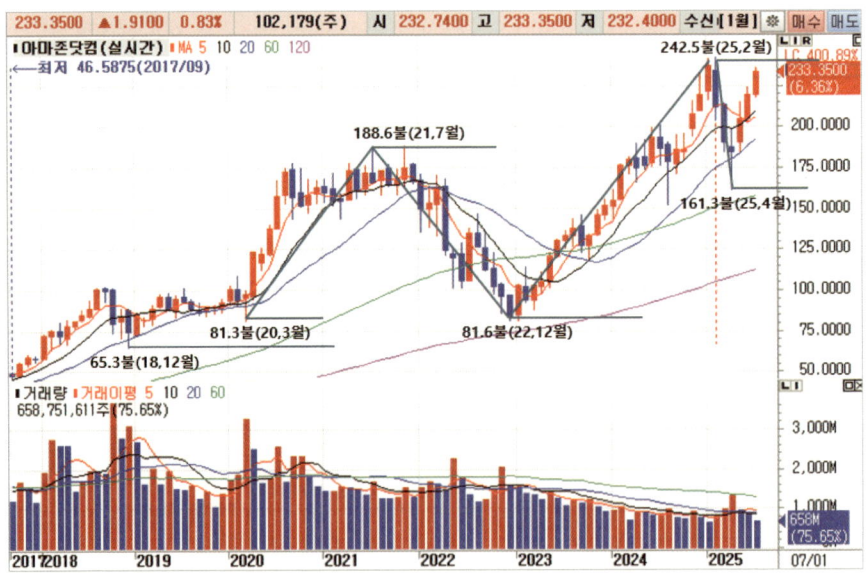

아마존의 중장기 파동은 2018년 12월 저점 65.3달러, 그리고 코로나 팬데믹 저점이었던 2020년 3월 81.3달러를 중심으로 분석할 수 있다.

1차 상승파동은 팬데믹 당시의 저점인 81.3달러에서 시작되어, 2021년 7월 고점 188.6달러까지 전개되었다. 이 구간을 기준으로 상승삼각형의 4등분법칙을 적용하면 다음과 같다.

자료 4-19 아마존 상승삼각형 4등분법칙 (저점 81.3달러 - 고점 188.6달러 기준)

아마존		상승률	하락률		
188.60	최고	131.98%	0%		
		123.73%	-3.56%	181.89	75%
		115.48%	-7.11%	175.19	50%
		107.23%	-10.67%	168.48	25%
161.78	75%	98.99%	-14.22%		
		90.74%	-17.78%	155.07	75%
		82.49%	-21.33%	148.36	50%
		74.24%	-24.89%	141.66	25%
134.95	50%	65.99%	-28.45%		
		57.74%	-32.00%	128.24	75%
		49.49%	-35.56%	121.54	50%
		41.24%	-39.11%	114.83	25%
108.13	25%	33.00%	-42.67%		
		24.75%	-46.23%	101.42	75%
		16.50%	-49.78%	94.71	50%
		8.25%	-53.34%	88.01	25%
81.30	최저	0.00%	-56.89%		

- 75%능선가격: 161.78달러

- 50%중심가격: 134.95달러

- 25%능선가격: 108.13달러

실제 하락파동에서는 2022년 12월 81.6달러까지 하락하며, 팬데믹 당시의 저점 수준까지 되돌리는 흐름을 보였다. 이 하락은 구조적으로 쌍바닥 패턴을 형성한 것으로 해석된다.

2022년 12월의 저점 81.6달러를 기준으로 다시 상승이 전개되었으며, 2025년 2월에는 242.5달러 고점을 기록하며 새로운 중기 상승삼각형이 형성되었다. 이 구간 역시 4등분법칙을 적용해보면 다음과 같다.

자료 4-20 아마존 상승삼각형 4등분법칙 (저점 81.6달러 – 고점 242.5달러 기준)

아마존		상승률	하락률		
242.50	최고	197.18%	0%		
		184.86%	-4.15%	232.44	75%
		172.53%	-8.29%	222.39	50%
		160.21%	-12.44%	212.33	25%
202.28	75%	147.89%	-16.59%		
		135.56%	-20.73%	192.22	75%
		123.24%	-24.88%	182.16	50%
		110.91%	-29.03%	172.11	25%
162.05	50%	98.59%	-33.18%		
		86.27%	-37.32%	151.99	75%
		73.94%	-41.47%	141.94	50%
		61.62%	-45.62%	131.88	25%
121.83	25%	49.30%	-49.76%		
		36.97%	-53.91%	111.77	75%
		24.65%	-58.06%	101.71	50%
		12.32%	-62.20%	91.66	25%
81.60	최저	0.00%	-66.35%		

- 75%능선가격: 202.28달러
- 50%중심가격: 162.05달러
- 25%능선가격: 121.83달러

매그니피션트 7 종목 중에서 아마존의 상승률은 상대적으로 낮은 편이다. 아마존은 2022년 12월부터 2025년까지 약 3년간 197% 상승에 그치며, 동기간 몇 천 퍼센트씩 급등한 다른 종목들과 비교하면 200%에도 미치지 못하는 상승에너지를 보여주었다.

이후 2025년 4월에는 161.3달러까지 조정되었으며, 이는 50%중심가격인 162.05달러 수준을 지지한 것으로 볼 수 있다. 이 지지 흐름 이후 다시 반등하며, 2025년 7월엔 233달러까지 상승해 직전 고점 돌파를 시도하는 흐름을 보이고 있다.

2025년 7월 24일 고점 236달러를 기준으로 4등분법칙을 적용해보면, 주요 가격대는 다음과 같다.

자료 4-21 아마존 하락삼각형 4등분법칙 (236달러 고점 기준)

아마존		상승률	하락률		
236.00	최고	189.22%	0%		
		177.39%	-4.09%	226.35	75%
		165.56%	-8.18%	216.70	50%
		153.74%	-12.27%	207.05	25%
197.40	75%	141.91%	-16.36%		
		130.09%	-20.44%	187.75	75%
		118.26%	-24.53%	178.10	50%
		106.43%	-28.62%	168.45	25%
158.80	50%	94.61%	-32.71%		
		82.78%	-36.80%	149.15	75%
		70.96%	-40.89%	139.50	50%
		59.13%	-44.98%	129.85	25%
120.20	25%	47.30%	-49.07%		
		35.48%	-53.16%	110.55	75%
		23.65%	-57.25%	100.90	50%
		11.83%	-61.33%	91.25	25%
81.60	최저	0.00%	-65.42%		

- 75%능선가격: 197.4달러
- 50%중심가격: 158.8달러
- 25%능선가격: 120.2달러

아마존의 1차 지지선은 75%능선가격인 197.4달러로 설정하며, 이 구간에서 지지 흐름이 확인될 경우에는 기존 상승추세가 유지되는 것으로 판단하고 실전 대응에 나선다.

반대로, 197달러를 지지하는 데 실패할 경우에는, 50%중심가격(158.8달러) 이하로의 하락 가능성을 반드시 염두에 두고 리스크 관리 전략으로 전환하는 것이 바람직하다.

애플 모노파동 분석

자료 4-22 애플 파동 흐름 (월봉)

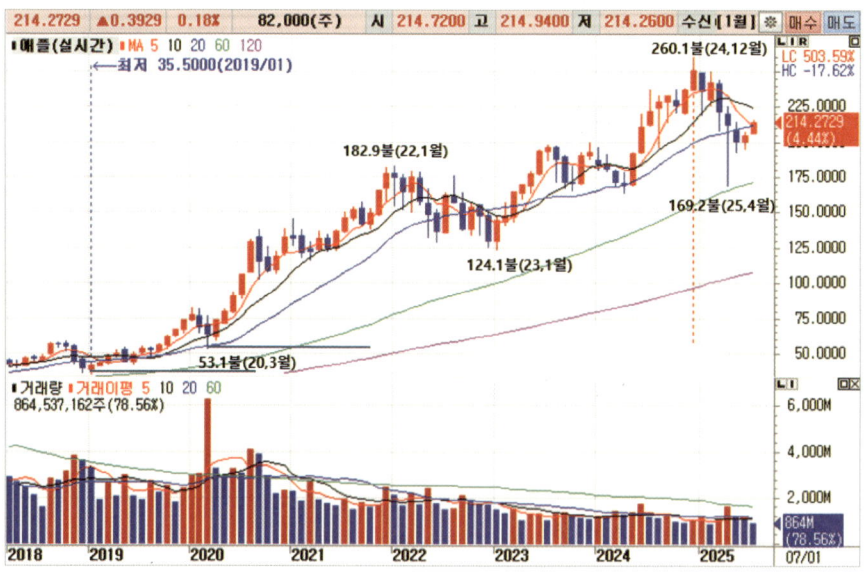

애플의 주가는 코로나 팬데믹 저점인 2020년 3월 53.1달러에서 출발해, 2022년 1월 고점 182.9달러까지 상승하는 1차 상승파동을 형성했다.

해당 구간에 상승삼각형의 4등분법칙을 적용하면 다음과 같다.

자료 4-23 애플 상승삼각형 4등분법칙

애플		상승률	하락률		
182.90	최고	244.44%	0%		
		229.17%	-4.44%	174.79	75%
		213.89%	-8.87%	166.68	50%
		198.61%	-13.31%	158.56	25%
150.45	75%	183.33%	-17.74%		
		168.06%	-22.18%	142.34	75%
		152.78%	-26.61%	134.23	50%
		137.50%	-31.05%	126.11	25%
118.00	50%	122.22%	-35.48%		
		106.94%	-39.92%	109.89	75%
		91.67%	-44.35%	101.78	50%
		76.39%	-48.79%	93.66	25%
85.55	25%	61.11%	-53.23%		
		45.83%	-57.66%	77.44	75%
		30.56%	-62.10%	69.33	50%
		15.28%	-66.53%	61.21	25%
53.10	최저	0.00%	-70.97%		

- 75%능선가격: 150.45달러

- 50%중심가격: 118달러

- 25%능선가격: 85.55달러

실제 파동에서는 2023년 1월 124달러까지 조정이 나타났으며, 50%중심가격인 118달러 위에서 반등에 성공하며 상승추세를 이어갔다.

애플은 2024년 12월, 주가가 260.1달러의 새로운 고점을 형성했다. 이 구간을 기준으로 상승삼각형의 4등분법칙을 적용하면 다음과 같다.

자료 4-24 애플 상승삼각형 4등분법칙 (고점 2024년 12월 260.1달러 기준)

애플		상승률	하락률		
260.10	최고	109.59%	0%		
		102.74%	-3.27%	251.60	75%
		95.89%	-6.54%	243.10	50%
		89.04%	-9.80%	234.60	25%
226.10	75%	82.19%	-13.07%		
		75.34%	-16.34%	217.60	75%
		68.49%	-19.61%	209.10	50%
		61.64%	-22.88%	200.60	25%
192.10	50%	54.79%	-26.14%		
		47.95%	-29.41%	183.60	75%
		41.10%	-32.68%	175.10	50%
		34.25%	-35.95%	166.60	25%
158.10	25%	27.40%	-39.22%		
		20.55%	-42.48%	149.60	75%
		13.70%	-45.75%	141.10	50%
		6.85%	-49.02%	132.60	25%
124.10	최저	0.00%	-52.29%		

- 75%능선가격: 226.1달러
- 50%중심가격: 192.1달러
- 25%능선가격: 158.1달러

2025년 4월, 애플 주가는 169달러까지 조정을 받았으며, 이 과정에서 50%중심가격인 192달러가 붕괴되었고, 25%능선가격인 158달러에 근접한 수준에서 상승전환이 나타났다. 그러나 주가가 25%능선가격에 가까운 지점까지 급락한 뒤 반등한 흐름이기 때문에 현재 전개되는 되반등파동은 에너지가 약한 구조로 해석된다.

이 구간을 260달러 고점과 169달러 저점을 기준으로 한 하락삼각형 4등분법칙에 적용해보면 다음과 같다.

자료 4-25 애플 하락삼각형 4등분법칙 (고점 260달러 - 저점 169달러 기준)

애플		상승률	하락률		
260.10	최고	53.72%	0%		
		50.37%	-2.18%	254.42	75%
		47.01%	-4.37%	248.74	50%
		43.65%	-6.55%	243.06	25%
237.38	75%	40.29%	-8.74%		
		36.93%	-10.92%	231.69	75%
		33.58%	-13.11%	226.01	50%
		30.22%	-15.29%	220.33	25%
214.65	50%	26.86%	-17.47%		
		23.50%	-19.66%	208.97	75%
		20.15%	-21.84%	203.29	50%
		16.79%	-24.03%	197.61	25%
191.93	25%	13.43%	-26.21%		
		10.07%	-28.40%	186.24	75%
		6.72%	-30.58%	180.56	50%
		3.36%	-32.76%	174.88	25%
169.20	최저	0.00%	-34.95%		

- 75%능선가격: 237.38달러
- 50%중심가격: 214.65달러
- 25%능선가격: 191.93달러

이 구간에서 애플의 50%중심가격인 214.65달러는 기술적 저항선으로 작용하고 있다.

이에 따라 실전 매매에서는 주가가 210달러대에 근접할 경우 매도 전략을 우선 고려하는 방식으로 대응 전략을 수립해드렸다.

이제 일봉의 에너지로 애플의 주가 흐름을 판단해보면 다음과 같다.

자료 4-26 애플 파동 흐름 (일봉)

현재 애플은 50%중심가격인 214달러가 반복적으로 저항선으로 작용하고 있으며, 25%능선가격인 190달러 부근에서는 지지세가 형성되는 박스형파동 구조를 나타내고 있다.

이러한 상황에서 2분기 및 3분기 실적 발표가 예정된 시점에 주가가 50%중심가격을 돌파해 지지선으로 전환되기 위해서는, 75%능선가격인 237달러를 돌파하는 강한 상승파동이 동반되어야 한다. 몇 개월 동안의 저항선인 50%중심가격(214달러)을 돌파하는 데 이어 75%능선가격(237달러)도 돌파해야 하는 것이다.

즉 단기적인 되반등보다 구조적인 파동 전환이 발생하려면 새로운 펀더멘털 트리거 또는 성장 모멘텀의 출현이 필수적이다. 결국 향후 6개월 내에 애플이 어디서 새로운 성장 동력을 찾는지가 중장기 파동 에너지의 방향성과 투자 판단의 핵심이 될 것이다.

알파벳(구글) 모노파동 분석

자료 4-27 알파벳 C 파동 흐름 (월봉)

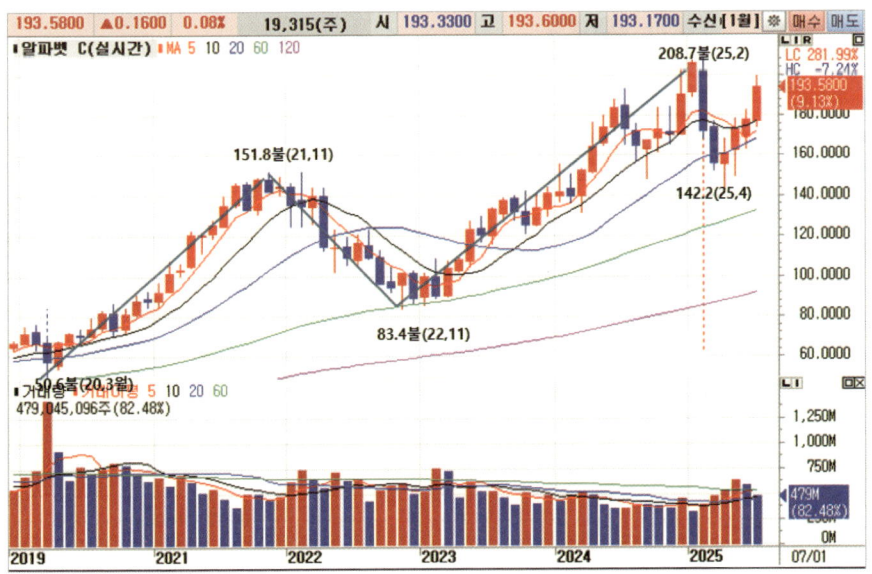

알파벳의 주식은 A 클래스와 C 클래스로 나뉜다. 이 중 알파벳 A(Alphabet A)는 의결권이 있는 주식이며, 알파벳 C(Alphabet C)는 의결권이 없는 클래스로 분류된다. 기술적 분석에서는 일반적으로 알파벳 C 주가를 기준으로 파동 구조를 분석하는 경우가 많다.

알파벳 C는 2020년 3월 저점 50.6달러를 기록한 이후, 2021년 11월 고점 151.8달러까지 상승하며 팬데믹 이후 강한 상승파동을 형성했다.

이 구간을 기준으로 상승삼각형 4등분법칙을 적용해보면 다음과 같다.

자료 4-28 알파벳 C 상승삼각형 4등분법칙 (저점 50.6달러 – 고점 151.8달러 기준)

알파벳C		상승률	하락률		
151.80	최고	200.00%	0%		
		187.50%	-4.17%	145.48	75%
		175.00%	-8.33%	139.15	50%
		162.50%	-12.50%	132.83	25%
126.50	75%	150.00%	-16.67%		
		137.50%	-20.83%	120.18	75%
		125.00%	-25.00%	113.85	50%
		112.50%	-29.17%	107.53	25%
101.20	50%	100.00%	-33.33%		
		87.50%	-37.50%	94.88	75%
		75.00%	-41.67%	88.55	50%
		62.50%	-45.83%	82.23	25%
75.90	25%	50.00%	-50.00%		
		37.50%	-54.17%	69.58	75%
		25.00%	-58.33%	63.25	50%
		12.50%	-62.50%	56.93	25%
50.60	최저	0.00%	-66.67%		

- 75%능선가격: 126.5달러
- 50%중심가격: 101.2달러
- 25%능선가격: 75.9달러

2022년 11월, 알파벳 C는 83.4달러 수준까지 조정을 받으며 팬데믹 이후 상승파동의 되돌림 국면에 진입했다. 이 과정에서 50%중심가격인 101.2달러는 이탈되었지만, 25%능선가격인 75.9달러 위에서 저점이 형성되었다.

해당 조정은 고점(151.8달러) 대비 약 45% 하락한 수준에서 마무리되었고, 이후 다시 상승 전환되어 2025년 2월에는 새로운 고점인 208.7달러를 기록하게 된다.

이후 상승 전환된 구간, 즉 '2022년 11월 저점 83.4달러부터 2025년 2월 고점 208.7달러까지'의 상승폭을 기준으로 다시 상승삼각형 4등분법칙을 적용해보면 다음과 같다.

자료 4-29 알파벳 C 상승삼각형 4등분법칙 (저점 83.4달러 - 고점 208.7달러 기준)

알파벳C		상승률	하락률		
208.70	최고	150.24%	0%		
		140.85%	-3.75%	200.87	75%
		131.46%	-7.50%	193.04	50%
		122.07%	-11.26%	185.21	25%
177.38	75%	112.68%	-15.01%		
		103.29%	-18.76%	169.54	75%
		93.90%	-22.51%	161.71	50%
		84.51%	-26.27%	153.88	25%
146.05	50%	75.12%	-30.02%		
		65.73%	-33.77%	138.22	75%
		56.34%	-37.52%	130.39	50%
		46.95%	-41.28%	122.56	25%
114.73	25%	37.56%	-45.03%		
		28.17%	-48.78%	106.89	75%
		18.78%	-52.53%	99.06	50%
		9.39%	-56.29%	91.23	25%
83.40	최저	0.00%	-60.04%		

- 75%능선가격: 177.38달러
- 50%중심가격: 146.05달러
- 25%능선가격: 114.73달러

실제 파동에서는 2025년 4월에 142달러까지 하락이 나왔으며, 이는 50%중심 가격인 146달러에서 지지를 받고 되반등하는 흐름으로 해석된다.

향후 새로운 고점을 돌파하려면, 하락 조정 구간에서의 50%중심가격(146달러) 과 75%능선가격(177.38달러)이 저항이 아닌 지지로 전환되는 패턴이 확인되어야 한다. 이러한 구조가 형성되어야만, 알파벳의 중기 상승추세가 본격적으로 이어질 수 있을 것이다.

저점 142.2달러, 고점 208.7달러를 기준으로 한 하락삼각형 4등분법칙은 다음 과 같다.

자료 4-30 알파벳 C 하락삼각형 4등분법칙 (저점 142.20달러 – 고점 208.70달러 기준)

알파벳C		상승률	하락률		
208.70	최고	46.77%	0%		
		43.84%	-1.99%	204.54	75%
		40.92%	-3.98%	200.39	50%
		38.00%	-5.97%	196.23	25%
192.08	75%	35.07%	-7.97%		
		32.15%	-9.96%	187.92	75%
		29.23%	-11.95%	183.76	50%
		26.31%	-13.94%	179.61	25%
175.45	50%	23.38%	-15.93%		
		20.46%	-17.92%	171.29	75%
		17.54%	-19.91%	167.14	50%
		14.61%	-21.91%	162.98	25%
158.83	25%	11.69%	-23.90%		
		8.77%	-25.89%	154.67	75%
		5.85%	-27.88%	150.51	50%
		2.92%	-29.87%	146.36	25%
142.20	최저	0.00%	-31.86%		

- 75%능선가격: 192.08달러
- 50%중심가격: 175.45달러
- 25%능선가격: 158.83달러

2025년 7월 24일, 주가는 198.9달러까지 되반등하며 75%능선가격인 192.08달러를 돌파했다. 이제 중요한 것은 조정이 발생하더라도, 50%중심가격인 175.45달러 수준이 강하게 지지되는지 여부이다. 이 구간이 견고한 지지선으로 작용한다면, 이전 고점(208.7달러)을 돌파할 가능성이 높아지는 구간으로 판단할 수 있다.

이것을 일봉의 에너지로 체크해보자.

자료 4-31 알파벳 C 파동 흐름 (일봉)

자료 4-32 알파벳 C 상승시스템잣대 (저점 142달러 기준)

명칭	상승파동비율									
알파벳C	1%	7%	14%	21%	25%	38.20%	50%	61.80%	83.20%	100%
	143	152	162	172	178	196	213	230	260	284
매수가										
최저가	₩142									
	04월 07일									

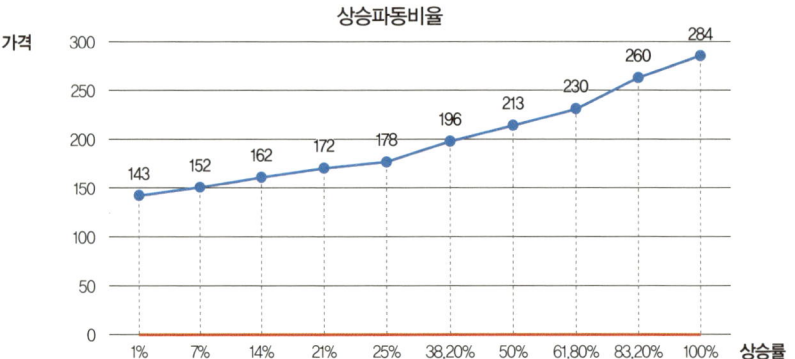

알파벳 C는 4월 7일 저점 142달러에서 출발해, 현재까지 38.2% 상승 수준인 196달러까지 상승한 상황이다. 기존 고점인 208달러를 돌파하기 위해서는 50% 이상 상승에너지가 추가로 전개되어야 한다.

상승추세가 지속되기 위해서는, 조정 시 주요 지지선이 견고하게 유지되는가 여부가 핵심 기준이 된다. 즉 상승삼각형 기준의 75%능선가격(184.7달러)과 50%중심가격(170.5달러)에서 지지력 확인 여부가 중요하다.

자료 4-33 알파벳 C 상승삼각형 4등분법칙 (저점 142.20달러 - 고점 198.90달러 기준)

알파벳C		상승률	하락률		
198.90	최고	39.87%	0%		
		37.38%	-1.78%	195.36	75%
		34.89%	-3.56%	191.81	50%
		32.40%	-5.35%	188.27	25%
184.73	75%	29.91%	-7.13%		
		27.41%	-8.91%	181.18	75%
		24.92%	-10.69%	177.64	50%
		22.43%	-12.47%	174.09	25%
170.55	50%	19.94%	-14.25%		
		17.44%	-16.04%	167.01	75%
		14.95%	-17.82%	163.46	50%
		12.46%	-19.60%	159.92	25%
156.38	25%	9.97%	-21.38%		
		7.48%	-23.16%	152.83	75%
		4.98%	-24.94%	149.29	50%
		2.49%	-26.73%	145.74	25%
142.20	최저	0.00%	-28.51%		

- 75%능선가격: 184.73달러
- 50%중심가격: 170.55달러
- 25%능선가격: 156.38달러

앞으로 발표될 2분기와 3분기 실적이 이 지지 구간(184.7~170.5달러)을 방어하는 흐름 속에서 전개된다면, 알파벳 C는 중기 추세적 상승 가능성을 이어갈 수 있을 것이다.

반대로, 이 구간이 붕괴되는 흐름이 포착될 경우에는, 리스크 관리 전략을 강화하면서 실전 매매 전략을 재조정해야 한다.

메타 모노파동 분석

자료 4-34 메타 파동 흐름 (월봉)

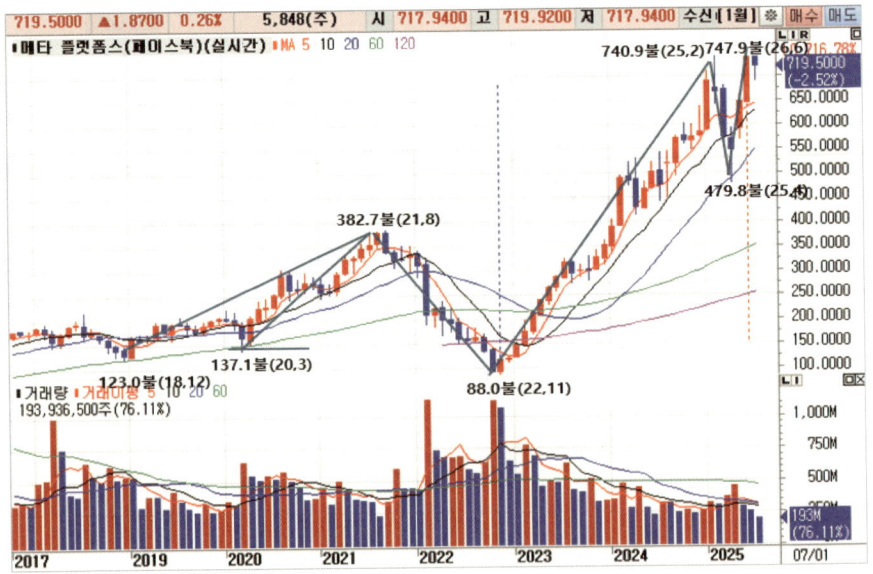

메타의 주요 저점은 2018년 저점 123달러, 2020년 3월 팬데믹 저점 137달러 수준에서 형성되었다. 이후 2021년 8월까지 382.7달러 고점을 기록하며, 장기적인 상승삼각형 파동을 마무리했다.

이에 따라 다음과 같이 4등분법칙을 적용할 수 있다.

자료 4-35 메타 상승삼각형 4등분법칙

메타		상승률	하락률		
382.70	최고	211.14%	0%		
		197.94%	-4.24%	366.47	75%
		184.75%	-8.48%	350.24	50%
		171.55%	-12.72%	334.01	25%
317.78	75%	158.35%	-16.96%		
		145.16%	-21.21%	301.54	75%
		131.96%	-25.45%	285.31	50%
		118.77%	-29.69%	269.08	25%
252.85	50%	105.57%	-33.93%		
		92.37%	-38.17%	236.62	75%
		79.18%	-42.41%	220.39	50%
		65.98%	-46.65%	204.16	25%
187.93	25%	52.78%	-50.89%		
		39.59%	-55.14%	171.69	75%
		26.39%	-59.38%	155.46	50%
		13.20%	-63.62%	139.23	25%
123.00	최저	0.00%	-67.86%		

- 75%능선가격: 317.78달러
- 50%중심가격: 252.85달러
- 25%능선가격: 187.93달러

실제 주가는 2022년 11월, 88달러까지 급락하면서 기존 팬데믹 저점도 붕괴되는 하락파동을 기록한 후에 다시 장기 상승추세가 시작되었다.

2022년 11월 88달러 저점에서 2025년 2월 740.9달러까지 상승한 에너지를 상승삼각형 4등분법칙으로 분석해보면 다음과 같다.

자료 4-36 메타 상승삼각형 4등분법칙

메타		상승률	하락률		
740.90	최고	741.93%	0%		
		695.56%	-5.51%	700.09	75%
		649.19%	-11.02%	659.29	50%
		602.82%	-16.52%	618.48	25%
577.68	75%	556.45%	-22.03%		
		510.08%	-27.54%	536.87	75%
		463.71%	-33.05%	496.06	50%
		417.34%	-38.55%	455.26	25%
414.45	50%	370.97%	-44.06%		
		324.60%	-49.57%	373.64	75%
		278.22%	-55.08%	332.84	50%
		231.85%	-60.58%	292.03	25%
251.23	25%	185.48%	-66.09%		
		139.11%	-71.60%	210.42	75%
		92.74%	-77.11%	169.61	50%
		46.37%	-82.61%	128.81	25%
88.00	최저	0.00%	-88.12%		

- 75%능선가격: 577.68달러
- 50%중심가격: 414.45달러
- 25%능선가격: 251.23달러

2025년 4월에는 479달러까지 급락했으나, 이후 다시 직전 고점을 돌파하는 강한 파동을 보이고 있다.

이제 중요하게 보는 상승삼각형 4등분법칙 기준은, '2025년 4월 저점 479.8달러~2025년 6월 고점 747.9달러' 구간을 기준으로 설정해야 한다.

자료 4-37 메타 상승삼각형 4등분법칙

메타		상승률	하락률		
747.90	최고	55.88%	0%		
		52.39%	-2.24%	731.14	75%
		48.89%	-4.48%	714.39	50%
		45.40%	-6.72%	697.63	25%
680.88	75%	41.91%	-8.96%		
		38.42%	-11.20%	664.12	75%
		34.92%	-13.44%	647.36	50%
		31.43%	-15.68%	630.61	25%
613.85	50%	27.94%	-17.92%		
		24.45%	-20.16%	597.09	75%
		20.95%	-22.40%	580.34	50%
		17.46%	-24.64%	563.58	25%
546.83	25%	13.97%	-26.89%		
		10.48%	-29.13%	530.07	75%
		6.98%	-31.37%	513.31	50%
		3.49%	-33.61%	496.56	25%
479.80	최저	0.00%	-35.85%		

- 75% 능선가격: 680.88달러
- 50% 중심가격: 613.85달러
- 25% 능선가격: 546.83달러

이 구간에서 가장 강하게 지지되어야 할 지지선은 75% 능선가격 680.88달러이며, 그다음으로 중요한 수준은 50% 중심가격 613.85달러다.

만약 50% 중심가격인 613.85달러가 붕괴될 경우, 상승추세가 훼손되었다고 판단해야 한다.

자료 4-38 메타 파동 흐름 (일봉)

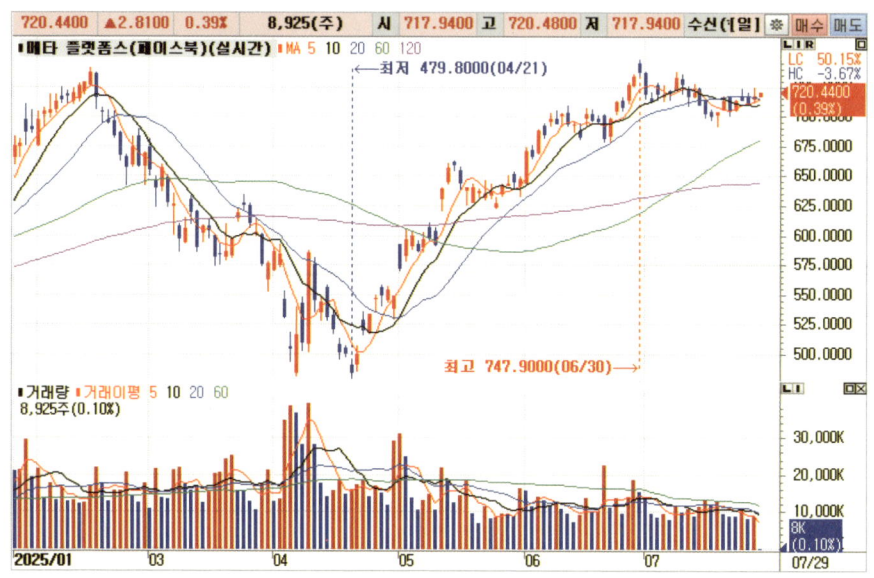

4월 21일 저점 479달러를 기준으로 상승잣대를 체크하면 [자료 4-39]와 같다.

현재 위치는 61.8% 상승 수치인 775달러인데, 6월 30일 747달러까지 근접했지만 아직 돌파하지 못한 상황이다.

이처럼 주요 수치를 마디로 체크하며, 50% 상승 수치인 719달러를 돌파했는지 여부를 기준으로 데드라인을 719달러에 설정하고, 이후 61.8% 수치로의 상승 전개 여부를 체크하는 방식이다.

만약 이 데드라인이 붕괴되면, 리스크 관리 전략으로 전환해야 한다. 즉 보유한 물량의 일부를 매도한 뒤, 이후 변동성을 활용해 재매수 시나리오를 설계하는 것이다.

자료 4-39 메타 상승시스템잣대 (저점 479달러 기준)

명칭	상승파동비율									비고	
메타	1%	7%	14%	21%	25%	38.20%	50%	61.80%	83.20%	100%	138.20%	161.80%
	484	513	546	580	599	662	719	775	878	958	1,141	1,254
매수가												
최저가	₩479											
	04월 22일											

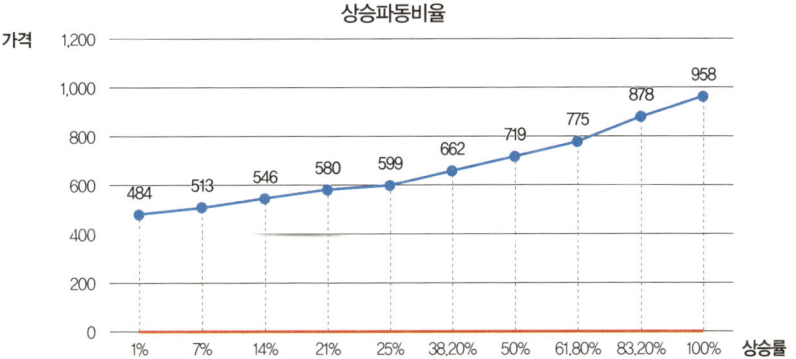

이 과정에서, 현재까지 상승한 진폭을 4등분해 다음과 같은 지지선들을 설정하고, 이를 상승추세 유지 조건으로 삼아야 한다.

- 1차 지지선(50%상승수치): 719달러
- 2차 지지선(75%능선가격): 680달러
- 3차 지지선(38.2% 상승 목표수치): 662달러

7월 18일 691달러까지 하락하며 1차 지지선은 붕괴되었지만, 2차 지지선에서 지지를 받고 반등 시도중이다.

이제는 직전 고점 돌파 여부를 추적하며, 데드라인은 7월 18일 저가 691달러로 설정해 실전 대응해야 한다.

텐배거를 노려볼 수 있는
미국 드론주 사례분석

이 칼럼은 고성장 잠재력을 지닌 미국 드론 관련주의 파동 구조를 분석한 것이다. 뉴스케일파워에서 검증된 매매 전략을 드론주 매매에 어떻게 적용할 수 있을지 구체적으로 살펴본다.

과거 뉴스케일파워가 2~3달러대였을 당시, 텐배거 가능성을 염두에 두고 추세매매 전략을 수립해 방송에서 여러 차례 강조한 바 있다. 이후 이 종목은 40달러대까지 급등하며, 단순한 텐배거를 넘어서는 강한 상승에너지를 시현했다.

이제 동일한 전략을 미국시장의 드론 관련주에 적용해보고자 한다. 그 투자 대상을 다음의 5개 종목으로 압축하고, 모노파동 전략에 대입해 실전 투자에 응용해보자. 드론주들에 대한 분석을 하기 전에 우선 뉴스케일파워의 사례부터 구체적으로 살펴보자.

뉴스케일파워 모노파동 분석

뉴스케일파워에 대한 실전 투자는 2023년 12월부터 본격적으로 시작했다. 당시 뉴스케일파워는 미국 아이다호 SMR(소형모듈원자로) 사업의 실패 소식이 전해지며,

주가가 급락해 15달러 수준에서 1.80달러대까지 하락한 상황이었다. 시장이 극단적인 실망 매물로 반응하는 시점에서, 오히려 역발상 전략의 관점에서 투자 접근을 시도한 것이다.

이 전략의 핵심은 뉴스케일파워의 중장기 성장 가능성과, 해당 사업에 두산그룹이 전략적으로 투자하고 있다는 점에 주목한 것이다. 특히 두산은 뉴스케일파워의 지분 약 7%를 보유하고 있으며, 삼성물산 등 국내 주요 기업들도 뉴스케일파워에 투자하고 있다는 점에서, 향후 회복 및 반전 가능성에 대한 구조적 신뢰를 확보할 수 있었다.

또한 주가가 고점 대비 약 1/7토막 난 상황(15달러→1.8달러)은 가격 메리트 측면에서도 진입 타이밍으로 적절하다고 판단했다. 단순히 뉴스 악재가 반영된 가격 조정이 아니라, 심리적 투매 구간에서의 에너지 고갈을 확인한 뒤 실전 매매로 전환한 것이다.

이와 관련해 2023년 11월 당시의 언론 기사는 다음과 같다.

'뉴스케일파워가 아이다호에 SMR을 건설하는 미국의 첫 SMR 프로젝트, '무탄소 발전소 프로젝트(CFPP)'가 실패한 배경도 이 경제성 문제였다. 뉴스케일파워는 원전 설계용량을 처음에는 50MW로 설계했다가 경제성 문제로 60MW로, 77MW로 두 차례에 걸쳐 변경했다. 그런데도 예상발전비용이 당초 뉴스케일파워가 홍보했던 것보다 53% 급등(MWh당 58달러 → 89달러)하면서, 사업에 참여하려고 했던 지자체가 대거 탈퇴했다. 에너지전환포럼에 따르면, 뉴스케일파워 사업에 대한 불신으로 사업을 탈퇴한 지자체들은 SMR보다 훨씬 저렴한 재생에너지로 대거 이동했다. 이에 뉴스케일파워는 결국 지난달 CFP 중단을 선언했다. 뉴스케일파워의 사업 실패를 예고했던 에너지전환포럼은 "뉴스케일파워의 전신인 오리건전력연구팀이 미국 에너지부로부터 지난 2000년 '다목적 소형원전 개발사업'으로 시작해

20년 넘게 독점적으로 지원 혜택을 받아온 결과물임에도 충격적인 사건"이라고 평가했다.'

자료 5-1 뉴스케일파워 파동 흐름 (주봉)

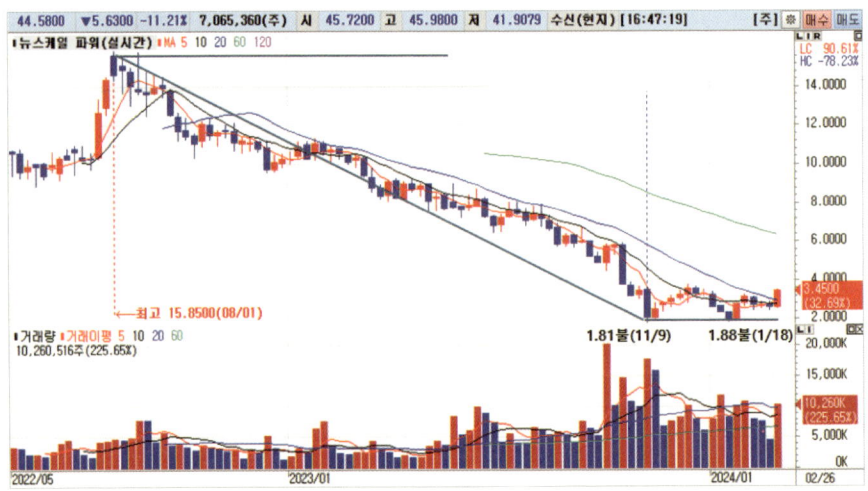

뉴스케일파워는 2023년 미국 아이다호 SMR 프로젝트(CFPP)의 사업 중단 뉴스가 전해지면서, 주가가 15달러 고점에서 1.80달러까지 급락하는 하락파동을 만들었다. 당시 시장에서는 경제성 문제를 이유로 대규모 기관 투자자들이 이탈했고, 이에 따라 주가는 급속한 붕괴 국면으로 진입했다.

2023년의 이 하락 구조를 4등분법칙으로 분석하면 다음과 같다.

자료 5-2 뉴스케일파워 하락삼각형 4등분법칙

뉴스케일		상승률	하락률		
15.85	최고	775.69%	0%		
		727.21%	-5.54%	14.97	75%
		678.73%	-11.07%	14.10	50%
		630.25%	-16.61%	13.22	25%
12.34	75%	581.77%	-22.15%		
		533.29%	-27.68%	11.46	75%
		484.81%	-33.22%	10.59	50%
		436.33%	-38.75%	9.71	25%
8.83	50%	387.85%	-44.29%		
		339.36%	-49.83%	7.95	75%
		290.88%	-55.36%	7.08	50%
		242.40%	-60.90%	6.20	25%
5.32	25%	193.92%	-66.44%		
		145.44%	-71.97%	4.44	75%
		96.96%	-77.51%	3.57	50%
		48.48%	-83.04%	2.69	25%
1.81	최저	0.00%	-88.58%		

- 75%능선가격: 12.34달러
- 50%중심가격: 8.83달러
- 25%능선가격: 5.32달러

2023년 11월 9일 저점 1.81달러를 기준으로, 상승시스템잣대를 다음과 같이 설정해볼 수 있다.

자료 5-3 뉴스케일파워 상승시스템잣대 (저점 1.81달러 기준)

명칭	상승파동비율								
뉴스케일	7%	14%	21%	38%	62%	100%	138%	161.80%	200%
	1.94	2.06	2.19	2.50	2.93	3.62	4.31	4.74	5.43
매수가									
최저가	₩1.81								
	11월 16일								

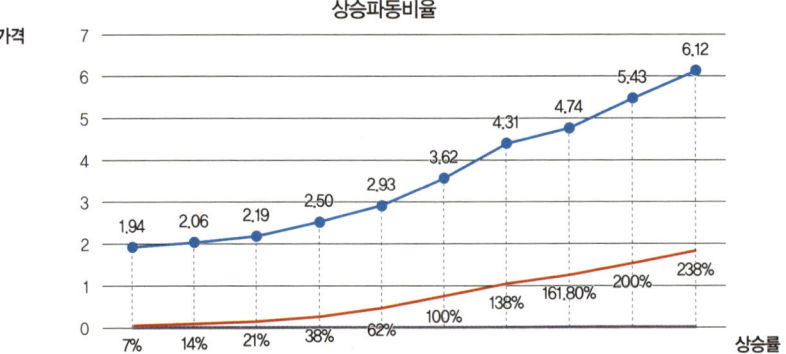

- 1차 목표영역: 61.8~100% 상승위치
- 2차 목표영역: 161.8~200% 상승위치
- 3차 목표영역: 261.8~300% 상승위치

미국시장에서 1~10달러 수준인 종목들의 변동성은 매우 커서 단기간에 100~1,000%나 상승하기도 하고, 반대로 몇 분만에 반토막이 되기도 하는 등 동전주 성격의 급격한 변동성이 나타난다

따라서 투자 시에는 투입 금액을 한정하고, 데드라인 원칙을 철저히 지키는 전략이 필요하다. 1차·2차·3차 목표가격은 앞서 제시한 시스템처럼 미리 설정해두고, 목표 달성 이후에는 특정 가격이 붕괴되는 시점을 데드라인으로 삼아 일단 매도한 뒤, 변동성을 체크하며 대응하는 전략이 유효하다. 이후 재매수 여부는 상승

삼각형의 4등분법칙을 기준으로 설정된 지지 구간을 중심으로 판단한다. 이를 통해 급등주 특유의 넓은 파동 구조 속에서도 체계적인 실전 대응이 가능해진다.

자료 5-4 뉴스케일파워 파동 흐름 (일봉)

- 75%능선가격: 3.27달러
- 50%중심가격: 2.79달러
- 25%능선가격: 2.3달러

뉴스케일파워는 2023년 11월 9일 저점 1.81달러에서 2023년 12월 15일 1차 고점 3.76달러까지 107% 급등파동을 만들었다. 이는 15달러에서 1.8달러까지 급락한 극단적 에너지 붕괴 이후 발생한 되반등 파동으로, 이는 하락 과잉에 따른 기술적 반작용이었다.

자료 5-5 뉴스케일파워 상승삼각형 4등분법칙

뉴스케일		상승률	하락률		
3.76	최고	107.73%	0%		
		101.00%	-3.24%	3.64	75%
		94.27%	-6.48%	3.52	50%
		87.53%	-9.72%	3.39	25%
3.27	75%	80.80%	-12.97%		
		74.07%	-16.21%	3.15	75%
		67.33%	-19.45%	3.03	50%
		60.60%	-22.69%	2.91	25%
2.79	50%	53.87%	-25.93%		
		47.13%	-29.17%	2.66	75%
		40.40%	-32.41%	2.54	50%
		33.67%	-35.65%	2.42	25%
2.30	25%	26.93%	-38.90%		
		20.20%	-42.14%	2.18	75%
		13.47%	-45.38%	2.05	50%
		6.73%	-48.62%	1.93	25%
1.81	최저	0.00%	-51.86%		

이 당시, 미국 첫 진출 SMR 프로젝트인 아이다호 CFPP 실패 소식이 언론을 통해 반복 노출되며, 시장은 뉴스케일파워의 사업 지속 가능성에 대해 강한 회의론을 보였다. 특히 한화그룹의 니콜라 투자 실패 사례를 언급하며, 두산그룹의 SMR 투자 역시 실패할 가능성이 있다는 부정적 보도가 이어졌다. 그러나 SMR의 장기 성장성에 베팅한 투자자들은 이 시기를 오히려 저점 매수 기회로 인식했다. 실전에서는 1차 파동이 100% 이상 상승했을 때 일부 수익을 실현하고, 이후 4등분법칙에 따라 75%능선가격이 붕괴될 경우 데드라인 전략으로 매도, 다음 지지선을 찾아 파도타기 전략을 구사했다.

실전에서는 50%중심가격인 2.79달러에서의 지지 가능성을 우선적으로 고려해 대응했다. 3.5달러 이상에서 일부 차익 실현 후, 데드라인을 2.7달러로 설정하고 해당 구간 이탈 시 매도하는 전략을 구사했다. 이후 재매수 기준은 직전 저점(1.81 달러)과 25%능선가격(2.3달러) 사이로 설정해 분할 대응했다.

실제 저점은 2024년 1월 18일 1.88달러에서 형성되었으며, 이후 전개된 2차 파동은 1차 파동보다 훨씬 큰 구조로 이어졌다. 주가는 2024년 3월 18일, 11.2달러까지 급등하는 강력한 3파 구조를 형성했다. 이로써 하락삼각형 하단에서 발생한 저점 매매가 구조적으로 유효했음을 확인할 수 있었다.

자료 5-6 뉴스케일파워 상승삼각형 4등분법칙

뉴스케일		상승률	하락률		
11.20	최고	495.74%	0%		
		464.76%	-5.20%	10.62	75%
		433.78%	-10.40%	10.04	50%
		402.79%	-15.60%	9.45	25%
8.87	75%	371.81%	-20.80%		
		340.82%	-26.00%	8.29	75%
		309.84%	-31.21%	7.71	50%
		278.86%	-36.41%	7.12	25%
6.54	50%	247.87%	-41.61%		
		216.89%	-46.81%	5.96	75%
		185.90%	-52.01%	5.38	50%
		154.92%	-57.21%	4.79	25%
4.21	25%	123.94%	-62.41%		
		92.95%	-67.61%	3.63	75%
		61.97%	-72.81%	3.05	50%
		30.98%	-78.01%	2.46	25%
1.88	최저	0.00%	-83.21%		

뉴스케일파워는 2024년 1월 18일 저점 1.88달러를 기록한 이후, 약 2개월 만인 3월 18일에 11.2달러까지 급등하는 초강력 상승파동을 만들었다. 총 상승률은 약 495%로, 주가는 단기간에 약 6배 급등하는 흐름을 보였다.

이 파동은 2023년의 하락 삼각형에서 형성된 75%능선가격(약 12달러 부근)을 향해 되돌리는 구조로, 하락 과잉에 대한 복원력이 그대로 반영된 모습이다. 실제 실전 대응에서는 10달러 이상 구간에서 수익을 분할 실현하는 전략이 전개되었다.

만약 해당 구간에서 매도 기회를 놓쳤더라도, 상승파동의 75%능선가격(8.87달러) 이탈 시에는 데드라인 법칙에 따라 비중 축소 또는 전량 매도로 대응하는 전략이 필수다. 이 구간은 상승에너지가 꺾이는 분기점으로, 이는 파동 상 매도 신호로 해석된다.

그러나 이 급등파동이 진행되던 시점에서 일부 세력은 급등에 대한 회의적 시각을 드러내며 공매도 또는 고점 매도 물량으로 대응하는 흐름을 보였다. 당시 공매도 세력인 아이스버그가 자신들의 보고서를 통해서 "뉴스케일파워(NuScale)가 SMR 관련 원자로 인증 상황을 투자자들에게 과장·오도해왔다"고 주장했다. 보고서에 따르면, 뉴스케일파워가 소개한 SMR은 미국 NRC 표준설계인증을 받은 50MW 규모의 원자로에 한정된 것이며, 현재 사업 추진중인 77MW 설계에 대해서는 인증이 없는 상태라는 것이다. 또한 기존 인증과 다른 설계 변경으로 인해 전력 출력 효율이 50% 이상 증가하며, 이는 뉴스케일파워 측이 제시한 수치와 큰 차이가 있음을 지적했다. 아이스버그리서치는 뉴스케일파워가 마치 70MW 원자로에 대해 인증을 이미 받은 것처럼 투자자에게 오해를 유도했다며, 이는 제품 출시 시점을 앞당겨 보이게 하려는 의도라고 해석했다.

아이스버그리서치의 공매도 보고서가 공개된 이후, 뉴스케일파워 주가는 단기간에 급락했다. 3월 18일 고점인 11.2달러에서 시작된 하락은 단 7거래일 만에, 3월 26일 기준 3.7달러까지 급락하며 약 67%의 조정폭을 기록했다.

이 하락 흐름을 기준으로 4등분법칙을 적용하면 다음과 같다.

자료 5-7 뉴스케일파워 하락삼각형 4등분법칙

뉴스케일		상승률	하락률		
11.20	최고	195.51%	0%		
		183.29%	-4.14%	10.74	75%
		171.08%	-8.27%	10.27	50%
		158.86%	-12.41%	9.81	25%
9.35	75%	146.64%	-16.54%		
		134.42%	-20.68%	8.88	75%
		122.20%	-24.81%	8.42	50%
		109.98%	-28.95%	7.96	25%
7.50	50%	97.76%	-33.08%		
		85.54%	-37.22%	7.03	75%
		73.32%	-41.35%	6.57	50%
		61.10%	-45.49%	6.11	25%
5.64	25%	48.88%	-49.62%		
		36.66%	-53.76%	5.18	75%
		24.44%	-57.89%	4.72	50%
		12.22%	-62.03%	4.25	25%
3.79	최저	0.00%	-66.16%		

- 75%능선가격: 9.35달러
- 50%중심가격: 7.5달러
- 25%능선가격: 5.64달러

공매도 세력의 리포트가 인위적이고 왜곡된 내용이었다는 정황이 시장에서 드러나자, 숏커버링 에너지가 강하게 유입되었다. 그 결과 뉴스케일파워 주가는 2024년 3월 저점 3.79달러에서 시작해, 7월 15일에는 16.9달러까지 급등하며 새로운 파동을 형성했다.

이 상승 흐름을 기준으로 4등분법칙을 적용하면 다음과 같다.

자료 5-8 뉴스케일파워 상승삼각형 4등분법칙

뉴스케일		상승률	하락률		
16.90	최고	345.91%	0%		
		324.29%	-4.85%	16.08	75%
		302.67%	-9.70%	15.26	50%
		281.05%	-14.55%	14.44	25%
13.62	75%	259.43%	-19.39%		
		237.81%	-24.24%	12.80	75%
		216.19%	-29.09%	11.98	50%
		194.57%	-33.94%	11.16	25%
10.35	50%	172.96%	-38.79%		
		151.34%	-43.64%	9.53	75%
		129.72%	-48.48%	8.71	50%
		108.10%	-53.33%	7.89	25%
7.07	25%	86.48%	-58.18%		
		64.86%	-63.03%	6.25	75%
		43.24%	-67.88%	5.43	50%
		21.62%	-72.73%	4.61	25%
3.79	최저	0.00%	-77.57%		

- 75%능선가격: 13.62달러
- 50%중심가격: 10.35달러
- 25%능선가격: 7.07달러

이후 전개된 파동에서는, 2024년 9월 9일 저점 7.02달러까지 조정이 이루어졌으며, 이는 직전 상승 진폭(3.79달러 → 16.9달러)의 25%능선가격(7.07달러)에 정확히 근접하는 조정 흐름이었다. 고점 대비 약 58% 하락, 저점 기준으로는 345% 상승 후 되돌림이 나온 구조로, 급등주 특유의 강한 변동성이 재차 확인된 구간이다.

이러한 흐름은 4등분법칙에서 말하는 25%능선가격 지지의 기술적 의미를 잘 보여주는 사례로, 해당 구간이 단기파동의 에너지 재축적 구간으로 작용했음을 시사한다.

그리고 이 눌림 이후 전개된 다음 파동은 더욱 강한 구조로 확장된다. 2024년 11월 25일에 뉴스케일파워 주가는 31.7달러까지 급등하며 또 한 번의 장기 상승 파동을 만들었다.

이 주가 흐름을 4등분법칙으로 분석하면 다음과 같다.

자료 5-9 뉴스케일파워 상승삼각형 4등분법칙

뉴스케일		상승률	하락률		
31.97	최고	355.41%	0%		
		333.20%	-4.88%	30.41	75%
		310.99%	-9.76%	28.85	50%
		288.77%	-14.63%	27.29	25%
25.73	75%	266.56%	-19.51%		
		244.35%	-24.39%	24.17	75%
		222.13%	-29.27%	22.61	50%
		199.92%	-34.14%	21.05	25%
19.50	50%	177.71%	-39.02%		
		155.49%	-43.90%	17.94	75%
		133.28%	-48.78%	16.38	50%
		111.07%	-53.65%	14.82	25%
13.26	25%	88.85%	-58.53%		
		66.64%	-63.41%	11.70	75%
		44.43%	-68.29%	10.14	50%
		22.21%	-73.16%	8.58	25%
7.02	최저	0.00%	-78.04%		

- 75%능선가격: 25.73달러
- 50%중심가격: 19.5달러
- 25%능선가격: 13.26달러

그러나 이후 진행된 조정은 상당히 길고 깊은 형태로 나타났다. 2025년 4월 4일에는 11.08달러까지 조정이 이루어졌으며, 이는 고점 대비 약 1/3토막 수준의 하락(-65%)이다. 이는 단순한 눌림조정이 아니라, 에너지 붕괴형 급락파동에 가까운 흐름이었다.

이처럼 저가주 중심의 급등주는 상승 시에도, 하락 시에도 일정한 리듬으로 움직이지 않으며, '거친 파동의 형태'를 보이는 경우가 많다. 따라서 실전에서는 단순 비율보다는 4등분법칙의 구간별 지지·이탈 여부를 중심으로 구조적 변동성을 체크하는 전략이 중요하다.

저점 11.08달러를 기록하기 전, 뉴스케일파워 주가는 고점 31.97달러 대비 약 64% 급락했다. 이 구간은 급등 이후 공매도·과열 해소가 맞물린 복합 조정파동으로, 단기적인 심리 붕괴가 강하게 작동한 흐름이었다. 이 하락파동에 4등분법칙을 적용하면 다음과 같다.

자료 5-10 뉴스케일파워 하락삼각형 4등분법칙

뉴스케일		상승률	하락률		
31.97	최고	188.54%	0%		
		176.75%	-4.08%	30.66	75%
		164.97%	-8.17%	29.36	50%
		153.19%	-12.25%	28.05	25%
26.75	75%	141.40%	-16.34%		
		129.62%	-20.42%	25.44	75%
		117.84%	-24.50%	24.14	50%
		106.05%	-28.59%	22.83	25%
21.53	50%	94.27%	-32.67%		
		82.49%	-36.76%	20.22	75%
		70.70%	-40.84%	18.91	50%
		58.92%	-44.92%	17.61	25%
16.30	25%	47.13%	-49.01%		
		35.35%	-53.09%	15.00	75%
		23.57%	-57.17%	13.69	50%
		11.78%	-61.26%	12.39	25%
11.08	최저	0.00%	-65.34%		

- 75%능선가격: 26.75달러
- 50%중심가격: 21.53달러
- 25%능선가격: 16.3달러

이후 저점에서 반등에 성공한 뉴스케일파워는 2025년 7월 28일에 고점 53.5달러까지 급등하는 폭발적 회복파동을 만들며 다시 한 번 대세 상승 흐름을 이어갔다. 이 급등 흐름을 4등분법칙으로 분석하면 다음과 같다.

자료 5-11 뉴스케일파워 상승삼각형 4등분법칙

뉴스케일		상승률	하락률		
53.50	최고	382.85%	0%		
		358.92%	-4.96%	50.85	75%
		335.00%	-9.91%	48.20	50%
		311.07%	-14.87%	45.55	25%
42.90	75%	287.14%	-19.82%		
		263.21%	-24.78%	40.24	75%
		239.28%	-29.73%	37.59	50%
		215.35%	-34.69%	34.94	25%
32.29	50%	191.43%	-39.64%		
		167.50%	-44.60%	29.64	75%
		143.57%	-49.56%	26.99	50%
		119.64%	-54.51%	24.34	25%
21.69	25%	95.71%	-59.47%		
		71.78%	-64.42%	19.03	75%
		47.86%	-69.38%	16.38	50%
		23.93%	-74.33%	13.73	25%
11.08	최저	0.00%	-79.29%		

- 75%능선가격: 42.9달러
- 50%중심가격: 32.29달러
- 25%능선가격: 21.69달러

이제 파동의 구조는 고점 구간에서 에너지 소진 혹은 대세 마무리 구간으로 진입할 가능성에 주목해야 한다. 실전에서는 50%중심가격(32.29달러)을 지지할 수 있는지 여부가 가장 핵심적인 체크 포인트다.

자료 5-12 뉴스케일파워 파동 흐름 (일봉)

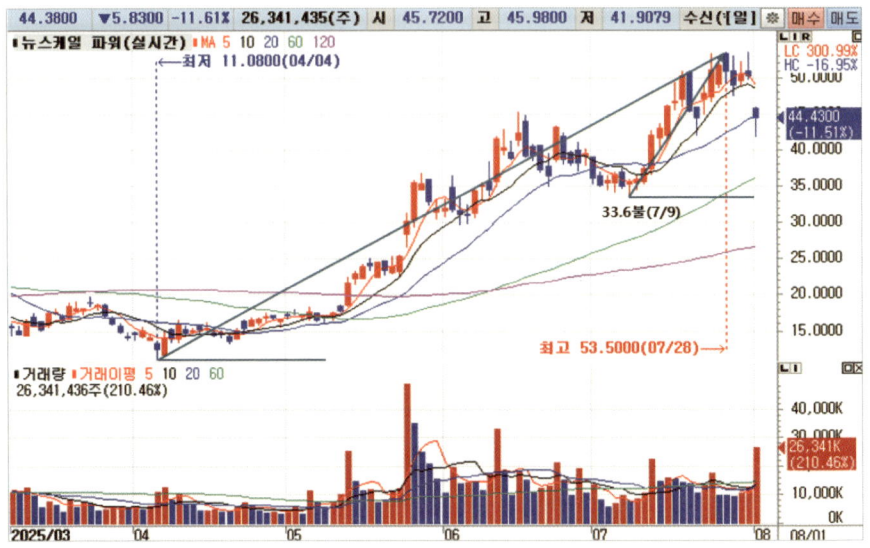

뉴스케일파워는 앞으로 11.08달러와 53.5달러 사이의 50%중심가격인 32.2달러, 그리고 2024년 7월 9일 저점인 33.6달러를 지지하지 못하고 하방 이탈할 경우, 이는 2023년 11월 1.8달러 저점에서 시작된 대세 상승파동이 일단락되었음을 의미한다고 판단한다.

향후 추가적인 상승 랠리가 이어지기 위해서는 7월 9일 저점 33.6달러를 기준으로 한 상승삼각형 구조에서의 50%중심가격을 지지하는 흐름이 선행되어야 한다. 50%중심가격이 무너지면 상승추세의 연속성은 크게 약화될 수 있다.

자료 5-13 뉴스케일파워 상승삼각형 4등분법칙

뉴스케일		상승률	하락률		
53.50	최고	59.23%	0%		
		55.52%	-2.32%	52.26	75%
		51.82%	-4.65%	51.01	50%
		48.12%	-6.97%	49.77	25%
48.53	75%	44.42%	-9.30%		
		40.72%	-11.62%	47.28	75%
		37.02%	-13.95%	46.04	50%
		33.31%	-16.27%	44.79	25%
43.55	50%	29.61%	-18.60%		
		25.91%	-20.92%	42.31	75%
		22.21%	-23.25%	41.06	50%
		18.51%	-25.57%	39.82	25%
38.58	25%	14.81%	-27.90%		
		11.10%	-30.22%	37.33	75%
		7.40%	-32.55%	36.09	50%
		3.70%	-34.87%	34.84	25%
33.60	최저	0.00%	-37.20%		

- 75%능선가격: 48.53달러
- 50%중심가격: 43.55달러
- 25%능선가격: 38.58달러

8월 1일 저점인 41.9달러는 50%중심가격을 하방 이탈한 상태로, 현재는 50%중심가격을 다시 돌파하는지 여부가 관건이다. 해당 구간에서 지지에 성공할 경우, 상승 랠리의 추세 에너지는 유지된다고 판단하겠다.

반대로, 50%중심가격(43.55달러)이 저항선으로 전환되고, 이후 7월 9일의 저점(33.6달러)과 25%능선가격(38.58달러) 구간에서도 바닥 패턴이 출현하지 않을 경우, 이는 대세 상승파동이 마무리되고 하락파동으로 전환될 수 있는 초기 징후라고 판단할 수 있다.

그렇다면 이제 드론관련주인 페러제로테크놀로지, 드라간플라이 등 총 5개의 종목도 4등분법칙으로 기준을 설정해보자.

페러제로테크놀로지 모노파동 분석

드론 낙하산 기술을 보유한 페러제로테크놀로지(Parazero Technologies)는 초소형 안전 장비 분야에서 독자적 기술력을 확보한 기업이다. 주가는 한동안 1달러 초반대에서 횡보하다가, 최근 드론 상업화 흐름과 맞물려 상승 초입의 구조를 만들어내고 있다.

자료 5-14 페러제로테크놀로지 파동 흐름 (월봉)

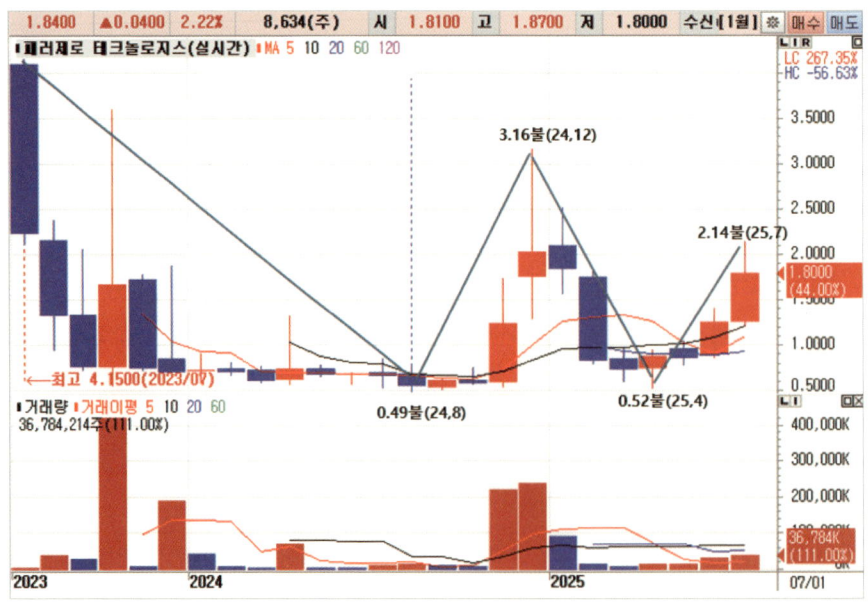

자료 5-15 페러제로테크놀로지 주봉 1:1 대등수치 (하락삼각형 57개=8월 18일 기준 55개)

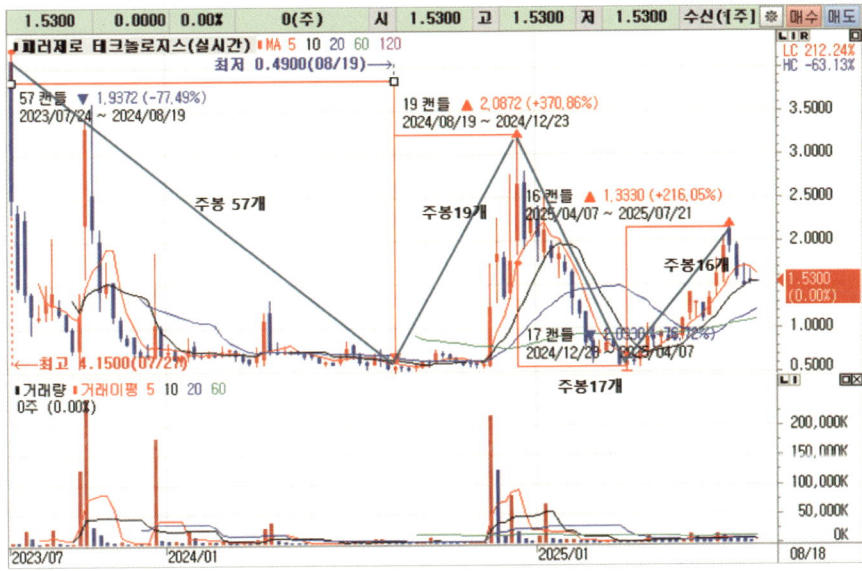

자료 5-16 페러제로테크놀로지 하락삼각형 4등분법칙

페러제로테크		상승률	하락률		
4.15	최고	746.94%	0%		
		700.26%	-5.51%	3.92	75%
		653.57%	-11.02%	3.69	50%
		606.89%	-16.54%	3.46	25%
3.24	75%	560.20%	-22.05%		
		513.52%	-27.56%	3.01	75%
		466.84%	-33.07%	2.78	50%
		420.15%	-38.58%	2.55	25%
2.32	50%	373.47%	-44.10%		
		326.79%	-49.61%	2.09	75%
		280.10%	-55.12%	1.86	50%
		233.42%	-60.63%	1.63	25%
1.41	25%	186.73%	-66.14%		
		140.05%	-71.66%	1.18	75%
		93.37%	-77.17%	0.95	50%
		46.68%	-82.68%	0.72	25%
0.49	최저	0.00%	-88.19%		

- 75%능선가격: 3.24달러
- 50%중심가격: 2.32달러
- 25%능선가격: 1.41달러

2024년 12월 3.16달러까지 되반등하며 75%능선가격(3.24달러)에 근접한 상승 흐름을 보였다. 그러나 이후 급락세가 전개되며, 2025년 4월에는 0.52달러까지 저점을 갱신했다. 이처럼 주가의 상승·하락 변동성이 극단적으로 크게 나타나는 것이 미국 저가주의 특성이다.

페러제로테크놀로지의 주가는 2024년 12월 고점(3.16달러) 이후 급락하며, 2025년 4월 0.52달러까지 하락했다. 이를 기준으로 하락삼각형 4등분법칙을 적용하면 다음과 같다.

자료 5-17 페러제로테크놀로지 하락삼각형 4등분법칙

페러제로테크		상승률	하락률		
3.16	최고	507.69%	0%		
		475.96%	-5.22%	3.00	75%
		444.23%	-10.44%	2.83	50%
		412.50%	-15.66%	2.67	25%
2.50	75%	380.77%	-20.89%		
		349.04%	-26.11%	2.34	75%
		317.31%	-31.33%	2.17	50%
		285.58%	-36.55%	2.01	25%
1.84	50%	253.85%	-41.77%		
		222.12%	-46.99%	1.68	75%
		190.38%	-52.22%	1.51	50%
		158.65%	-57.44%	1.35	25%
1.18	25%	126.92%	-62.66%		
		95.19%	-67.88%	1.02	75%
		63.46%	-73.10%	0.85	50%
		31.73%	-78.32%	0.69	25%
0.52	최저	0.00%	-83.54%		

- 75%능선가격: 2.5달러
- 50%중심가격: 1.84달러
- 25%능선가격: 1.18달러

실제 파동은 저점인 0.52달러(2025년 4월)에서 반등해, 2025년 7월 2.14달러까지 급등하는 흐름을 만들었다. 이는 고점 대비 83% 하락한 이후에 저점 대비 약 311% 상승한 구조로, 극단적인 가격 변동성과 파동 에너지가 동시에 확인되는 구간이다.

이제 상승삼각형 4등분법칙 기준으로 접근해보면 다음과 같다.

자료 5-18 페러제로테크놀로지 상승삼각형 4등분법칙

페러제로테크		상승률	하락률		
2.14	최고	311.54%	0%		
		292.07%	-4.73%	2.04	75%
		272.60%	-9.46%	1.94	50%
		253.13%	-14.19%	1.84	25%
1.74	75%	233.65%	-18.93%		
		214.18%	-23.66%	1.63	75%
		194.71%	-28.39%	1.53	50%
		175.24%	-33.12%	1.43	25%
1.33	50%	155.77%	-37.85%		
		136.30%	-42.58%	1.23	75%
		116.83%	-47.31%	1.13	50%
		97.36%	-52.04%	1.03	25%
0.93	25%	77.88%	-56.78%		
		58.41%	-61.51%	0.82	75%
		38.94%	-66.24%	0.72	50%
		19.47%	-70.97%	0.62	25%
0.52	최저	0.00%	-75.70%		

- 75%능선가격: 1.74달러
- 50%중심가격: 1.33달러
- 25%능선가격: 0.93달러

강한 추세 전환이 나타나기 위해서는 75%능선가격인 1.74달러를 지지하는 구조가 필수적이다. 이 구간이 무너질 경우, 보유 물량의 50%를 매도하고 다음 지지선인 50%중심가격(1.33달러)을 기준으로 전략을 조정해야 한다. 이때 1.3~1.5달러 영역은 재매수 타이밍을 고려할 수 있는 핵심 구간이다.

이제 일봉 기준으로 상승시스템잣대(자료 5-20)를 만들어보자.

자료 5-19 페러제로테크놀로지 파동 흐름 (일봉)

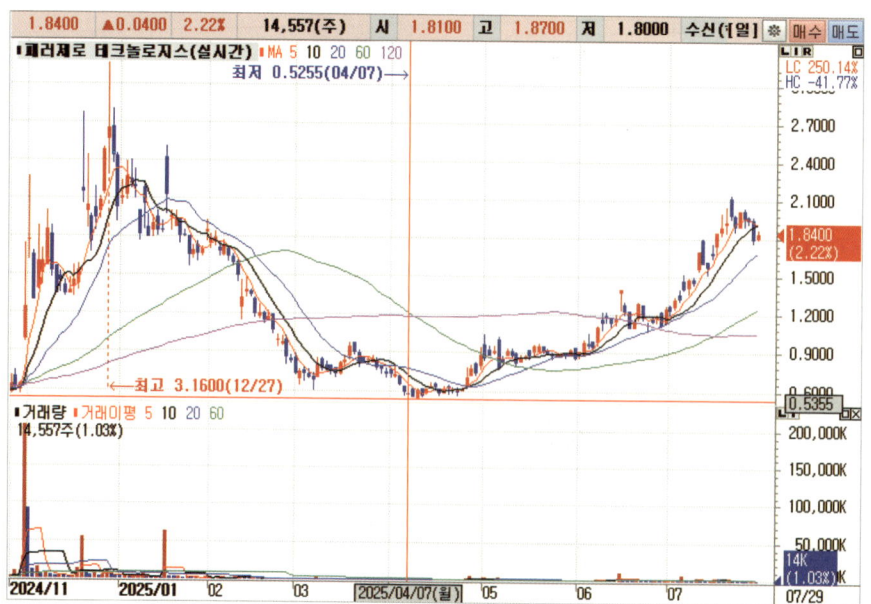

자료 5-20 페러제로테크놀로지 상승시스템잣대 (저점 0.52달러 기준)

명칭	상승파동비율									비고				
페러제로테크	7%	14%	21%	38%	62%	100%	138%	161.80%	200%	238%	261.80%	300%	400%	500%	600%	700%
	0.56	0.59	0.63	0.72	0.84	1.04	1.24	1.36	1.56	1.76	1.88	2.08	2.60	3.12	3.64	4.16
매수가																
최저가	₩0.52															
	04월 07일															

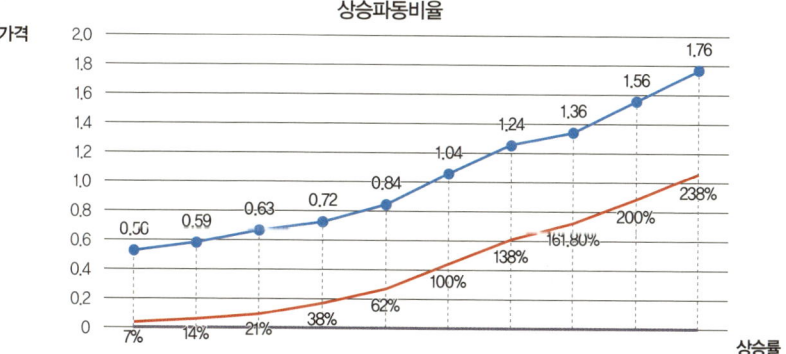

- 400% 상승 목표수치: 2.6달러
- 500% 상승 목표수치: 3.12달러
- 600% 상승 목표수치: 3.64달러
- 700% 상승 목표수치: 4.16달러

이처럼 사전에 목표 가격대를 설정한 뒤, 실제로 고점이 갱신되면 다시 상승삼각형 4등분법칙을 기준으로 재정렬해야 한다. 이후 75%능선가격과 50%중심가격 수준이 어디에 형성되는지를 파악하고, 해당 구간을 강하게 지지하는지를 실시간으로 추적해가며 실전 대응해야 한다.

또한 4등분법칙은 과거의 파동을 해석하는 데 그치지 않고, 미래의 목표 가격대를 설정하고, 그에 따른 핵심 마디를 사전에 구성하는 데도 효과적으로 활용할 수 있다. 여기서는 페러제로테크놀로지의 '10달러 목표 4등분법칙'과 '20달러 목표 4등분법칙'을 설정해보자.

우선 페러제로테크놀로지의 중장기 목표 주가를 10달러로 설정할 경우, 이를 기준으로 한 4등분법칙의 가격대는 다음과 같이 정리된다.

자료 5-21 페러제로테크놀로지 4등분법칙 (목표를 10달러로 설정 시)

페러제로테크		상승률	하락률		
10.00	최고	1823.08%	0%		
		1709.13%	-5.92%	9.41	75%
		1595.19%	-11.85%	8.82	50%
		1481.25%	-17.78%	8.22	25%
7.63	75%	1367.31%	-23.70%		
		1253.37%	-29.63%	7.04	75%
		1139.42%	-35.55%	6.45	50%
		1025.48%	-41.48%	5.85	25%
5.26	50%	911.54%	-47.40%		
		797.60%	-53.33%	4.67	75%
		683.65%	-59.25%	4.08	50%
		569.71%	-65.18%	3.48	25%
2.89	25%	455.77%	-71.10%		
		341.83%	-77.03%	2.30	75%
		227.88%	-82.95%	1.71	50%
		113.94%	-88.88%	1.11	25%
0.52	최저	0.00%	-94.80%		

- 75%능선가격: 7.63달러
- 50%중심가격: 5.26달러
- 25%능선가격: 2.89달러

이처럼 장기 목표선을 미리 설정해놓고 전략을 수립할 경우, 실전 대응의 핵심은 25%능선가격을 언제 돌파하는가에 있다. 이 시점에서의 시간, 각도, 수급, 모멘텀을 종합적으로 관찰하며 상승의 확률과 지속 가능성을 추적해나가야 한다.

현재 구간에서는 25%능선가격인 2.89달러와, 직전 고점인 3.16달러를 주요 상단 마디로 설정하고 실전 대응을 계획하고 있다. 해당 가격대를 돌파한 이후에는 50%중심가격(5.26달러)을 향한 상승추세가 본격화될 수 있으며, 그 과정에서 파동 간 에너지 분산 여부도 함께 체크해야 한다.

다음으로 페러제로테크놀로지의 중장기 목표 주가를 20달러로 설정할 경우, 이를 기준으로 한 4등분 가격대는 다음과 같이 정리된다.

자료 5-22 페러제로테크놀로지 상승삼각형 4등분법칙 (목표를 20달러로 설정 시)

페러제로테크		상승률	하락률		
20.00	최고	3746.15%	0%		
		3512.02%	-6.09%	18.78	75%
		3277.88%	-12.18%	17.57	50%
		3043.75%	-18.26%	16.35	25%
15.13	75%	2809.62%	-24.35%		
		2575.48%	-30.44%	13.91	75%
		2341.35%	-36.53%	12.70	50%
		2107.21%	-42.61%	11.48	25%
10.26	50%	1873.08%	-48.70%		
		1638.94%	-54.79%	9.04	75%
		1404.81%	-60.88%	7.83	50%
		1170.67%	-66.96%	6.61	25%
5.39	25%	936.54%	-73.05%		
		702.40%	-79.14%	4.17	75%
		468.27%	-85.23%	2.96	50%
		234.13%	-91.31%	1.74	25%
0.52	최저	0.00%	-97.40%		

- 75%능선가격: 15.13달러
- 50%중심가격: 10.26달러
- 25%능선가격: 5.39달러

현재 구간에서 가장 먼저 체크해야 할 핵심 포인트는, 직전 고점인 3달러대를 강하게 돌파하는 흐름이다. 이 구간을 넘어설 경우, 다음 주요 마디는 상승삼각형 기준 25%능선가격인 5.39달러로 설정할 수 있다.

이처럼 사전에 마디를 설정해두고 실전 대응을 준비하면, 급등 구간에서의 에너지 분산 여부, 눌림 발생 시 지지 가능성 등을 구조적으로 예측할 수 있다. 이 감각은 과거 뉴스케일파워 사례와 같은 큰 파동을 경험하며 파동의 주요 분기점과 전략 수립 기준을 체득하는 데에도 매우 유효하다.

드라간플라이 모노파동 분석

드라간플라이(Draganfly Inc.)는 캐나다에 본사를 둔 드론 및 항공기 기반 솔루션 전문 기업으로, 군사용·재난대응·농업·산림·보안 등 다양한 산업 분야에 맞춤형 드론 시스템과 센서 기술을 제공하고 있다. 특히 AI 기반 정찰 및 데이터 수집 기능을 갖춘 상업용 드론 기술력으로 주목받고 있으며, 일부 방산 관련 프로젝트와 연계되면서 드론/방산 테마로 분류되기도 한다.

자료 5-23 드라간플라이 파동 흐름 (주봉)

　드라간플라이는 2023년 1월 고점인 61.62달러까지 약 3,800% 급등한 뒤, 2024년 9월 저점 1.55달러까지 약 97% 하락하는 장기 하락파동을 보였다. 이후 거래량 증가와 함께 바닥을 다지며 반등에 성공했다.

　이 흐름을 4등분법칙으로 분석하면 다음과 같다.

자료 5-24 드라간플라이 상승삼각형 4등분법칙

드라간플라이		상승률	하락률		
61.62	최고	3875.48%	0%		
		3633.27%	-6.09%	57.87	75%
		3391.05%	-12.19%	54.11	50%
		3148.83%	-18.28%	50.36	25%
46.60	75%	2906.61%	-24.37%		
		2664.40%	-30.46%	42.85	75%
		2422.18%	-36.56%	39.09	50%
		2179.96%	-42.65%	35.34	25%
31.59	50%	1937.74%	-48.74%		
		1695.52%	-54.84%	27.83	75%
		1453.31%	-60.93%	24.08	50%
		1211.09%	-67.02%	20.32	25%
16.57	25%	968.87%	-73.11%		
		726.65%	-79.21%	12.81	75%
		484.44%	-85.30%	9.06	50%
		242.22%	-91.39%	5.30	25%
1.55	최저	0.00%	-97.48%		

- 75%능선가격: 46.6달러
- 50%중심가격: 31.59달러
- 25%능선가격: 16.57달러

2024년 9월 10일, 1.55달러를 저점으로 설정한 이후 상승에너지가 전개되었고, 12월 27일에는 5.57달러까지 상승파동이 나타났다.

자료 5-25 드라간플라이 파동 흐름 (일봉)

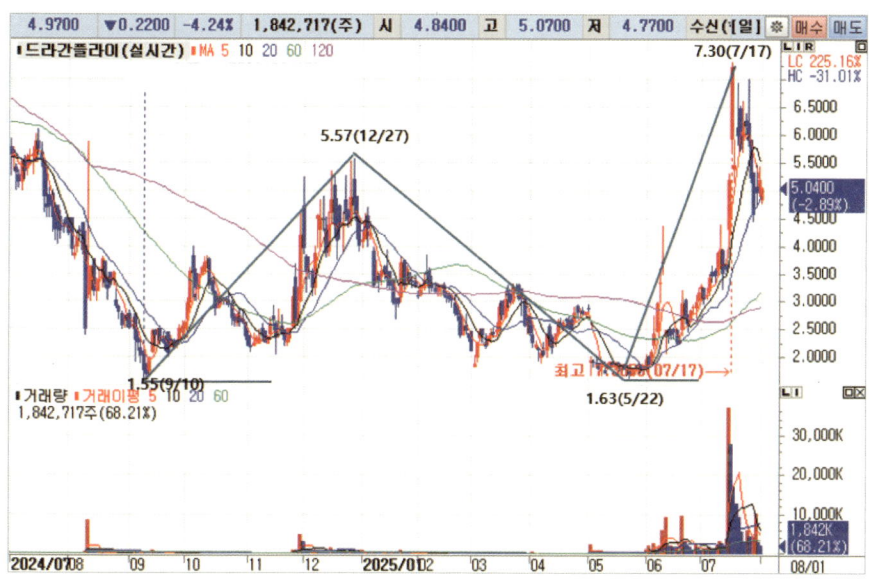

자료 5-26 드라간플라이 상승삼각형 4등분법칙

드라간플라이		상승률	하락률		
5.57	최고	259.35%	0%		
		243.15%	-4.51%	5.32	75%
		226.94%	-9.02%	5.07	50%
		210.73%	-13.53%	4.82	25%
4.57	75%	194.52%	-18.04%		
		178.31%	-22.55%	4.31	75%
		162.10%	-27.06%	4.06	50%
		145.89%	-31.58%	3.81	25%
3.56	50%	129.68%	-36.09%		
		113.47%	-40.60%	3.31	75%
		97.26%	-45.11%	3.06	50%
		81.05%	-49.62%	2.81	25%
2.56	25%	64.84%	-54.13%		
		48.63%	-58.64%	2.30	75%
		32.42%	-63.15%	2.05	50%
		16.21%	-67.66%	1.80	25%
1.55	최저	0.00%	-72.17%		

- 75%능선가격: 4.57달러
- 50%중심가격: 3.56달러
- 25%능선가격: 2.56달러

드라간플라이는 2024년 9월 10일 1.55달러에서 저점을 형성한 뒤, 2024년 12월 27일까지 5.57달러까지 급등하며 약 259%의 엄청난 상승을 기록했다. 이후 하락 조정 과정에서 75%능선가격(4.57달러), 50%중심가격(3.56달러), 25%능선가격(2.56달러) 지지에 모두 실패하며, 2025년 5월 22일 1.63달러까지 급락했다. 이 지점은 직전 저점과 유사한 수준으로, 기술적 쌍바닥을 형성한 뒤 다시 급등세로 전환되었다.

특히 5월 22일 1.63달러에서 출발한 파동은 6월 10일 4.37달러까지 168% 급등했으며, 불과 2거래일 만에 2.28달러까지 급락하는 엄청난 급변 흐름을 보였다. 이후 7월 17일에는 7.30달러까지 재차 급등하며, 전형적인 고변동성 저가주의 파동 구조를 시현했다.

이 주가 흐름을 4등분법칙으로 분석하면 다음과 같다.

자료 5-27 드라간플라이 상승삼각형 4등분법칙

드라간플라이		상승률	하락률		
7.30	최고	347.85%	0%		
		326.11%	-4.85%	6.95	75%
		304.37%	-9.71%	6.59	50%
		282.63%	-14.56%	6.24	25%
5.88	75%	260.89%	-19.42%		
		239.15%	-24.27%	5.53	75%
		217.41%	-29.13%	5.17	50%
		195.67%	-33.98%	4.82	25%
4.47	50%	173.93%	-38.84%		
		152.19%	-43.69%	4.11	75%
		130.44%	-48.54%	3.76	50%
		108.70%	-53.40%	3.40	25%
3.05	25%	86.96%	-58.25%		
		65.22%	-63.11%	2.69	75%
		43.48%	-67.96%	2.34	50%
		21.74%	-72.82%	1.98	25%
1.63	최저	0.00%	-77.67%		

- 75%능선가격: 5.88달러
- 50%중심가격: 4.47달러
- 25%능선가격: 3.05달러

    2025년 5월 22일 1.63달러에서 상승을 시작해 불과 13거래일 만에 7월 17일 7.3달러까지 347%에 달하는 폭발적인 급등을 기록했다. 이후 조정 국면에 들어선 주가는 7월 29일 기준으로 4.44달러까지 하락하며, 상승삼각형 기준 50%중심가격인 4.47달러 수준을 테스트하고 있는 상황이다.

    현재 50%중심가격인 4.47달러 수준에서 지지가 된다면, 직전 고점인 7.3달러를 돌파할 가능성이 높아진다. 반면, 해당 구간이 붕괴될 경우 다음 지지선은 25%능선가격인 3.05달러가 될 것이며 전략적 대응이 요구된다.

이러한 급등주의 경우, 기계적인 비율 매도 및 재매수 전략을 병행하며 평단가 조절과 물량 확장을 꾀하는 것이 유리하다. 예를 들어, 4.4달러를 기준 데드라인으로 설정하고 이 가격이 붕괴될 경우 보유 물량의 50~70%를 매도한 뒤, 3달러 수준에서 재매수할 경우 총 보유 주식 수는 1,000주에서 약 1,400주로 확대될 수 있다. 이는 리스크를 조절하면서도 상승파동에 따른 수익 극대화를 도모하는 전략이다.

만약 4.4달러 수준이 강하게 지지되고, 주가가 다시 상승해 7.3달러를 돌파한다면 다음 목표가는 상승 진폭(7.3 - 4.4 = 2.9달러)을 기준으로 설정할 수 있다. 즉 2.9달러를 7.3달러에 더한 '10.2달러'가 다음 1차 목표가가 된다. 이후에도 상승파동의 연속성을 보인다면 2배, 3배 진폭 단위로 매도 전략을 조정해 나갈 수 있다.

이처럼 드라간플라이처럼 변동성이 큰 저가주의 경우, 단순한 지지·저항선 대응을 넘어서, 구조적 기준 가격과 데드라인을 중심으로 유연하게 대응하는 전략이 핵심이다. 또한 주가의 기술적 구조뿐 아니라 분기 실적과 영업이익의 방향성 역시 병행 분석함으로써, 실적 기반 파동이 출현하는 구간을 선별적으로 포착할 수 있다.

레드캣홀딩스 모노파동 분석

레드캣홀딩스(Red Cat Holdings)는 미국 기반의 군사용 및 상업용 드론 관련 기술 기업이다. 자회사 Teal Drones를 통해 미 국방부 인증을 받은 드론을 제조·공급하고 있으며, 군사 및 보안 목적의 정찰·감시용 드론에 특화된 사업을 영위하고 있다. 특히 미국 국방부의 블루 UAS 프로그램(Blue UAS Program)에 포함되며, 국가 안보 기준을 충족하는 드론 플랫폼을 제공하는 점에서 전략적 주목을 받고 있다. 최근에는 국방·보안 수요 확대와 함께 주가가 급등하는 파동 구조를 보이고 있으며, 고변동성 저가주의 대표 사례로 분석된다.

주봉 차트 기준으로 보면, 2023년 12월 7일 0.52달러를 바닥으로 삼아 본격적인 상승파동이 전개되었다. 이후 2025년 1월 6일 15.6달러까지 2,800%가 넘는 초급등이 발생했으며, 이는 군수 분야 이슈와 연계된 테마 에너지가 집중되며 나타난 전형적인 저가주의 파동 구조로 해석된다.

이러한 대세 상승 흐름을 4등분법칙으로 분석해보면 다음과 같다.

자료 5-28 레드캣홀딩스 파동 흐름 (주봉)

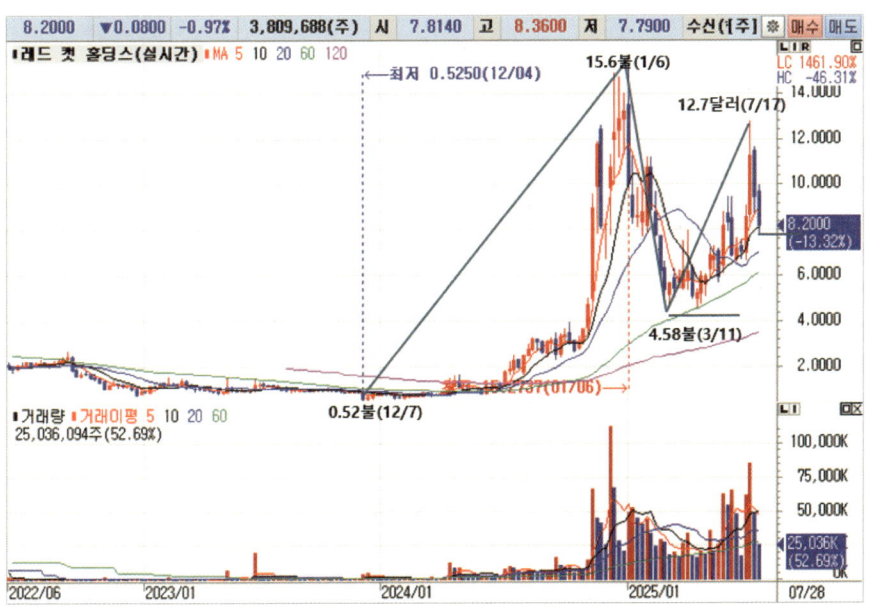

자료 5-29 레드켓 상승삼각형 4등분법칙

레드캣홀딩스		상승률	하락률		
15.20	최고	2823.08%	0%		
		2646.63%	-6.04%	14.28	75%
		2470.19%	-12.07%	13.37	50%
		2293.75%	-18.11%	12.45	25%
11.53	75%	2117.31%	-24.14%		
		1940.87%	-30.18%	10.61	75%
		1764.42%	-36.22%	9.70	50%
		1587.98%	-42.25%	8.78	25%
7.86	50%	1411.54%	-48.29%		
		1235.10%	-54.33%	6.94	75%
		1058.65%	-60.36%	6.03	50%
		882.21%	-66.40%	5.11	25%
4.19	25%	705.77%	-72.43%		
		529.33%	-78.47%	3.27	75%
		352.88%	-84.51%	2.36	50%
		176.44%	-90.54%	1.44	25%
0.52	최저	0.00%	-96.58%		

- 75%능선가격: 11.53달러
- 50%중심가격: 7.86달러
- 25%능선가격: 4.19달러

레드캣홀딩스는 2025년 1월 6일 고점 15.2달러에서 3월 11일 4.58달러까지 조정했다. 이는 상승삼각형 4등분법칙 기준에서 25%능선가격 수준까지 하락한 것이다.

그렇다면 이 주가 흐름을 하락삼각형 4등분법칙 기준으로 전환해 체크해보면 다음과 같다.

자료 5-30 레드켓홀딩스 하락삼각형 4등분법칙

레드캣홀딩스		상승률	하락률		
15.20	최고	231.88%	0%		
		217.39%	-4.37%	14.54	75%
		202.89%	-8.73%	13.87	50%
		188.40%	-13.10%	13.21	25%
12.55	75%	173.91%	-17.47%		
		159.42%	-21.83%	11.88	75%
		144.92%	-26.20%	11.22	50%
		130.43%	-30.57%	10.55	25%
9.89	50%	115.94%	-34.93%		
		101.45%	-39.30%	9.23	75%
		86.95%	-43.67%	8.56	50%
		72.46%	-48.03%	7.90	25%
7.24	25%	57.97%	-52.40%		
		43.48%	-56.77%	6.57	75%
		28.98%	-61.13%	5.91	50%
		14.49%	-65.50%	5.24	25%
4.58	최저	0.00%	-69.87%		

- 75%능선가격: 12.55달러
- 50%중심가격: 9.89달러
- 25%능선가격: 7.24달러

실제 되반등은 7월 17일 12.77달러까지 상승했는데, 이는 하락삼각형의 75%능선가격인 12.55달러 수준까지 도달한 것이다. 이후 8월 1일에는 7.7달러 수준까지 조정하는 흐름을 보이며, 현재는 25%능선가격 수준까지 지그재그파동이 전개되고 있는 양상이다.

이 주가 흐름을 4등분법칙으로 분석해보면 다음과 같다.

자료 5-31 레드켓홀딩스 파동 흐름 (일봉)

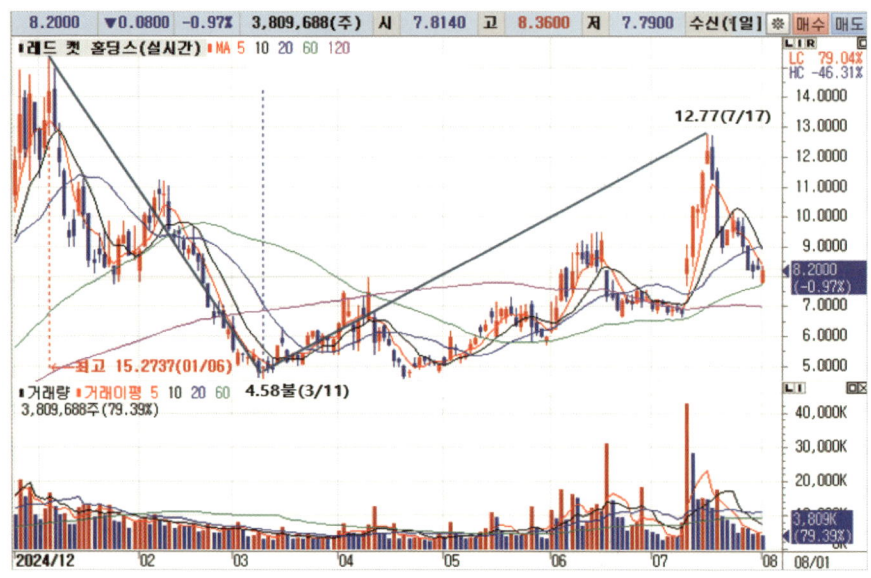

자료 5-32 레스켓홀딩스 상승삼각형 4등분법칙

레드캣홀딩스		상승률	하락률		
12.77	최고	178.82%	0%		
		167.64%	-4.01%	12.26	75%
		156.47%	-8.02%	11.75	50%
		145.29%	-12.03%	11.23	25%
10.72	75%	134.12%	-16.03%		
		122.94%	-20.04%	10.21	75%
		111.76%	-24.05%	9.70	50%
		100.59%	-28.06%	9.19	25%
8.68	50%	89.41%	-32.07%		
		78.23%	-36.08%	8.16	75%
		67.06%	-40.08%	7.65	50%
		55.88%	-44.09%	7.14	25%
6.63	25%	44.71%	-48.10%		
		33.53%	-52.11%	6.12	75%
		22.35%	-56.12%	5.60	50%
		11.18%	-60.13%	5.09	25%
4.58	최저	0.00%	-64.13%		

- 75%능선가격: 10.72달러
- 50%중심가격: 8.68달러
- 25%능선가격: 6.63달러

2025년 8월 1일 기준 주가는 7.7달러 수준으로, 25%능선가격(6.63달러)과 50%중심가격(8.68달러)의 중간 영역에 위치해 있다. 50%중심가격은 일시적으로 붕괴되었으나, 25%능선가격 수준에서 지지 후 되반등이 이루어진다면 다시 8~10달러 구간이 저항선이 되는지, 혹은 돌파 후 지지선으로 전환되는지를 면밀히 체크해야 한다.

레드캣홀딩스는 앞으로 파동에서 다음과 같은 패턴이 나와야 다시 상승추세로 판단할 수 있다.

자료 5-33 **50%중심가격이 저항이 아니라 지지로 전환되는 패턴**

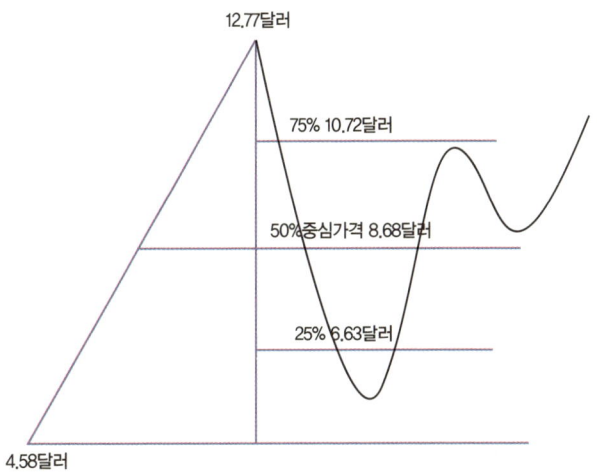

즉 50%중심가격이 저항이 아니라 지지로 전환되며 상승 각도를 만들 경우, 직전 고점을 돌파할 확률이 높아진다고 판단할 수 있다.

반대로, 아래 그림과 같이 50%중심가격이 저항선으로 작용하면서 하락 각도로 전환된다면, 다시 직전 저점과 25%능선가격 구간에서 지지가 나오는지를 확인해야 한다.

자료 5-34 50%중심가격이 저항이 되면서 하락 각도로 전환되는 패턴

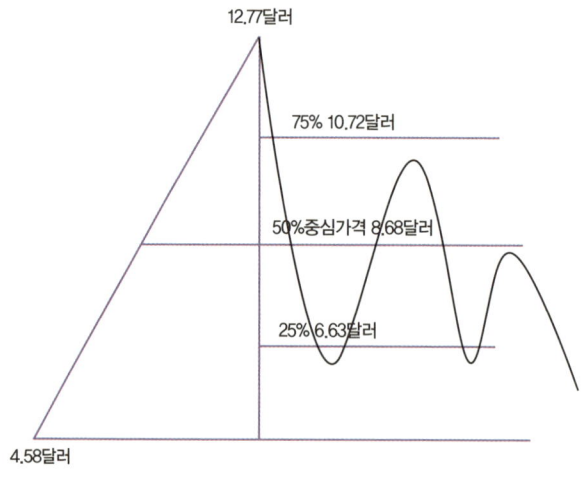

제나테크 모노파동 분석

제나테크(ZenaTech)는 차세대 드론 솔루션과 영상 인공지능 기술을 접목한 기술 기반 기업으로, 최근 글로벌 방산 및 정찰 수요 증가 속에서 주목받고 있는 종목이다.

이 기업은 2024년 10월 1일 나스닥에 상장한 드론 개발업체로, 상장 직후 11달

자료 5-35 제나테크 파동 흐름 (주봉)

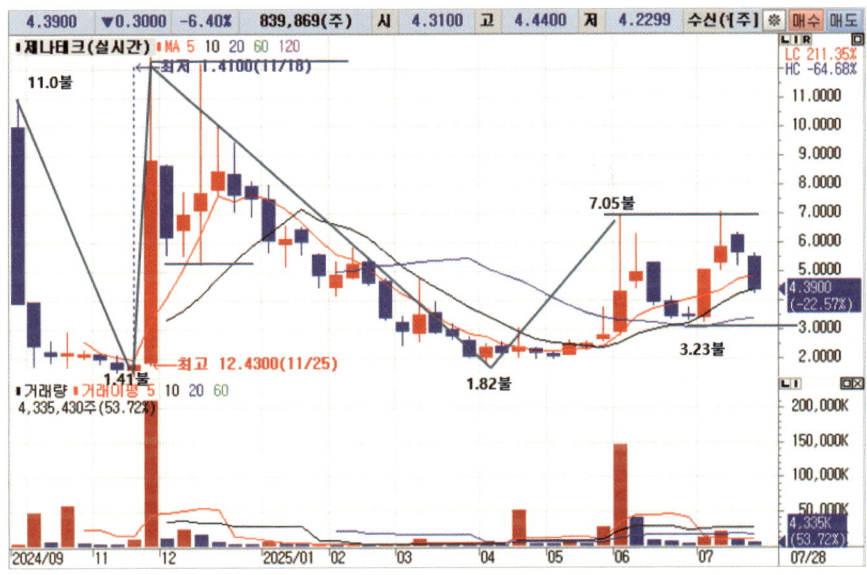

러까지 상승한 뒤 단기간에 1.40달러까지 급락하는 등 고변동성 흐름을 보였다. 이후 다시 1.40달러에서 12달러까지 급등하는 파동을 형성하며 변동성이 매우 큰 종목이라는 점을 입증했다.

그 후 주가는 2025년 4월에 1.82달러까지 하락한 뒤 7달러까지 반등했고, 다시 3.23달러까지 반토막 수준으로 하락한 후, 또다시 7달러까지 반등하는 지그재그 파동을 만들고 있다. 현재는 4달러대 구간에서 횡보중이다.

이 분석에서는 기업의 펀더멘털보다 수치의 변동성 자체에 집중하며, '모든 정보는 가격에 선반영된다'는 전제하에 4등분법칙을 적용해 파동의 구조와 의미를 해석해보고자 한다.

자료 5-36 제나테크 하락삼각형 4등분법칙

제나테크		상승률	하락률		
12.43	최고	582.97%	0%		
		546.53%	-5.33%	11.77	75%
		510.10%	-10.67%	11.10	50%
		473.66%	-16.00%	10.44	25%
9.78	75%	437.23%	-21.34%		
		400.79%	-26.67%	9.11	75%
		364.35%	-32.01%	8.45	50%
		327.92%	-37.34%	7.79	25%
7.13	50%	291.48%	-42.68%		
		255.05%	-48.01%	6.46	75%
		218.61%	-53.35%	5.80	50%
		182.18%	-58.68%	5.14	25%
4.47	25%	145.74%	-64.02%		
		109.31%	-69.35%	3.81	75%
		72.87%	-74.69%	3.15	50%
		36.44%	-80.02%	2.48	25%
1.82	최저	0.00%	-85.36%		

- 75%능선가격: 9.78달러
- 50%중심가격: 7.13달러
- 25%능선가격: 4.47달러

제나테크는 4월 7일 저점 1.82달러를 기준으로 한 하락삼각형 구조에서 50%중심가격인 7.13달러가 강한 저항선으로 작용하고 있다.

자료 5-37 제나테크 파동 흐름 (일봉)

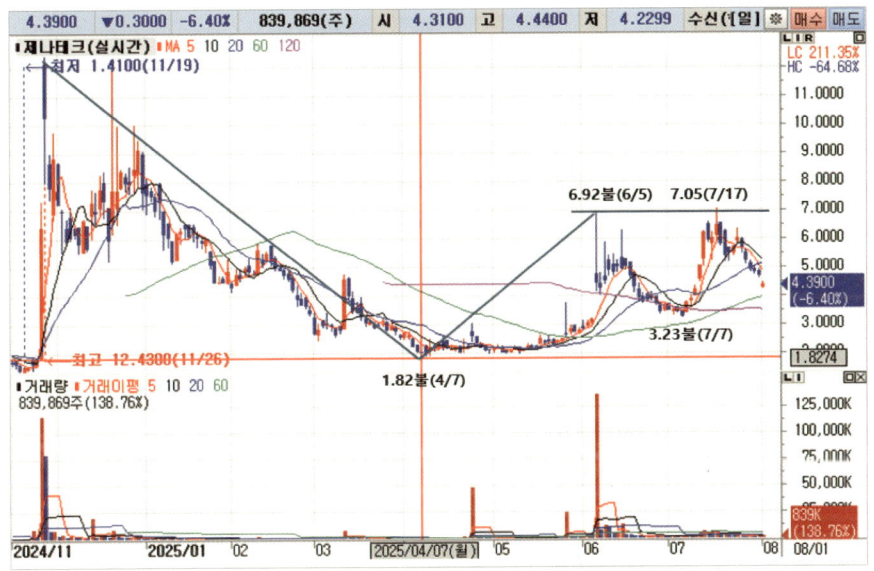

실제 주가는 6월 5일 6.92달러, 7월 17일 7.05달러에서 쌍봉 패턴을 형성하며, 해당 중심가격을 돌파하지 못한 채 하락 전환되는 흐름을 보였다. 이는 하락삼각형의 50%중심가격이 명확한 저항선으로 작동하고 있음을 보여주는 사례다.

이제 이 흐름을 상승삼각형 4등분법칙 기준으로 전환해보면 다음과 같다.

- 75%능선가격: 5.74달러
- 50%중심가격: 4.44달러
- 25%능선가격: 3.13달러

자료 5-38 제나테크 상승삼각형 4등분법칙

제나테크		상승률	하락률		
7.05	최고	287.36%	0%		
		269.40%	-4.64%	6.72	75%
		251.44%	-9.27%	6.40	50%
		233.48%	-13.91%	6.07	25%
5.74	75%	215.52%	-18.55%		
		197.56%	-23.18%	5.42	75%
		179.60%	-27.82%	5.09	50%
		161.64%	-32.46%	4.76	25%
4.44	50%	143.68%	-37.09%		
		125.72%	-41.73%	4.11	75%
		107.76%	-46.37%	3.78	50%
		89.80%	-51.00%	3.45	25%
3.13	25%	71.84%	-55.64%		
		53.88%	-60.27%	2.80	75%
		35.92%	-64.91%	2.47	50%
		17.96%	-69.55%	2.15	25%
1.82	최저	0.00%	-74.18%		

7월 7일에는 3.23달러까지 조정된 후, 7월 17일에는 7.05달러까지 반등이 나왔다. 이후 현재 주가는 4.3달러 수준에 머물러 있으며, 이는 25%능선가격의 지지는 확인되었지만, 50%중심가격이 지지가 될지 저항이 될지를 시험받는 구간이다. 특히 25%능선가격과 120일 이동평균선이 3.2달러 근처에 위치해 있어, 해당 구간이 무너지지 않고 지지를 받는다면 다시 7달러 돌파 가능성이 높아진다.

궁극적으로 중요한 것은, 50%중심가격이 저항이 아니라 지지로 전환된 이후에 75%능선가격을 돌파하는 구조가 형성되어야만 직전 고점을 넘어서는 새로운 상승파동 에너지가 만들어질 수 있다는 점이다.

언유주얼 머신스 모노파동 분석

언유주얼 머신스(Unusual Machines)는 2024년 3월 나스닥에 상장한 드론 및 영상기반 AI 기술 기업으로, 상장 초기 0.98달러에서 긴 기간 횡보하다가 2024년 12월 초부터 급등 흐름이 시작되었다. 특히 2024년 12월 4일 최저점 0.98달러를 기록한 이후 강력한 상승파동이 전개되어 2025년 1월 23.6달러까지 급등, 약 2,300%에 가까운 급등률을 기록한 고변동성 종목이다.

그러나 이 급등 이후 조정 역시 거세게 전개되었는데, 2025년 4월에는 4.4달러까지 급락하며 파동의 절반 이상을 되돌리는 구조가 형성되었다. 이후 6월부터 다시 반등이 나타나며 7월 17일 13.3달러까지 상승했으나, 여전히 직전 고점과는 큰 간극이 존재하는 상태다.

이 흐름을 4등분법칙(자료 5-40)을 기준으로 살펴보면 다음과 같다.

- 75%능선가격: 17.95달러
- 50%중심가격: 12.29달러
- 25%능선가격: 6.64달러

언유주얼 머신스는 2024년 12월 초 최저점 0.98달러에서 시작된 파동이 2025년 1월 고점 23.6달러까지 전개되며, 약 2,300%에 달하는 초급등 흐름을 보였다. 그러나 이후 조정 국면에서는 4월 7일 4.45달러까지 급락하며 고점 대비 81% 하락했으며, 25%능선가격인 6.6달러조차 지지받지 못한 채 붕괴되는 전형적인 고변동성 급등주의 하락 구조를 형성했다.

자료 5-39 언유주얼 머신스 파동 흐름 (주봉)

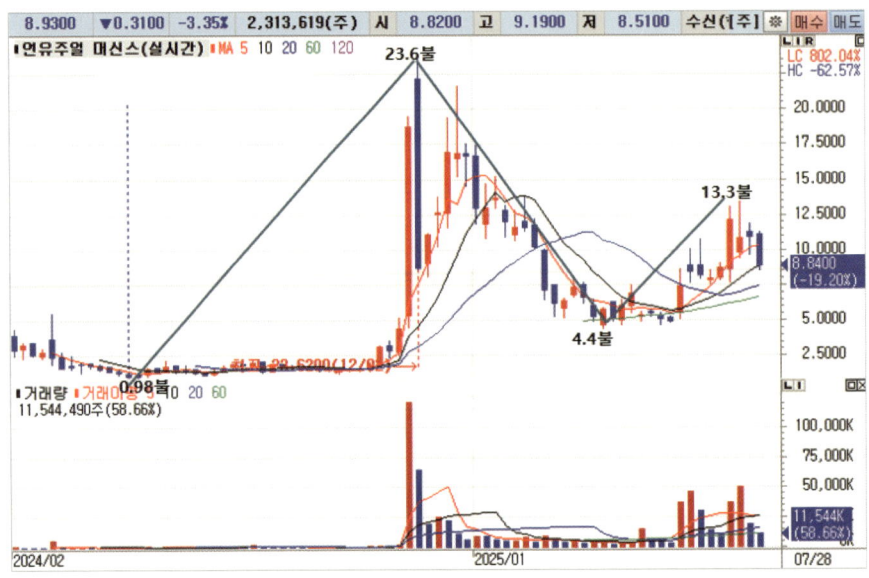

자료 5-40 언유주얼 머신스 상승삼각형 4등분법칙

언유주얼 머신스		상승률	하락률		
23.60	최고	2308.16%	0%		
		2163.90%	-5.99%	22.19	75%
		2019.64%	-11.98%	20.77	50%
		1875.38%	-17.97%	19.36	25%
17.95	75%	1731.12%	-23.96%		
		1586.86%	-29.95%	16.53	75%
		1442.60%	-35.94%	15.12	50%
		1298.34%	-41.93%	13.70	25%
12.29	50%	1154.08%	-47.92%		
		1009.82%	-53.91%	10.88	75%
		865.56%	-59.90%	9.46	50%
		721.30%	-65.90%	8.05	25%
6.64	25%	577.04%	-71.89%		
		432.78%	-77.88%	5.22	75%
		288.52%	-83.87%	3.81	50%
		144.26%	-89.86%	2.39	25%
0.98	최저	0.00%	-95.85%		

이 흐름을 하락삼각형 4등분법칙 기준으로 분석해보면 다음과 같다.

자료 5-41 언유주얼 머신스 하락삼각형 4등분법칙

언유주얼 머신스		상승률	하락률		
23.60	최고	430.34%	0%		
		403.44%	-5.07%	22.40	75%
		376.54%	-10.14%	21.21	50%
		349.65%	-15.21%	20.01	25%
18.81	75%	322.75%	-20.29%		
		295.86%	-25.36%	17.62	75%
		268.96%	-30.43%	16.42	50%
		242.06%	-35.50%	15.22	25%
14.03	50%	215.17%	-40.57%		
		188.27%	-45.64%	12.83	75%
		161.38%	-50.72%	11.63	50%
		134.48%	-55.79%	10.43	25%
9.24	25%	107.58%	-60.86%		
		80.69%	-65.93%	8.04	75%
		53.79%	-71.00%	6.84	50%
		26.90%	-76.07%	5.65	25%
4.45	최저	0.00%	-81.14%		

- 75%능선가격: 18.81달러
- 50%중심가격: 14.03달러
- 25%능선가격: 9.24달러

저점 4.45달러에서의 되반등 흐름은 7월 14일 13.3달러까지 상승하면서 50% 중심가격인 14.03달러 근처까지 도달했으나, 해당 가격대에서 저항을 받고 다시 하락 전환되었다. 이후 8월 1일에는 8.5달러 수준까지 조정받으며, 25%능선가격인 9.24달러도 붕괴된 상태다.

따라서 현재는 직전 저점 4.45달러와 25%능선가격 9.24달러 사이 구간에서 새로운 바닥이 형성될 수 있는지를 면밀히 체크해볼 필요가 있다. 이 구간에서 지지를 확보하고 반등 에너지가 재차 유입된다면, 이후 파동의 방향성과 50%중심가격 회복 여부에 따라 중기 흐름이 재정립될 수 있을 것이다.

이 흐름을 상승삼각형 4등분법칙 기준으로 분석하면 다음과 같다.

자료 5-42 언유주얼 머신스 상승삼각형 4등분법칙

언유주얼 머신스		상승률	하락률		
13.30	최고	198.88%	0%		
		186.45%	-4.16%	12.75	75%
		174.02%	-8.32%	12.19	50%
		161.59%	-12.48%	11.64	25%
11.09	75%	149.16%	-16.64%		
		136.73%	-20.79%	10.53	75%
		124.30%	-24.95%	9.98	50%
		111.87%	-29.11%	9.43	25%
8.88	50%	99.44%	-33.27%		
		87.01%	-37.43%	8.32	75%
		74.58%	-41.59%	7.77	50%
		62.15%	-45.75%	7.22	25%
6.66	25%	49.72%	-49.91%		
		37.29%	-54.06%	6.11	75%
		24.86%	-58.22%	5.56	50%
		12.43%	-62.38%	5.00	25%
4.45	최저	0.00%	-66.54%		

- 75%능선가격: 11.09달러
- 50%중심가격: 8.88달러
- 25%능선가격: 6.66달러

현재 주가는 50%중심가격인 8.88달러 수준에 위치하고 있다. 이 가격대에서 지지를 확보하지 못할 경우, 25%능선가격인 6.66달러까지 후퇴한 뒤 지지 여부를 다시 확인해야 한다. 반대로 50%중심가격에서 강하게 지지하면서 반등세가 이어질 경우, 75%능선가격인 11달러를 돌파하는 파동이 전개되어야 직전 고점 돌파로 이어지는 상승추세 전환이 가능할 것으로 판단된다.

향후 주가 흐름은 트럼프-푸틴 간의 외교 갈등, 러시아-우크라이나 전쟁 양상 등 지정학적 변수와 드론 관련 산업의 흐름에 크게 좌우될 것으로 보인다. 현재 120일 이동평균선은 8달러 수준에 위치해 있어, 이 구간을 데드라인 전략 기준으로 설정해둘 필요가 있다.

즉 8달러를 하회할 경우 일부 물량을 매도하고 6달러대에서 재매수하는 전략을 고려해야 하며, 반대로 8달러 이상에서 50%중심가격을 지지하는 흐름이 확인된다면 직전 고점 돌파 가능성을 염두에 두고 비율 매도를 병행해가는 방식으로 접근할 수 있다. 이 과정에서 75%능선가격을 돌파하며 고점을 갱신하는 에너지가 나오는지, 혹은 25~75%능선가격 사이에서 지그재그파동만 전개되는지를 지속적으로 점검해야 할 것이다.

★ 메이트북스는 독자의 꿈을 사랑합니다

언제 진입해 언제 매도할 것인가
무극선생 이승조의 주식투자의 기본
이승조 지음 | 값 19,800원

이 책에는 실전투자 38년의 최고 전문가 무극선생의 투자철학이 담겨 있다. 저자 무극선생 이승조는 "단언컨대 주식시장에 기본은 있지만 비법은 없다"는 진리를 바탕으로 투자를 하는 데 정답은 없으며 '기본기'가 가장 중요함을 강조한다. 주식투자의 제대로 된 마인드부터 매매법까지, 무극선생만의 실전투자 노하우가 100% 담긴 이 책은 많은 독자들이 투자의 기본을 체화하고 투자에 성공해 자신이 원하는 바를 이루도록 도울 것이다.

무극선생 이승조의 주식시장을 읽는 법
시장근본주의자는 주식시장을 이렇게 읽는다
이승조 지음 | 값 25,000원

머니투데이방송 〈이승조의 TMI〉에서 주식시장의 파동을 정확히 예측해 큰 화제를 모은 무극선생 이승조의 35년 투자 노하우를 담은 책이다. 저자는 현명한 투자를 하려면 미래에 일어날 일을 생각하는 훈련을 통해 직관을 얻고, 그 생각을 바탕으로 시장을 동태적으로 추적하는 과정이 필요하다고 말한다. 시장의 움직임에 대해 자세히 설명하고 있는 이 책이 넘쳐나는 주식정보 시장에서 투자자들이 오래도록 생존하는 데 큰 도움을 줄 것이다.

한국 주식시장에서 돈 벌려면 모멘텀 투자가 답이다!
한국형 모멘텀 투자 실전 매매법
이가근 지음 | 값 24,000원

이제 가치투자가 아닌 모멘텀 투자의 시대가 왔다. 이 책은 한국 주식시장에 가장 적합한 모멘텀 투자를 통해 수익률을 올리는 노하우를 담았다. 개인투자자들이 전문가 못지않게 정보를 잘 활용하고 자신만의 투자 방식과 해답을 찾을 수 있도록 이끈다. 이 책에서 다루는 내용을 실제 시장에서 나타나는 새로운 현상들과 비교하며 자신의 노하우로 체화한다면, 자신만의 완성된 투자 기법을 만들어낼 수 있을 것이다.

'염블리' 염승환과 함께라면 주식이 쉽고 재미있다
주린이가 가장 알고 싶은 최다질문 TOP 77
염승환 지음 | 값 18,000원

유튜브 방송 〈삼프로 TV〉에 출연해 주식시황과 투자정보를 친절하게 성실하게 전달하며 많은 주린이들에게 사랑을 받은 저자의 첫 단독 저서다. 20여 년간 주식시장에 있으면서 경험한 것을 바탕으로 주식투자자가 꼭 알아야 할 지식들만 알차게 담았다. 독자들에게 실질적으로 도움이 되고자 성실하고 정직하게 쓴 이 책을 통해 모든 주린이들은 수익률의 역사를 새로 쓰게 될 것이다.

트럼프 2.0 시대 수혜주 50선을 파헤치다!
트럼프 2.0 시대에 사야 할 주식
이상헌 지음 | 값 19,000원

트럼프 2.0 시대가 도래함에 따라 정책 패러다임이 변화하면서 우리나라 주식시장에도 매우 큰 영향을 미치고 있다. 다년간 주식시장을 분석해오며 베스트 애널리스트에 선정되기도 했던 저자는 트럼프 2.0 시대에 성공적인 주식 투자를 위해 주목해야 할 유망주 50곳을 제시한다. 트럼프 2.0 시대에서 성공적인 주식 투자에 대한 명확한 방향을 잡고자 한다면 이 책이 좋은 기회를 잡는 데 도움이 될 것이다.

주식 왕초보가 꼭 알아야 할 기본
주린이도 술술 읽는 친절한 주식책
최정희 · 이슬기 지음 | 값 15,000원

지금은 주식투자를 반드시 해야만 하는 시대다. 많은 사람들에게 주식투자는 필수가 되었다. 다들 주식을 한다기에 덩달아 시작했는데 정작 주식을 잘 모르는 당신! 주식과 채권과 펀드는 어떻게 다른 건지, 주식거래는 어떻게 하는 건지, 돈 되는 좋은 종목은 어떻게 찾아야 하는지, 경제와 주식은 어떤 관계를 가지고 있는지, 차트를 어떻게 보고 활용해야 하는지, 현재 돈이 몰리는 섹터는 어디인지 등 그간의 궁금증을 모두 풀어보자.

초보자가 꼭 알아야 할 배당투자의 기본!
주린이도 술술 읽는 친절한 배당투자
안혜신 · 김인경 지음 | 값 19,000원

예금이나 적금만으로는 돈을 모으기 어려운 시대가 되었다. 그렇다고 주식을 시작하기엔 오히려 돈을 잃을까 봐 두려움이 앞선다. 10년 이상 금융 분야를 취재해 온 두 저자는 안정적으로 수익을 챙길 수 있는 배당투자를 추천한다. 노후 대비를 위한 투자로 잘 알려진 배당투자에 대해 기본 개념부터 최신 동향, 주의 사항까지 친절하게 설명한다. 배당투자에 입문하고 싶거나 투자를 하지만 계속 손해만 본다면 이 책을 통해 현명한 투자법을 터득할 수 있을 것이다.

현장에서 전하는 기자들의 생생한 반도체 취재수첩
술술 읽히는 친절한 반도체 투자
팀 포카칩(For K-chips) 지음 | 값 18,900원

반도체는 IT 기술, 의료 기술 등 다양한 분야에서 필수재이며 글로벌 경제 및 기술의 미래 변화에도 영향을 미치기 때문에 반도체 산업의 현황과 전망을 이해하는 것이 중요하다. 반도체 현장을 취재하던 기자들과 국회 보좌진 등이 만든 연구모임 '팀 포카칩'이 반도체에 대해 A부터 Z까지 모든 것을 담은 책을 출간했다. 반도체 산업의 구조와 기술이 변화무쌍한 이 시점에서 반도체에 대한 큰 틀을 보다 쉽게 파악하는 데 이 책이 도움이 될 것이다.

■ 독자 여러분의 소중한 원고를 기다립니다

메이트북스는 독자 여러분의 소중한 원고를 기다리고 있습니다. 집필을 끝냈거나 집필중인 원고가 있으신 분은 khg0109@hanmail.net으로 원고의 간단한 기획의도와 개요, 연락처 등과 함께 보내주시면 최대한 빨리 검토한 후에 연락드리겠습니다. 머뭇거리지 마시고 언제라도 메이트북스의 문을 두드리시면 반갑게 맞이하겠습니다.

■ 메이트북스 SNS는 보물창고입니다

메이트북스 홈페이지 matebooks.co.kr

홈페이지에 회원가입을 하시면 신속한 도서정보 및 출간도서에는 없는 미공개 원고를 보실 수 있습니다.

메이트북스 유튜브 bit.ly/2qXrcUb

활발하게 업로드되는 저자의 인터뷰, 책 소개 동영상을 통해 책에서는 접할 수 없었던 입체적인 정보들을 경험하실 수 있습니다.

메이트북스 블로그 blog.naver.com/1n1media

1분 전문가 칼럼, 화제의 책, 화제의 동영상 등 독자 여러분을 위해 다양한 콘텐츠를 매일 올리고 있습니다.

STEP 1. 네이버 검색창 옆의 카메라 모양 아이콘을 누르세요.   STEP 2. 스마트렌즈를 통해 각 QR코드를 스캔하시면 됩니다.
STEP 3. 팝업창을 누르시면 메이트북스의 SNS가 나옵니다.